神奈川大学言語学研究叢書
8

現代中国語の意味論序説

松村文芳 著

ひつじ書房

はじめに

　本書は現代中国語の意味を、①動詞と時間体系、②語彙が構成する意味と論理、③構文が構成する意味と論理、④語彙が規制する論理の4部立てで、総合的に論じている。本書の内容は筆者の勤務先における講義科目、学部3、4年生対象の「中国言語特講Ia/b/c/d」及び大学院博士前期課程「中国語学研究IIIa/b」、博士後期課程「中国語学特殊研究IIIa/b」における講義ノートの内容の一部を整理しなおしたものである。第Ⅰ部は現代中国語の動詞と時間体系を論じた。講義を始めた当初は現代中国語における時間体系がこれほど整然としていることは及びもつかなかった。先行研究は断片的には興味をひかれるものもあったが、それらを自分なりに整理してはじめて全体像が見えてきた時の感動は忘れがたい。また講義時に「中国語を発話する時には話者は必ず仮想の時間点(参照時間点)を想定している」と述べた時にある学生の眼が輝いたことはいまだに記憶から消えない。またその学生が完璧な答案を提出した時の驚きは今でも残っている。第Ⅰ部は中国語を専攻する学生、院生に是非修得してほしい内容を備えている。
　第Ⅱ部は辞書では十分に説明されていない語彙が構成する文の意味を論じた。量化副詞の"很"が生起する文の成否についての中国語母語話者の反応の相違、前置詞"把"を「授与義」を表すととらえることの合理性、「把構文」と「被構文」に用いられる"给"の派生授与義の説明の困難さ、構造助詞"得"の表す使役義の明示等の意味論の魅力が発揮できる内容が提供されている。
　第Ⅲ部は語彙ではなく、構文全体の表示する論理構造をどのような発想により合理的で説得的な説明を展開できるかが問われている箇所である。疑問文と反語文の分かれ目がどこか、疑問詞の呼応をいかに論理化するか、比較構文になぜ指示詞が現れるか、「授与」と「取得」の意味構造の広がり等が論じられる。
　第Ⅳ部は現代中国語の語彙が規制する論理的意味を論じる。現代中国語の

語気助詞"了"、"呢"は他の語気助詞とともに話者の主観を表すと論じられてきた。ここでは実例の分析を通して、"了"が十分条件の存在を、"呢"が必要十分条件の存在を表すことを実証し、いずれも論理的関係を規定する役割を有する語であることを示した。

目　次

はじめに　　iii

第Ⅰ部　現代中国語の動詞と時間体系　　1

第1章　結果補語(動詞)を持つ動詞の意味特徴　　3
第2章　結果補語になる動詞の意味特徴　　15
第3章　時相と動詞　　29
　3.1　状態場面(state situation)を表す動詞　　31
　　3.1.1　関係動詞が述語に用いられる文　　31
　　3.1.2　心理状態動詞が述語に用いられる文　　34
　3.2　持続活動場面(activity situation)を表す動詞　　36
　　3.2.1　動作・行為を表す動詞が述語に用いられる文　　36
　　　3.2.1.1　動作([－思考])を表す動詞が述語に用いられる文　　37
　　　3.2.1.2　行為([＋思考])を表す動詞が述語に用いられる文　　37
　　3.2.2　心理活動［＋思考］を表す動詞が述語に用いられる文　　37
　3.3　開始・終息場面(accomplishment situation)を表す動詞　　37
　　3.3.1　開始・終息を表す動詞が述語に用いられる文　　37
　　3.3.2　開始を表す動詞(持続活動場面を表す動詞)と終息を表す諸成分(……ニナル)が用いられる文　　38
　3.4　終息場面(achievement situation)を表す動詞　　39
　　3.4.1　終息場面を表す動詞だけが述語に用いられる文　　39
　　3.4.2　「開始を表す諸成分」と「終息を表す動詞」が用いられる文　　40
第4章　時相の実例(結果補語の"过"の意味と論理)　　45
第5章　時態とそれの表示成分(動詞接尾語、文末助詞、副詞)　　53
　5.1　完了時態　　53

5.2	経験(经历)時態		57
5.3	近経験時態		58
5.4	持続(持续、进行)時態		59
	5.4.1	持続時態	59
	5.4.2	進行時態	60
5.5	開始時態		61
5.6	継続時態		62
5.7	将来(将行)時態		64
5.8	近将来(即行)時態		65
第6章	時態の実例(時態助詞"了"と動作の量化)		67
第7章	時相・時態・時制と参照時間点・出来事時間点・発話時間点		75

第Ⅱ部　現代中国語の語彙が構成する意味と論理　　87

第8章	量化副詞(程度副詞)の表示する論理と実例分析		89
第9章	前置詞"把"の意味と論理(確定性の認可)		103
第10章	「把構文」と「被構文」に用いられる「給」の派生授与義		127
	10.0.1　本章のはじめに		128
	10.0.2　朱徳熙1982の考える「与事」とは何か		128
	10.0.3　朱徳熙1982の「与事」の例の述語論理による表記		129
	10.0.4　朱徳熙1982の二重目的語文の間接目的語		131
	10.0.5　朱徳熙1980における「給」の説明		131
	10.1　現代中国語の文の述語論理による表記		132
	10.2　ヴォイス(使役、処置、受身)の内包論理		134
	10.3　把構文における「給」の派生授与義		138
		10.3.1　"把……給"文型の"給"の表す派生授与義	141
		10.3.1.1　"把……給"文型の"給"が[積極性]を表すもの	142
		10.3.1.2　"把……給"文型の"給"が[不満／憤懣／怒り]を表すもの	143
		10.3.1.3　"把……給"文型の"給"が[意外性]を表すもの	145

	10.3.1.4	"把……给"文型の"给"が[損害性]を表すもの	147
10.4		被構文における「給」の派生授与義	148
	10.4.1	"被……给"文型の"给"が「動作・行為の積極性」と「対象物の被害性の増大」を表すもの	151
	10.4.2	"被……给"文型の"给"が「動作・行為の積極性」と「対象物の属性に対する働きかけ(影響)の増大」を表すもの	154
10.5		「被」「把」「給」の共起する構文の論理式	156
10.6		"给"を挿入できない「把構文」	157
10.7		本章の結び	160

第 11 章　「使役」の構造助詞"得"の意味と論理構造　163

第Ⅲ部　現代中国語の構文が構成する意味と論理　179

第 12 章　現代中国語反語文の成立の論理分析　181

第 13 章　現代中国語の疑問詞と量化　193

13.1　本章のはじめに　193
13.2　疑問詞が量化とかかわる文　193
13.3　第一の量化──【不確定性】の意味　195
13.4　第二の量化──【確定性】の意味　197
13.5　第三の量化──【すべて】の意味　200
13.6　二個の疑問詞を持つ文の論理式・単純な構文例　200
13.7　二個の疑問詞を持つ文の論理式・複雑な構文例　204
13.8　論理式への補足　209
13.9　本章の注　210

第 14 章　比較構文の論理と意味　213

14.1　同等比較　213

第 15 章　現代中国語の主要な統語構造の意味表示の論理式　223

15.1　授与文(給構文)　223
15.2　処置文(把構文)　225

15.3	取得文（偸構文）	227
15.4	受身文（被構文）	228
15.5	授与文と処置文、取得文と受身文	229
15.6	在構文、比構文、連構文	231
15.7	演繹モデルの運用による論理式の表示	233

第IV部　現代中国語の語彙が規制する論理　　235

第 16 章　語気助詞"了"の表示する論理と実例分析（十分条件の役割）　237

第 17 章　語気助詞"呢"の表示する論理と実例分析（必要十分条件の役割）　251

参考文献　261
後記　263
索引　265

第 I 部

現代中国語の動詞と時間体系

ここでは現代中国語の動詞の中の「持続活動動詞」、「開始・終息動詞」、「終息動詞」がどのようにして、時間体系を構成して行くのかを時相、時態、時制と参照時間点、出来事時間点、発話時間点を導入しながら詳しく論じる。なお時間体系と直接には関わらない「状態動詞」についても従来丁寧に論じられていないのでここで説明する。

第1章　結果補語(動詞)を持つ動詞の意味特徴

　現代中国語の動詞をどのように分類するかについて朱德熙 1982 は（統語的に）異なる基準によって多くの小類に分けることができる(pp.57–58)とし、その基準を「動詞に接尾語の"了"がつく、つかない」等をあげて説得的に説明している。しかし、統語的な説明では個別の動詞が表す意味を直観的にとらえることができない。たとえば"走"という動詞の意味は「歩く」という意味もあれば、「消える」という意味もある。どちらにも完了の意の"了"をつけることができる。つまり「歩く」の意の"走"と「消える」の意の"走"は同類の動詞となる。統語的(形式的)にはこれ以上分類することはできない。しかし、意味に視点をおいてより深く考えると「歩く」の意の"走"は「持続動詞」に、「消える」の意の"走"は「瞬間動詞」になる。ここまでが従来の到達点である。

　ここではさらに踏み込んで、「持続動詞」を「持続活動動詞」、「瞬間動詞」を「終息動詞」とし、さらに「状態動詞」と「開始・終息動詞」を組み込んで、この四種類の動詞下位類の意味関係を体系的に考察する。その考察の基準を考えるに当たって最も重要な構造が動補構造であり、中でも注目されるのが結果補語を有する動補構造である。

　この章では結果補語(動詞)を持つ動詞の意味を考える。ここでの記述はまず設問を設定し、それに対して回答するという形式で論述を進めたい。まず「"吃完了飯再走"の動補構造"吃完"の前の動詞"吃"の意味特徴を結果補語を取らない動詞を列挙することを通して記述せよ。」という問いかけがあったとしよう。なぜこの問いが必要か。「"吃完"の前の動詞"吃"の意味特徴を記述せよ。」ではいけないのか。いけないのである。なぜか。答えが

「持続」であることは自明だからである。従ってこの問いに対する答えはこの位置に生起することができない動詞をすべてあげることなのである。

それではその答えを探ってみよう。まず結果補語を取ることのない動詞を列挙する。

（Ⅰ）その第一は動詞そのものが［結果］の意を持つ動詞である。たとえば"放松，改进，改善，折叠，撒开，分离，提交"等がある（张晓铃1986: 51 参照）。例をいくつかあげよう。例文は論者が採集した。

（１）　工作忙，就放松学习。（なおざりにする）
（２）　请大家帮助我们改进工作。（改善する）
（３）　大家都改善生活环境。（改善する）
（４）　她把被褥折叠得整整齐齐。（折りたたむ）
（５）　你把孩子撒开，让他自己练走路。（放す）
　　　　Let go of the child and let him work by himself. 　（王还主编1997: 750）
（６）　分离了二十几年的老同学居然在旅途中意外见面了。（＝离别）（分かれる）
（７）　把计划提交上级批准。（提出する）　　　　　　　（王还主编1997: 855）

これらの文中の動詞は［結果］の意を有するが、"停（止まる）"や"死（死ぬ）"のような瞬間的に発生する動作ではなく、一定の時間上のプロセスがある。しかし、そのプロセスを明示的に捕らえることはできない。たとえば"放松"は"放（コントロールする）"した結果、"松（ゆるむ）"になると解釈しても「なおざりにする」という意味を作り出すことには無理がある。

そこでこれらの動詞の表す「動作」や「働きかけ」の領域が満たされていると考え、これらの動詞に対して「動詞そのものの意味の内部に『時相』を有するもの」と定義する。そこで用いられる『時相』を、一般的に用いられる「時相」と区別して、ここでは「函数内時相」と呼ぶことにする。「函数内時相」について詳述しておこう。まず［結果］の意を有する動詞はそれの表す「動作」や「働きかけ」の領域が満たされていることを「その内部に二

個の計算プロセスを持つ」と表現することにする。そして最初の計算プロセスを「α（はじまり）」、第二のプロセスを「β（おわり）」とする。すると上述の動詞は「計算プロセスが α と β に及ぶもの」と定義され、それを「V_{11}」と表示する。「V_{11}」の添え字の前の 1 は「$\alpha = 1$」を後ろの 1 は「$\beta = 1$」を表す。

　その結果、前述の動詞群は

V_{11} = {放松，改进，改善，折叠，撒开，分离，提交}

の集合を構成する。

　結果補語を取ることのない動詞の第二は動作が［瞬間的に発生する］動詞である。たとえば"停，伤，死，完成，到达，中断，来（张晓铃 1986:51 参照）"等がある。いくつか例を挙げておこう。

（1）　风停了。（止む）
（2）　你伤了哪里？（負傷する）
（3）　村子里死了几头猪。（死ぬ）
（4）　他们要完成任务。（果たす）
（5）　列车到达郑州站，站台上灯火通明。（到着する）
　　　　　　　　　　　　　　　　　　　　　　（新华反义词词典 2004: 39）
（6）　不能中断我们之间的联系。（中断する）　（王还主編 1997: 1154）
（7）　你的老毛病又来了。（出る）（＝出現）　（王还主編 1997: 535）

これらの動詞の意味上の特徴は［瞬間的］に動作・行為がなされることである。たとえば「風が止んだ」の文では「止む」という自然現象はその現象のプロセスを述べるのではなく、「止む」瞬間を捕らえて記述したものである。(2)から(4)の文についても「負傷した」、「死んだ」、「果たした」はいずれも動作・行為が全うされた瞬間を記述したものである。これらの動詞についても前述の"放松"等の例にならって、「函数内時相」のモデルを使用して考えてみよう。それによれば「結果」の意を表す動詞は「二個の計算プ

ロセス」を有する。ここでは最初のプロセス、つまり α は実行されず、β のみが実行されることになる。そこでこれらの動詞の表現式は「V_{01}」となる。「V_{01}」の前の添え字は「$\alpha = 0$」を後ろの添え字は「$\beta = 1$」を表す。

　この結果前述の動詞群は次の V_{01} の集合を構成する。

V_{01} = {停，伤，死，完成，到达，中断，来}

　結果補語を取ることのない動詞の第三は動作が「対象物」や「主体」や「時間」と一緒になって、ある種の［状態］にあることを表すものである。たとえば"继承（受け継いでいる）、腐烂（腐っている）、隐瞒（隠している）、倒退（戻っている）、前进（進んでいる）、暴露（露見する）、滞销（売れ残っている）（张晓铃 1986: 51 参照）"等である。いくつか例をあげよう。

（1）　这个学校继承了优良传统。（この学校はすぐれた伝統を受け継いでいる。）
（2）　深林里腐烂了的树叶也是很好的肥料。（深い林の中で腐食した木の葉は良い肥料でもある）
（3）　他还想隐瞒错误。（彼はまだ間違いを隠そうとしている。）
（4）　倒退三十年，我也是个小伙子。（三十年さかのぼれば，私も若者だ。）
（5）　历史是在曲折中不断前进的。（歴史は曲折の中で絶えず前進をするのだ。）　　　　　　　　　　　　　　　　　　（新华反义词词典 2004: 175）
（6）　一旦这个情报中转站暴露，后果是不堪设想的。（この情報中継点がばれると，結果は大変なことになる。）　　（新华反义词词典 2004: 11）
（7）　有些家电产品滞销，仓库积压了很多，只好降价出售。（家電製品が売れ残っていて，在庫がいっぱいだ，安売りするしかない。）
　　　　　　　　　　　　　　　　　　　　　　　　（新华反义词词典 2004: 286）

上の（1）の文は「この学校はすぐれた伝統を継承している」の意で、「継承する」という動詞は「すぐれた伝統」という［状態の構成要素としての対象物］の存在の仕方を詳細に記述したものであり、「すぐれた伝統」に対する

「働きかけ」を記述したものではない。つまり「存在」を記述し、「働きかけ」を記述しているわけではない。従って動詞に動作・行為や現象のプロセスを想定することはできず、「動詞＋対象物」(継承＋优良传统、隐瞒＋错误)、「動詞＋主体」(腐烂＋树叶)、「動詞＋時間」(倒退＋三十年)、「主体＋動詞」(历史＋前进、中转站＋暴露、产品＋滞销)がそれぞれ「状態」を表す。

これらの動詞についても先の「函数内時相」のモデルを用いて説明する。それによれば、「結果」の意を表す動詞はその内部に「二個の計算プロセス」を有する。しかし、「状態」を表す動詞には動作・行為のプロセスを見いだすことは不可能なので、計算プロセスの α も β も実行されない。つまり、$\alpha = 0$、$\beta = 0$ である。そこでこれらの動詞の表現式は「V_{00}」となる。その結果、上記の動詞群は「V_{00}」の集合を構成する。

V_{00} = ｛継承，腐烂，隐瞒，倒退，前进，暴露，滞销｝

以上の検討を経て、結果補語を取ることのない動詞は三類あり、それは次に示されるメンバーであることがわかる。

V_{11} = ｛放松，改进，改善，折叠，撒开，分离，提交｝
V_{01} = ｛停，伤，死，完成，到达，中断，来(＝出現)｝
V_{00} = ｛継承，腐烂，隐瞒，倒退，前进，暴露，滞销｝

ここには V_{10} が存在しない。実はこの V_{10} が先の問いに対する回答になるのであるが、説明を続けることにしよう。

(II) 次に動補構造"吃完"の意味について考えよう。"吃完"の前の動詞"吃"は「食べる」の意で、持続動詞である。後ろの動詞"完"は「終わる」で、瞬間動詞である。"完"は「終わる」という語彙意味を持つ動詞であると同時に多種の動詞と共起する生産的な語である。たとえば"看完，听完，说完，跑完，打完，做完"のように言わば［終息］の意の「文法化」された語と言える。そこでわかりやすいように別の動補構造を考えよう。ここ

では"听懂"を考える。

"听懂"という動補構造において、"听"は「聞く」という意味を表し、"懂"は「理解する」という意味を表す。"听懂"はそれを構成する単語それぞれの「語彙的意味」を表すと同時に、前の動詞には共通する特徴として［動作の持続］を、後ろの動詞には前の動詞で表される［動作の終息］をもたらすという役割があることがわかる。「動作の終息」はすでに動作が行われていないので、動作量は［ゼロ］である。「ゼロ」は一種の数量であるので、"听懂"の"懂"は前の動詞"听"を数量化、簡単にして「量化」していると言ってよい。この「量化」という考えは結果補語に限定されず、多くの他の構造にも適用できる汎用性を有する考えである。たとえば"听一句"の"一句"、"听一会儿"の"一会儿"、"听清楚"の"清楚"等も「対象物（ひとこと）」、「時間（少しの時間）」、「様態（はっきりと）」の意味を表すと同時に動作を終息させるための「量化」の役割をも果たしている。この量化の役割を果たす語群を一つの範疇としてまとめたものが「時相」である。

ここで動補構造を記号化して「VR」とすると、前のVは「動作のはじまり」を後ろのRは「動作のおわり」をあらわすと言える。

(III)次に中国語の動詞の「基本形」を考えてみよう。まず「動詞＋動詞」の形式を持つ動補構造の例をあげる。"看见，听懂，学会，踢倒，拿走，写成，杀死，打破，弄丢，说完"（朱徳熙1982）が例である。これらの例をあげた後、朱徳熙1982は「結果補語を持つ述語補語構造は文法機能上、一個の動詞に等しい(p.126)」と述べている。これをヒントに考えをまとめてみよう。ここでは"踢倒"を考える。"踢倒"は通常は一個の動詞とは考えず、"踢"と"倒"のそれぞれが別々の動詞となるとするのが従来の考えである。

ところで"老王＋V＋了＋小李。"という文構造において"老王踢了小李。"は単独の文としては座りが悪く、"老王倒了小李。"とは言えない。それに対し、"老王踢倒了小李。"とすれば単独で成立する。Vの位置では"踢"も、また"倒"も文を十全に成立させることが出来ないのに"踢倒"は成立させることが出来ることから、"老王＋V＋了＋小李。"という文構造には最低限"踢倒"という成分が必要であることがわかる。つまり"老

王"と"小李"という個体の関係を十分に表現するには"踢倒"がVにならなければならない。

一方、"老王踢了一脚小李。"の文においては"倒"に代わって"一脚"が現れ、Vの位置には"踢"だけが現れる。また"老王踢得小李倒了。"の文では"倒"が"踢"と分離して単独でVとなっている。以上の議論から"踢倒"は時には"踢倒"として現れ、また時には"踢"として現れ、時には"倒"として現れることがわかる。そこでこれらの文に生起するVを統一的に説明するにはVの基本形式として"踢倒"を採用し、それが時に"踢"として出現し、時に"倒"として出現すると説明することもできる。

議論を一般化しておこう。中国語の動詞の内部基本形式を「動作のはじまり」と「動作のおわり」で構成されると定義する。すると上述の"踢倒"は"踢"が「動作のはじまり」を、"倒"が「動作のおわり」を表す。そこでより抽象化して中国語の動詞の基本形式を「$V\alpha V\beta$」と設定する。その結果、持続動詞は$V\alpha$として実現し、瞬間動詞は$V\beta$として現れる。また従来の動詞で構成される動補構造は$V\alpha V\beta$として出現する。出現する形式は異なるが、その内部形式は$V\alpha$は「$V\alpha(V\beta)$」であり、$V\beta$は「$(V\alpha)V\beta$」であり、$V\alpha V\beta$は「$V\alpha V\beta$」として共通の構造を持つと規定される。

ここで最初の質問に戻る。結果補語(動詞)を有する動補構造VRのVに用いられる動詞の意味特徴は何かということであった。前述の議論によれば、まず(I)から［結果］、［瞬間的発生］、［状態］の意味特徴を持つ動詞が来れないこと、(II)から［動作のはじまり］を表すものが来ること、(III)から具体的には"看，听，学，踢，拿，写，杀，打，弄，说"等があることがわかる。そこで結論として、動作の［持続］を意味特徴とする動詞が結果補語(動詞)を取ることがわかる。

次に上記の論述に基づいて次のような設問「中国語の動詞の基本形式を「$V\alpha V\beta$」と仮定して、朱德熙1982の動詞の分類を意味に重点を置いて書き換えなさい。」をしよう。この質問にどのように答えればよいであろうか。実はこの質問は朱德熙1982の動詞の分類は表面的には形式に依拠しているように見えるが実際には意味を網羅的に考えているということを読み解けと

述べているのである。

　この問いに対する回答を考えてみる。まず朱德熙1982は動詞の分類を「動詞を違った基準によってたくさんの小類に分けることができる（p.57）」のように記述する。そして以下に記す基準をあげる。

　基準の第一は「ある動詞は接尾語（＝動態助詞）"了"がつきうる」である。第二は「ある動詞には接尾語"着"がつきうる」と述べ、第三は「ある動詞は重畳形式に出来る」とする。そして第四は「ある動詞は二重目的語をとりうる」であり、最後の第五は「ある動詞は"〜給你"の形式の中に置ける」である。

　この朱德熙1982の記述を意味に重点を置いて考えてみよう。第一は「接尾語"了"がつくもの」である。これは前述の「結果」を表す動詞がまずあげられる。

V_{11} = {放松，改进，改善，折叠，撒开，分离，提交}
V_{01} = {停，伤，死，完成，到达，中断，来（＝出現）}
V_{00} = {继承，腐烂，隐瞒，倒退，前进，暴露，滞销}

これらの動詞は「函数内時相」により、動詞内部に動作・行為の「終息」、広くは「結果」を有し、従って接尾語"了"によって参照時間点より前に配置される。同様な例がChao1968でもあげられている。たとえば"推翻（ひっくり返す）、扭转（向きを変える）、记得（覚える）、规定（定める）、说破（論破する）、解除（解除する）、捣毀（壊す）(p.437)"である。これらの動詞は先の例で言えば、V_{11}の集合に属する。従って「接尾語"了"がつくもの」は先の中国語動詞の基本形式で言えば$V\beta$で実現する動詞である。中国語動詞の基本形式を「$V\alpha V\beta$」として仮定する立場に立てば$V\alpha V\beta$も算入される。

　第二は「接尾語"着"がつくもの」で、従来の持続動詞が該当する。中国語動詞の基本形式で言えば、$V\alpha$の集合で、たとえば"看，听，学，踢，拿，写，杀，打，弄，说，走（歩く）"等である。

　第三は「重畳形式になるもの」であるが、二種類ある。その第一類は$V\alpha$の場合（従来の持続動詞）で重畳形式になると［時間量］を表す。たとえば

"晚上想去看看电视。(ちょっと見る)"の"看看"は"看一会儿"と同じで［時間量］が短いことを表す(朱德熙 1982: 67)。一方"我该去理理发了。(一度散髪する)"の"理理"は"理一会发"の意味ではなく、"理一次发"の意味で［動作量］が少ないことを表している(朱德熙 1982: 68)。その第二類は心理上持続し得ないと思われる動詞である。中国語動詞の基本形式ではVβにあたる。これらの動詞は重畳形式になると［動作量］を表す。たとえば"男车不好上、我上上试试(男子用は乗れないのだけど、一度乗って見るわ)。"の"上上"や、"这本书现在买不着了、不信你去买买看(この本は今では手に入らないの、なんなら一度買ってみたら)。"の"买买"は"上了会儿"や"买了会儿"とは解することはできず、「一度乗る」や「一度買う」の意の［動作量］のみを表す(朱德熙 1982: 68)。以上の議論から重畳形式が［時間量］と［動作量］の双方を表しうるものはVαであり、［動作量］のみを表すのがVβであることが帰納できる。これはVαは持続動詞で、従って［時間量］でも［動作量］でも動作・行為を「終息」させうるのに対し、Vβはすでに「終息」しているため［時間量］は使用出来ず、「反復回数」のみで測定される［動作量］のみが現れうるという論理的帰結である。

　第四は「二重目的語を取る動詞」である。二種類あり、その第一類は「授与」を表すもので、"我送他一份礼。"が例である。この文の動詞"送"は「私が彼にプレゼントを贈った。」の「贈った」の意で、瞬間動詞に区分されるように思えるが、なぜであろうか。"一份礼"の移動過程を考えてみよう。出発点は"我"で到達点は"他"である。従って"送"という動作そのものが対象物の移動過程の［はじまり］と［おわり］を有する動詞であることがわかる。［おわり］を持つ以上、瞬間動詞とみなされる。しかし"送"という動作そのものには［はじまり］も存在するので、結局「函数内時相」を持つ動詞と見なすのが妥当であり、先のV$_{11}$と同じ集合に属する。添え字の前の1は「α = 1で「動作主」"我"を項とする計算プロセス「送'(我,礼)＆有'(礼, 一份)」の存在すること」を表し、後ろの1は「β = 1で「到達点」"他"を項とする計算プロセス「到'(一份, 他)」の存在すること」を表している。この文の論理式は次のように書ける。

　　　　　　　　アゲル　～ガ　～ヲ　　アル　～ガ　ヒトツ　トドク　～ガ　～ニ
　送'｛我，他，送'(我，礼) ＆ 有'(礼，一份) ＆ 到'(一份，他)｝
スル　～ガ　～ニ　　　　　　　　　　　　　　　　　　　～コトヲ

　　その第二類は「取得」を表すもので"他偸了我一張郵票。"が例である。この文の"偸"は「彼は私から切手を一枚盗んだ。」の「盗んだ」の意味で、これも「授与」のケースと同じように対象物の移動過程を考えてみよう。ここでは「一枚の切手」の移動の出発点は"我"で、到達点は"他"である。従って"偸"という動作には「はじまり」と「おわり」が存在するので、やはり「函数内時相」を有する動詞と見なすことができ、先の V_{11} と同じ集合にはいる。ここでの添え字の前の 1 は「$\alpha = 1$ で「動作主」"他"を項とする計算プロセス「偸'(他，郵票) ＆ 有'(郵票，一张)」の存在すること」を示し、後ろの 1 は「$\beta = 1$ で「到達点」"他"を項とする計算プロセスと"我"に「一枚が存在しない」という結末の状況を表す計算プロセスの連言「到'(一张，他) ＆ 到'｛到'(一张，他)，¬ 有'(我，一张)｝」の存在することを表す。この文の論理式は次のようになる。

　　　　　　　ヌスム～ガ～ヲ　アル～ガ イチマイ トドク～ガ～ニ ナル　　　～ガ　　　　　　～ニ
　偸'［他,我,偸'(他,邮票)＆ 有'(邮票,一张)＆ 到'(一张,他)＆ 到'｛到'(一张,他), ¬ 有'(我,一张)｝］
スル～ガ～カラ　　　　　　　　　　　　　　　　　　　　　～コトヲ

　　朱德熙 1982 の動詞分類の第五は「～給你」の形式を持つものである。朱德熙 1982 は例として"送給你"と"交給你"を挙げ、"*走給你"と"*唱給你"は言えないと記述している (p.57)。朱德熙 1982 が第四に二重目的語を有する動詞を一類としてあげながら、ここであらためて「～給你」の形式を有するものをあげた真意は不明である。おそらく「S + V + O + O」という文型が北方語をのぞけば、中国語としていささか違和感を感じる識者のいることを意識したものと推測されるが、詳細はわからない。ただ朱德熙 1982 の二重目的語の記述の末尾に「二重目的語はそれぞれが述語と関係を持つのであって、それどうしの間には構造上の関係がない。従って二重目的

語形式は三分される（述語、近い目的語、遠い目的語）だけで、二分出来ない。しかし別の観点から言えば、二重目的語形式を述語目的語構造がさらに目的語を取った形式と見なすことも出来る（p.121）。」と述べられており、朱徳熙 1982 が"給"に対して神経質になっていることは伺うことが出来る。この記述の最後に述べられた観点から一例を分析しておこう。"我送給他一份礼。"は「送'（我，一份礼）＆給'｛送'（我，一份礼），他｝」のごとく分析することになる。この分析は私見では「給'｛我，他，送'（我，一份礼）＆到'（一份礼，他）｝」が無難に思えるが議論が脱線するのでここでうち切る。

　さて「～給你」の形式を考えてみると、"送給你"、"交給你"の"給你"は動作の対象物の帰着するところを明示する、つまり動作の受け手の移動の「おわり」を持つ動詞がこの形式を作っていることを示している。ここで考える動詞の基本形式から言えば、VαVβ に該当する。

　以上、朱徳熙 1982 の動詞の分類は第一類から第三類は動作・行為そのものの「はじまり」と「おわり」に着眼し、第四類と第五類は動作の受け手の移動の「はじまり」と「おわり」に着目している。前者は時間上の、後者は空間上の移行過程を内在させる動詞であることを示している。朱徳熙 1982 では「動詞を違った基準によってたくさんの小類にわけることが出来る」と述べているが、実際には「時間および空間上の移行過程」を基準に整然とした分類を行っていることがわかる。

　以上の議論から朱徳熙 1982 の動詞の分類は意味を基準として分類しなおすと、同じ形式がそれぞれの意味項目に所属するので、交叉分類にならざるを得ない。そこでやはり分類は朱徳熙 1982 の形式基準に従い、それぞれの形式項目に対して、意味解釈を施すという方法が妥当だと言える。

第 2 章　結果補語になる動詞の意味特徴

　前章では動補構造の「動」を構成する動詞の意味特徴を論じたが、ここでは「補」を構成する動詞を論じる。結果補語となる動詞であるから、すでに多くの先行研究が存在すると予想したが、この種の動詞の意味を深く追求した論考は見当たらない。ここでも朱德熙1982の記述を出発点として、その記述の意味するところを追求する。

　最初に結果補語になる動詞をあげてみよう。結果補語になる動詞の数は多くない。よく現れる例には次のようなものがある。"走，跑，动，倒，翻，病，疯，死，见，懂，成，完，通，穿，透"（朱德熙1982: 126）である。朱德熙1982があげる動詞の例はその順にこめた意味があると思うがそのことについての言明はない。まずはこれらの例を意味を基準に直観的に区分してみよう。"病"を境に区分する。

　　Aグループ："走，跑，动，倒，翻"
　　Bグループ："病，疯，死，见，懂，成，完，通，穿，透"
区分の理由はAグループは"走完"のように結果補語"完"をとりうるのに対し、Bグループは"病完"のような形式が存在しないことによる。

　次にまずAグループの"走"を対象に考察しよう。"走"について、第1章で論述した動詞の基本形式$V\alpha V\beta$を参考にして、それの有する意味を詳しく記述してみたい。動詞の意味および形式の基本形式を$V\alpha V\beta$とする。このとき$V\alpha$は動作の「はじまり」を$V\beta$は動作の「おわり」を表した。従来の説明に従うと$V\alpha$は「持続動詞」が、$V\beta$は「瞬間動詞」がその位置をしめる。"走"はこの$V\alpha$と$V\beta$の両方の位置に生起する単語である。

　まず$V\alpha$の位置に来るものをあげよう（以下用例は『现代汉语词典』及び

王还主編1997による）。言うまでもないことであるが、$V\alpha$の位置に来るものは結果補語になれない。

（１）　我们走着回去。（私たちは歩いてもどる。）
（２）　他头也不回地向前走去。（彼はまっすぐ前に歩いて行った。）
（３）　我走不动了。（私は歩けなくなった。）

　上の(1)から(3)までの例の"走"は「歩く」の意である。

　次に「動く」あるは「動かす」の意の例をあげよう。

（４）　钟不走了。（時計が動かなくなった。）
（５）　这个闹钟走得很准。（この目覚まし時計は動きが正確だ。）
（６）　我走错了一步棋。（私は駒を動かし損なった。）

　最後に"走"が「訪問する」、「行き来する」の意を表す例をあげる。

（７）　媳妇走娘家。（嫁が実家を訪ねる。）
（８）　他们两家走得很近。（あの二家族はいつも行き来している。）

　次に$V\beta$の位置に現れるものをあげる。$V\beta$の位置にくるものは結果補語になる。
　第一の例、次の(1)の"走"は「出発する」、「離れる」の意である。「出発する」も「離れる」も持続動詞のように思えるが、実際の意味は「私は明日いなくなる」であって、「いなくなる」は瞬間動詞である。

（１）　我明天要走。（明日出発します）

　第二の例は「行ってしまう」の意味を表す。ここでは$V\alpha V\beta$の形式の$V\beta$の位置に"走"が現れている。

（2） 他把土抬走了。（彼は土を運んで行ってしまった。）
（3） 你把这本书拿走。（この本を持って行きなさい。）
（4） 自行车让他骑走了。（自転車は彼に乗って行ってしまわれた。）
（5） 包裹已经寄走了。（小包はすでに送ってしまった。）

　第三の例は「通る／抜ける」の意味を表す。「通る」は持続動詞のようにも思えるが、ここでは「抜ける」の意がふさわしく、「抜ける」は瞬間動詞である。

（6） 进城走西直门最近。（街に行くには西直門を通るのが最も近い。）
（7） 去北京站，走城外比走城里快得多。（北京駅へは城外を通るのが城内を通るよりもうんと速い。）

　第四の例は"走"が「死ぬ」の意を表す。

（8） 她这么年青就走了。（彼女は大変若くして亡くなってしまった。）
（9） 他走了，还有我呢。（あの人が亡くなっても、僕がいるよ。）

　第五の例は"走"が「漏らす」、「すべらす」の意味を表す。

（10） 千万别走了风。（くれぐれも秘密をもらさないように。）
（11） 他不小心，走了消息。（彼はうっかりニュースを漏らしてしまった。）
（12） 他说走了嘴，泄漏了机密。（彼は口をすべらせて、機密を漏らしてしまった。）

　第六の例は"走"が「はずれる」、「変わる」、「変える」等の意味を表す。

（13） 他唱歌走了调。（彼は調子はずれで唱った。）
（14） 这香皂放久了，走了味儿。（この化粧石鹸は放置したら香りが変わった。）

（15） 你把原意讲走了。（君は本来の意味を変えてしまった。）
（16） 他把话传走了样。（彼はメッセージを曲げて伝えた。）

　次に"跑"について、先に論述した VαVβ の形式を参考にして、それの有する意味を詳しく記述してみよう。ここでも動詞の意味および形式の基本形式を VαVβ とする。このとき Vα は動作の「はじまり」を Vβ は動作の「おわり」を表した。従来の説明に従うと Vα は「持続動詞」が、Vβ は「瞬間動詞」がその位置をしめる。"跑"も"走"と同様にこの Vα と Vβ の両方の位置に生起する単語である。
　まず Vα の位置に来るものをあげよう。次の例はいずれも「走る」の意を有するものである。Vα の位置に来るものは結果補語になれない。

（１） 他跑了一圈儿。（彼は一周走った。）
（２） 你跑着回来。（走って戻って来なさい。）

　次に Vβ の位置に来るものをあげる。Vβ の位置に生起するものが結果補語になる。第一は「逃げる」の意を表す例である。

（１） 別让兔子跑。（ウサギを逃がすな。）
（２） 跑了和尚跑不了庙。（和尚は逃げても、お寺は残る。）

　第二は「飛んでゆく／なくなる」の意味を表す例である。

（３） 信纸叫风给刮跑了。（便箋が風に吹き飛ばされた。）

　第三は「揮発する／なくなる」の意の例である。

（４） 瓶子没盖严，汽油都跑了。（容器のふたがしっかりとしまっていなかったので、ガソリンがすっかり揮発してしまった。）

（用例は『現代汉语词典』: 953）

さらに"动, 倒, 翻"についても VαVβ の形式を参考にして、それぞれの有する意味を記述しよう。まず第一に"动"の Vα の位置に生起するものをあげよう。Vα の位置にくるものは結果補語にならない。

（1） 只要大家动起来，什么事都能办。（皆が動きさえすれば何でもできる。）
（2） 他只会动嘴，不会动手。（彼は口だけで、動かない。）

　上の例の (1) の"动"は「動く」の意を、(2) の"动"は「使う」の意味を表す。
　次に"动"の Vβ の位置に生起するものをあげる。Vβ の位置にくるものが結果補語になる。

（3） 你一个人搬动这张桌子吗？（君は一人でこのテーブルを動かしますか。）
（4） 他牙还可以吃动花生米吗？（彼の歯はまだピーナッツがかじれますか。）

　上の例 (3) の"动"は「移動する」の意を、例 (4) の"动"は「つぶす」の意味を表す。
　第二に"倒"の Vα の位置に生起するものをあげよう。Vα の位置にくるものは結果補語にならない。

（1） 我想倒休一下，这星期日不休息，星期一休息，行不行？（振り替えて、この日曜日は休まず、月曜日に休むのはいかがでしょうか。）
（2） 地方太小，能倒开身吗？（場所が狭いのに、体が動かせますか。）

　上の (1) の"倒"は「振り替える」の意を、(2) の"倒"は「動かす」の意味を表す。次に Vβ の位置に来るものをあげる。Vβ の位置に生起するものが結果補語になる。

（3） 风把树刮倒了。（風が吹いて、木が倒れた。）
（4） 路很滑，小心摔倒。（道路がすべるので、ひっくり返らないようにね。）

上の例(3)と(4)の"倒"はともに「倒れる」の意を表す。

最後に第三として"翻"について記述する。まず Vα の位置に生起する例をあげる。Vα の位置にくるものは結果補語にならない。

第一の例は「かき回して探す」である。

（１）　他把抽屉都翻乱了。（彼は引き出しをかき回してグチャグチャにした。）

第二は「ページを繰る」の意を表す例である。

（２）　你们把书翻开，翻到第二十二页。（ページを繰って、22ページを開いて下さい。）

第三には「登って超える」の意を表す例がある。例えば

（３）　咱们翻过这座山就到了。（この山を越えればすぐ着く。）
（４）　那个人翻墙逃跑了。（あの人は塀を乗り越えて逃げた。）

第四の例は「翻訳する」である。

（５）　你把英语翻成汉语。（英語を中国語に翻訳しなさい。）

第五の例は「ひっくり返す」という他動詞である。

（６）　我们把大衣翻过来晒晒。（オーバーを裏返して、日にあてます。）

次に Vβ の位置に出現するものの例をあげよう。Vβ の位置に生起するものが結果補語になる。

第一は次の例である。

（1）　兄弟俩闹翻了。（兄弟二人はもめて仲違いした。）

　(1)の"翻"は「仲違いする」の意を表し、結果補語になっている。
　第二は「ひっくりかえる」の意味を表す自動詞の例である。

（2）　马车翻了。（馬車がひっくり返った。）
（3）　船差点儿翻了。（船は危うくひっくり返りそうだった。）

　第三が「数量が増加する」の意を表す例である。

（4）　产量翻了好几倍。（生産量が何倍にも増加した。）

（用例は王还主編 1997: 245）

　(4)では"好几倍"は"翻"の［結果］を示している。つまり"翻"は［終息］の意を有する瞬間動詞（終息動詞）であり、それに［完了］の意を表す時態助詞（動態助詞）の"了"がついている。"死了好几年"（亡くなって何年にもなる）と同じ意味形式を有する。"好几倍"は「場所の占拠量」を表し、"死了好几年"の"好几年"は「時間の占拠量」を表す。「占拠量」という点で両例には共通点がある。
　以上がAグループの用例である。このグループの特徴は次の点である。
　動詞の意味及び形式の基本形式を$V\alpha V\beta$とすると$V\alpha$と$V\beta$の両方の位置に出現することである。そこで$V\alpha$の位置に出現するものを

A類：走$_1$、跑$_1$、动$_1$、倒$_1$、翻$_1$

とすると、$V\beta$の位置に生起するものは

B類：走$_2$、跑$_2$、动$_2$、倒$_2$、翻$_2$

のように区分することができる。従来の区分法ではA類が「持続動詞」、B

類が「瞬間動詞」となる。持続動詞も瞬間動詞も従来から使用されている術語であり、何ら新しいアイデアの提案ではない。しかし、同一の形式の語がどちらにも使用され、それは動詞の意味及び形式の基本形式を $V\alpha V\beta$ と仮定すると、持続動詞は必ず $V\alpha$ の位置に生起し、$V\beta$ は必ず瞬間動詞によって位置を占められるという体系的な事実の指摘は従来行われていない。

　次にBグループの動詞群について考察しよう。Bグループの動詞についても $V\alpha V\beta$ の形式を参考にして、それぞれの有する意味を記述することにする。まず"病"、"疯"、"死"について見てみよう。先に用例をあげ、説明を加える。(1)bと(2)bに付された英文も完了形を使用していて"been"が用いられることから"病"、"疯"が $V\beta$ であることが裏付けられる。

（1）a. *病完
（1）b. 她病了好几天了, 感冒。(彼女は病気になって何日にもなる、風邪だ。)
　　　 (He has been ill for several days with a cold. 　（王还主編 1997: 63））
（2）a. *疯完
（2）b. 那个人疯了一年多了。(あの人は気がふれて一年あまりになる。)
　　　 (That man's been insane over a year. 　　（王还主編 1997: 274））
（2）c. 棉花长疯了。(ワタが実もつけずに伸びた。)
　　　　　　　　　　　　　　　　　　　　（角川・中国語大辞典（上）: 942）
（3）a. *死完
（3）b. 我家狗死了几个月了。(わが家の犬は亡くなって数ヶ月になる。)

　(1)a、(2)a、(3)aが成立しないことから"病"、"疯"、"死"は $V\alpha$ に生起しえないことがわかる。一方(1)b、(2)b、(3)bにおいて、それぞれ"好几天"、"一年多"、"几个月"が"病"、"疯"、"死"が「発生」してから経過した時間を示している。これら三つの動詞は $V\beta$ であることがわかる。もし $V\alpha$ の動詞であれば、"好几天"、"一年多"、"几个月"は"病"、"疯"、"死"の持続時間を表すからで、そのようなことは不可能である。なお"疯"については $V\beta$ の例として2cのような例をあげる辞書もあるが用例は少ない。

　さらにBグループの動詞を見てみよう。"见"、"懂"、"成"、"完"、"通"

はいずれも結果補語の"完"が付かないことから、Vαの位置には生起しえない。しかし、

（４） 看见(眼に入る)
（５） 听懂(聴いてわかる)
（６） 写成(書き上げる)
（７） 念完(読み終わる)
（８） 说通(話して通じさせる)

上の(4)から(8)の例からVβの位置に生起しうることがわかる。つまり、瞬間動詞の性質を持つのである。
　次に"穿"と"透"の例を見てみよう。(朱徳熙1982がなぜこの動詞二個を最後に配置したのかについては、後で論じる。)

（９）a. 他穿破了衣服。(彼は服を着古して、穴があいた。)
（９）b. 他的心事被老伴儿说穿了。(彼の心は長年のつれあいによって言い当てられた(見抜かれた)。)
（９）c. 他一句话说穿了她心底的打算。(彼は一言で彼女の心を言いあてた。)
　　　　(In a word, he disclosed her secret intensions.(王还主編1997: 823))

(9)aの"穿"はVαVβのVαの位置に用いられていることは明白であるが、(9)b、(9)cの"穿"はVαVβのVβの位置に生起していることは明らかであるものの、"说穿"で一語のように用いられていることも考えられる。例えば王还主編1997では語彙項目の一つとして取り上げられ、"[说穿](动) 说透、说破 reveal; disclose; expose"のように説明されている。またVβの位置に用いられるものには"看穿了对方的心计。(相手の心を見抜く)"等の例もある。
　そこで"穿"はVαの位置では「(服を)着る」という持続動詞の意味を、Vβの位置では「つらぬく」の派生義としての「あてる」という瞬間動詞の

意味を有すると考えることができる。

次に"透"の例を考えてみよう。

(10) a.　血从绷带上透了出来。(血が包帯から滲み出てきた。)
(10) a'.　冷风从窗外透进来。(冷風が窓から吹き込む。)

(10)a、(10)a'の"透"は VαVβ の Vα の位置に生起するもので「滲む」、「吹き込む」の意を表す。これに対し、次の例では、

(11) a.　全身都被雨浇透了。(全身が雨に濡れてびしょびしょになった。)

(现代汉语八百词: 474)

(11) a'.　这个问题没讲透。(この問題は十分に説明していない。)

(11)a の"透"は「びしょびしょになる」、(11)a'の"透"は「徹底している」の意を表し、ともに VαVβ の Vβ の位置に生起している。この Vβ の位置に用いられている"透"は王还主編 1997 によれば"(形)(1)透彻、只能作补语"と解釈され、上記の(11)a' 以外に"吃透了文件精神(文書の意図を十分に理解した。)"、"摸不透他的脾气(彼の性格を十分にはわからない。)"のような例が挙げられ、いずれも「透徹する」の派生義としての「徹底している」の意を表している。

朱德熙 1982 が"穿"と"透"を結果補語になりうる動詞の末尾に配置したのは「あてる」の意味の"穿"と「徹底している」の意味の"透"が Vβ としての自立性が弱く、派生義として、あたかも一語としての VαVβ のなかに意味上組み込まれているように考えられるからである。

上述の議論から現代中国語の動詞と動詞で構成される動補構造を VαVβ と表示し、さらにそれをもって動詞の基本形式とすると Vα と Vβ の意味上の違いがあきらかになることが示された。これをもとにさらに V$\alpha\beta$ の表示を有する動詞を考察することが可能になるが、それは後に論じることにして、ここではさらに現代中国語の動詞の基本形式を VαVβ と設定することには利点があり、動態助詞(時態助詞)の"了 -le"や"着 -zhe"の説明も明示的に

なる。そこで次の文"他会睁开{着／了}眼睛，老不眨巴。"において"了"が"着"よりも頻繁に用いられる（Chao1968: 439）のはなぜか。その理由を解明しよう。

動詞の基本形式を $V\alpha V\beta$ のごとく、動作の［はじまり］を $V\alpha$、［おわり］を $V\beta$ とすると、"睁开"は"睁（目を見開く）"が $V\alpha$、"开（開いている）"が $V\beta$ となる。"着"は「動作の結果の持続」と「動作そのものの持続」のどちらかを表すが、この場合は"睁开眼睛"という動作の結果は「臨時的な持続」であり、たとえば"墙上挂着一幅画。（壁に絵が掛かっている）"の"着"のような「動作の結果」の「恒久的な持続」と異なる。つまりここでの"着"は「動作そのものの持続」を表すと解釈される可能性が高い。「動作そのものの持続」を表す"着"は実は $V\beta$ の位置に生起する。$V\beta$ の位置にはすでに"开"が存在しており、"着"は"开"と衝突することになる。従ってここでは"着"は使われることがない。

これに対し"了-le"は「〜してしまう」という［完了］の意を表し、$V\alpha V\beta$ の後ろに生起するものである。［完了］の時態を表す"了-le"は"睁"という持続動作が"开"という瞬間動作によって量化された後にはじめて統語形式に参入できる単語である。従って"睁开"に"了-le"が付くことには問題がない。

以上の結果をまとめると

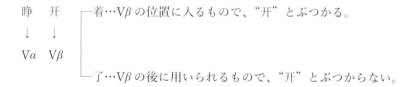

という結論になる。

前述の疑問解明に続いて、次の疑問も解決される。"养活 yǎnghuo"（support（家族を養う））の後には"了-le"も"着-zhe"も来るが"养活 yǎnghuó"（keep alive（ペットを飼う））は"了-le"だけをとる（Chao1968: 437）のはなぜか、Chao1968 は疑問を挙げるだけで答えを述べていない。ここでその問い

に答えてみたい。

　"养活 yǎnghuo"（家族を養う）の後の"了"は［完了］（時態、アスペクト）ではなく、［終息］（時相、フェーズ）（＝完）を表す。つまり「家族を養いおえる」の意になる。従って VαVβ の Vβ の位置に入る単語である。

　それに対し、"着"は「動作の結果の持続」と「動作そのものの持続」の両方の意を表しうるが、ここでは「家族を養う」という行為が［臨時性］を有し、［恒久性］を有するものではないことから、「動作そのものの持続」を表すと判断しうる。つまり、VαVβ の Vβ の位置に入る単語である。図示すれば

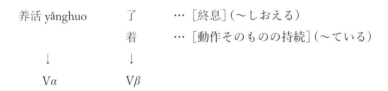

となり、"养活了 yǎnghuole"、"养活着 yǎnghuozhe"のどちらも成立する。

　それに対し"养活 yǎnghuó"（ペットを飼う）の場合は次のようになる。

　まず"养活 yǎnghuó"の"养"は Vα の位置に、"活 huó"は Vβ の位置に生起していると考える。つまり「動作主」が"养"をし、「動作の対象物」が"活 huó"すると解釈するのである。「〜してしまう」という［完了］のアスペクト（時態）を表す"了 -le"は VαVβ の Vβ の後に用いられる単語である。そこで"养活了 yǎnghuóle"という文字列は「養い−生かし−てしまう」という意味に対応していると考えるのである。一方"着 -zhe"はここでは前述の"睁开"のところで述べたように"养活 yǎnghuó"（ペットを飼う）という行為の［臨時性］に鑑み、「動作そのものの持続」を表すと考えられ、従って VαVβ の Vβ の位置に生起する単語である。しかし Vβ の位置にはすでに"活 huó"が入っており、"着 -zhe"と"活 huó"が衝突することになる。そのため"养活 yǎnghuó"の後には"了 -le"のみが使用されるのである。このことを図示すると次のようになる。

```
養 yǎng    活 huó    了     …［完了］(〜てしまう)
  ↓         ↓
  Vα        Vβ
           *着 ←── 着     …［動作そのものの持続］(ている)
```

となり、"养活了 yǎnghuóle"のみが成立し、"养活着 yǎnghuózhe"は成立しないことがわかる。

第3章　時相と動詞

　この章ではまず「時相と動詞」について概説して、全体像を理解し、次に具体例に踏み込んで詳細に考察したい。

　前二章では現代中国語の動詞の基本形式を動補構造をヒントにして$VαVβ$と設定した。この考えは朱德熙1982の記述を参考にしたものである。朱德熙1982は「結果補語を伴う述補構造（動補構造）は統語機能上は一個の動詞に等しい」と述べるだけでなく、さらに「述補構造の中には意味上も一個の動詞に等しいものがある」として、自動詞、他動詞とのかかわり等を詳細に論じながら動詞を補語に持つ動補構造が一個の動詞と統語上も、意味上も変わらないことを主張する(pp.126–128)。

　ここでは朱德熙1982の主張を一個の動詞の意味を細分する際に取り入れて考えることにしたい。つまり$V_{αβ}$によって一個の動詞の意味を表示する。ここで指摘しておきたいことは$V_{αβ}$の表記法は$VαVβ$を考察することから導入されたのであって、$VαVβ$なくして$V_{αβ}$はありえなかったということである。

　まず動詞をそれが表示する場面を基準として四種類に分けておこう。ここで重要なことは動詞のみを考察し、他の文成分を取り込まないで意味を厳密に記述することである。用例は龔千炎1995《汉语的时相时制时态》による。

　動詞が表示する場面を基準とした動詞の区分は次のようになる。

（1）　状態場面（state situation）を表す動詞
（2）　持続活動場面（activity situation）を表す動詞
（3）　開始・終息場面（accomplishment situation）を表す動詞

（4） 終息場面（achievement situation）を表す動詞

まず(1)の状態場面を表す動詞から考えてみよう。次の例を見られたい。

（1） 他<u>姓</u>王。（彼は姓を王と言う。）　　　　　　（龔千炎 1995: 14）

"姓"の意味は「（姓を）……という」で、この動詞には動作の［開始］と［終息］が存在しない。"他"と"王"との関わりを像で示すことができない。従って開始時点（α）も終息時点（β）も存在しないので、<u>時相は存在しない</u>。このことを記号で表記すると $V_{\alpha\beta} = V_{00}$ となる。

　第二に(2)持続活動場面を表す動詞を考察しよう。

（2） 小王一直向前<u>跑</u>，岳月华也一直追。（王君はまっすぐ前に走る。岳月華もまっすぐ追う。）　　　　　　　　　　　　（龔千炎 1995: 17）

この例で考察の対象は"跑"という動詞である。"跑"の意味は「走る」で、この動詞は動作の［開始］を表すだけで、［終息］は表さない。従って開始時点（α）はあるが終息時点（β）が存在しないので、<u>時相は未決定である</u>。このことを記号で表記すると $V_{\alpha\beta} = V_{10}$ となる。

　第三は(3)開始・終息場面を表す動詞を考える。

（3） 冰已经<u>化为</u>水了。（氷が溶けて水になった。）　　（龔千炎 1995: 19）

この文の動詞"化为"の意味は「溶けて……になる」で自然現象の［開始］と［終息］がある。従って開始時点（α）も、終息時点（β）も存在するので<u>時相が決定される</u>。このことを記号で表記すると $V_{\alpha\beta} = V_{11}$ となる。

　第四では(4)終息場面を表す動詞を説明してみよう。

（4） 大爷的那头老黄牛<u>死</u>了。（旦那さんのあの年取ったアカウシが死んだ。）　　　　　　　　　　　　　　　　　　（龔千炎 1995: 25）

この文の動詞"死"の意味は「死ぬ」で生命現象の［終息］がある。「死ぬ」前には「生存している」がそのことは問題にされていない。つまり［開始］は明示されない。従って開始時点（α）は存在せず、終息時点（β）が存在するので時相が決定される。このことを記号で表記すると$V_{\alpha\beta} = V_{01}$となる。

以上の議論から前述の四種の動詞の有する「時相」をまとめると次のようになる。

「開始時点」と「終息時点」の有無を基準にして、

「開始時点」なし、「終息時点」なし　は［状態］　　　（→無時相）
「開始時点」あり、「終息時点」なし　は［持続活動］　（→無時相）
「開始時点」あり、「終息時点」あり　は［開始・終息］（→有時相）
「開始時点」暗示、「終息時点」あり　は［終息］　　　（→有時相）

などの場面を経て決定される時間体系上の意味範疇を時相という。

以上が時相の概略である。ここからさらに詳しく用例に従って各種の動詞の表す時相について論じる。現代中国語の時間体系は時相（じそう）、時態（じたい）、時制（じせい）により構成されている。時相は現代中国語の文を作り上げるときにまず最初に完成される（抽象的）時間成分である。ここでは時相を構成する成分をあげるのではなく、時相を基準として動詞がどのような場面を作り上げるかを考えよう。場面を基準にした動詞の区分は従来行われていないので、ここでは多くの実例を詳しく説明することにする。

3.1　状態場面（state situation）を表す動詞

この場面は静止して動かない状況を表す。動詞（函数）と結びつく各項の間の関わりを像に描くことができない。従って動作の開始時点や終息時点は存在しない。つまり$V_{\alpha\beta} = V_{00}$である。

3.1.1　関係動詞が述語に用いられる文

（1）　我<u>是</u>北京人。（私は北京出身です。）

この文は"是"という関係動詞が"我"という［人物］と"北京人"という出身地、つまり［所属］を結びつけたものである。論理式は

（１）' 是'（我，北京人）

で、"我"という［人物］が"北京人"という［所属］に働きかけをするわけではない。

（２）　方庄小区有许多塔楼。（方庄小区には多くの塔や建物がある。）

この文は"有"という関係動詞が"方庄小区"という［場所］と"许多塔楼"という［構成物］を結びつけている。論理式は

（２）' 有'（方庄小区，许多塔楼）

で、"方庄小区"という［場所］が"许多塔楼"という［構成物］に働きかけるわけではない。

（３）　老王在家吗？（王さんは家にいますか）

この文は"在"という関係動詞が"老王"という［人物］と"家"という「在宅である」という存在状態の［構成物］を結びつけたものである。論理式は

（３）' 在'（老王，家）

で、"老王"という［人物］が"家"という存在状態の［構成物］に働きかけをするのではない。

（４）　他姓王，叫王小刚。（彼は王と言う姓で、名前は王小刚です。）

この文は"姓"という関係動詞が"他"という［人物］と"王"という［名称表示］を結びつけたものである。論理式は

（4）' 姓'（他，王）

で、"他"という［人物］が"王"という［名称表示］に働きかけるわけではない。

（5） 你这话<u>等于</u>白说。（君の言葉は何も言わないのと同じだ。）

この文は"等于"という関係動詞が"你这话"という［記述対象物］と"白说"という［無価値表示］を結びつけたものである。論理式は

（5）' 等于'（你这话，白说）

で、"你这话"という［記述対象物］が"白说"という［無価値表示］に働きかけをするのではない。

（6） 她的脾气真<u>像</u>她妈。（彼女の性格は本当に母親に似ている。）

この文は"像"という関係動詞が"脾气"という［人物の精神的所有物］と"她妈"という［人物］を結びつけている。論理式は

（6）' 像'（她的脾气，她妈）

で、"脾气"という［人物の精神的所有物］が"她妈"という［人物］に働きかけをすることはない。

（7） 女儿还<u>不如</u>妈妈呢。（娘はなお母に及ばない。）（以上 龚千炎1995: 14）

この文は"不如"という関係動詞が"女儿"という［人物］と"妈妈"という［比較対象］を結びつけたものである。論理式は

（7）' ¬如'（女儿，妈妈）

で、"女儿"という［人物］が"妈妈"という［比較対象］に働きかけをするわけではない。"¬"は"不"を論理演算における否定と解する記号である。

3.1.2　心理状態動詞が述語に用いられる文

（1）　我们大家都不相信他。（私たちはみな彼を信じない。）

この文は"相信"という心理状態動詞が"我们大家"という［心理活動主］と"他"という［心理活動の構成物］との結びつきを表している。論理式は

（1）' ¬相信'（我们大家，他）

で、"我们大家"という［心理活動主］が"他"という［心理活動の構成物］に場面を像で描くことが可能な働きかけをするわけではない。

（2）　我觉得很好。（私は大変良いと思う。）

この文は"觉得"という心理状態動詞が"我"という［心理活動主］と"很好"という［心理活動の状態(性質＋程度)］の結びつきを表している。論理式は

（2）' 觉得'（我）＆有'｛觉得'（我），［性質］｝＆有'（［性質］，好）＆有'（好，很）

で、"我"という［心理活動主］が何かに働きかけをするわけではない。こ

の論理式は「私が思う、かつ私が思うことには［性質］という論理形式の集合があり、かつ［性質］の要素は良いであり、かつ良いことは大変という程度を持つ」と読む。

（3） 我认识这个人。（私はこの人と知り合いだ。）

この文は"认识"という心理状態動詞が"我"という［心理活動主］と"这个人"という「知り合いである」という「心理状態」の［心理状態構成物］を結びつけている。論理式は

（3）' 认识'(我，这个人)（簡略表記）

で、"我"という［心理活動主］が"这个人"という「知り合いである」という「心理状態」の［心理状態構成物］に目に見える働きかけをするわけではない。

（4） 我们都讨厌他。（私たちはみな彼が嫌いだ。）

この文は"讨厌"という心理状態動詞が"我们"という［心理活動主］と"他"という「彼が嫌いだ」という「心理状態」の［心理状態構成物］を結びつけている。論理式は

（4）' 讨厌'(我们，他)

で、"我们"という［心理活動主］が"他"という「彼が嫌いである」という「心理状態」の［心理状態構成物］に働きかけをするわけではない。

（5） 我懂这个道理。（私たちはこのわけがわかっている。）

この文は"懂"という心理状態動詞が"我"という［心理活動主］と"这个

道理"という「このわけがわかっている」という「心理状態」の［心理状態構成物］を結びつけている。論理式は

（5）' 懂'（我，这个道理）（簡略表記）

で、"我"という［心理活動主］が"这个道理"という［心理状態構成物］に目に見える働きかけをするのではない。

（6） 大家心里都很焦虑。（みんなは内心たいへんあせっている。）

(以上 龔千炎 1995: 14)

この文は"大家"という［心理活動主］と"心里都很焦虑"という「内心たいへん焦っている」という「心理状態」を結びつけている。"焦虑"は"心里"の［性質］を述べている。論理式はやや複雑で次のようになる。

（6）' 有'（大家，心里）＆有'（心里，［性質］）＆有'（［性質］，焦虑）＆有'（焦虑，很）

で、"大家"という［心理活動主］が何かに働きかけをするわけではない。論理式は「みんなには心があり、かつ心には［性質］という論理形式の集合があり、かつ［性質］の要素が焦りであり、かつ焦りは大変な程度である」と読む。

3.2 持続活動場面（activity situation）を表す動詞
3.2.1 動作・行為を表す動詞が述語に用いられる文
　この場面は動作・行為が活動的で動いていて停止しないことを表す。動詞（函数）と文を構成する項の指示物が作る像を描くことが可能である。動作の開始時点はあるが、終息時点は存在しない。つまり $V_{\alpha\beta} = V_{10}$ である。

3.2.1.1　動作（[－思考]）を表す動詞が述語に用いられる文

（１）　小王一直向前跑，岳月华也一直追。（走る、追う）
（２）　除了打水，扫地，（我不进他的屋）。（水を汲む、地面を掃く）
（３）　李兆昌用手巾擦着嘴。（タオルで口を拭く）
（４）　他们一边走着一边喊。（歩く、さけぶ）
（５）　每当春夏之际，我常常仔细观察那些躯干粗壮，枝叶扶疏的阔树叶。
　　　　（観察する）

3.2.1.2　行為（[＋思考]）を表す動詞が述語に用いられる文

（６）　他正在批改作业。（宿題を添削する／訂正する）
（７）　爸爸一直在写论文。（書く）
（８）　我远远地望着后沟里的那些土窑洞。（はるばると眺める）

3.2.2　心理活動［＋思考］を表す動詞が述語に用いられる文
　この場面は心理活動が行われていて停止しないことを表す。従って心理活動の開始時点はあるが、終息時点は存在しない。つまり $V_{\alpha\beta} = V_{10}$ である。

（１）　我想着，想着……（考えて、考えて）
（２）　我不断地思考着各种问题。（考える）
（３）　他回忆起童年的生活。（回顧しはじめる）
（４）　他不禁在心里头琢磨开了。（考えを深めはじめた）

3.3　開始・終息場面（accomplishment situation）を表す動詞
3.3.1　開始・終息を表す動詞が述語に用いられる文
　この場面は動作・行為が活動的にはじまるが後には停止することを表す。従って動作の開始時点があり、終息時点も存在する。つまり $V_{\alpha\beta} = V_{11}$ である。

（1）　冰已经化为水了。（溶けて水になる）
（2）　他一头冲出了屋子。（飛び出てきた）
（3）　我正在解开绳子。（解きほどく）
（4）　我们努力爬上了山顶。（登って極める）
（5）　他最近办好过几件事情。（やりおえる）
（6）　最近方庄小区的马路又拓宽了。（工事して広げる）

3.3.2　開始を表す動詞（持続活動場面を表す動詞）と終息を表す諸成分（……ニナル）が用いられる文

　この場面は動作・行為が活動的にはじまるが後には停止することを表す。停止することを表すのが動詞ではなくいろいろな成分であることが1.3.1の例との違いである。これらの用例は中国語の時相の多様なありかたを示している。従って動作の開始時点があり、終息時点もある。

（1）　小王向前跑了一千米，岳月华也向前追了一千米。

　(1)の文は"跑"が「開始を表す動詞（V_{10}）」で"一千米"が「終息を表す成分（$V_{\beta1}$）（空間）」である。意味は少し不自然な日本語であるが、「走ることが1000メートルになる」である。記号で表示すると $V_{10}V_{\beta1}$ である。

（2）　小王向前跑了十五分钟，岳月华也向前追了十五分钟。

　(2)の文は"跑"が「開始を表す動詞（V_{10}）」で"十五分钟"が「終息を表す成分（$V_{\beta1}$）（時間）」である。意味は少し不自然であるが、「走ることが15分になる」である。記号で表示すると $V_{10}V_{\beta1}$ の式になる

（3）　小红每天早晨读两首唐诗。

　(3)の文は"读"が「開始を表す動詞（V_{10}）」で"两首"が「終息を表す成分（$V_{\beta2}$）（行為対象の量）」である。意味は少し不自然であるが、「唐诗を読む

ことが二首になる」である。記号で表示すると $V_{10}V_{\beta2}$ の式になる

（４）　她裁了几件衣服。

　（4）の文は"裁"が「開始を表す動詞（V_{10}）」で"几件"が「終息を表す成分（$V_{\beta2}$）（動作対象の量）」である。意味は「衣服を裁つことが何着かになる」である。$V_{10}V_{\beta2}$ の式になる

（５）　他正在琢磨那几道数学题呢。

　（5）の文は"琢磨"が「開始を表す動詞（V_{10}）」で"几道"が「終息を表す成分（$V_{\beta2}$）（思考対象の量）」である。意味は「数学の問題を考えることが何題かになる」である。$V_{10}V_{\beta2}$ の式になる

（６）　大伙儿正在看(着)电影《大红灯笼高高挂》。

　（6）の文は"看(电影)"が「開始を表す動詞（V_{10}）」で"大红灯笼高高挂"が「終息を表す成分（$V_{\beta3}$）（動作対象が固有名詞で特定化され、量が1になるもの）」である。意味は「映画を見るに当たって、題目が「大红灯籠高高掛」になる」である。$V_{10}V_{\beta3}$ の式になる。この例文の《大红灯笼高高挂》は言い換えると"一部／一场题为《大红灯笼高高挂》的电影"となる。

3.4　終息場面（achievement situation）を表す動詞
3.4.1　終息場面を表す動詞だけが述語に用いられる文
　この場面は動作・行為のはじまりは述べられない。停止だけが表現される。従って動作の開始時点がなく、終息時点だけが存在する。つまり $V_{\alpha\beta} = V_{01}$ である。

（１）　大爷的那头老黄牛死了。（死ぬ）
　（1）の文は"死"は「生」の停止を表現し、終息時点だけを表す。つまり

V_{01} である。

（2）　院子里那堵墙塌了。（倒れる）

　(2)の文は"塌"が「塀の存立」の停止を表現し、終息時点だけを表す。つまり V_{01} である。

（3）　小孩儿醒了。（目覚める）

　(3)の文は"醒"が「睡眠」の停止を表現し、終息時点だけを表す。つまり V_{01} である。

（4）　我的钱包丢了。（なくなる）

　(4)の文は"丢"が「財布の所持」の停止を表現し、終息時点だけを表す。つまり V_{01} である

（5）　房间里的电灯灭了。（消える）

　(5)は"灭"が「電灯の照射」の停止を表現し、終息時点だけを表す。つまり V_{01} である。

（6）　厨房里的那只煤气罐爆炸了。（爆発する）

　(6)の文は"爆炸"が「ガスの正常な保管」の停止を表現し、終息時点だけを表す。つまり V_{01} である。

3.4.2　「開始を表す諸成分」と「終息を表す動詞」が用いられる文

（1）　那只杯子打破了。

(1)の文は"打"が「開始を表す成分(V_{a1})（動詞）」で"破"が「終息を表す動詞（V_{01}）」である。意味は「たたいて（V_{a1}）壊れる（V_{01}）」で $V_{a1}V_{01}$ の式になる。

（2）　他跌倒了。

(2)の文は"跌"が「開始を表す成分(V_{a1})（動詞）」で"倒"が「終息を表す動詞（V_{01}）」である。意味は「躓いて（V_{a1}）倒れる（V_{01}）」で $V_{a1}V_{01}$ の式になる。

（3）　小孩一下藏到大人身后。

(3)の文は"一下"が「開始を表す成分(V_{a2})（動量詞）」で"藏"が「終息を表す動詞（V_{01}）」である。意味は「さっと（V_{a2}）隠れる（V_{01}）」で $V_{a2}V_{01}$ の式になる。

（4）　他一下子钻了进去。

(4)の文は"一下子"が「開始を表す成分(V_{a2})（動量詞）」で"钻"が「終息を表す動詞（V_{01}）」である。意味は「さっと（V_{a2}）もぐりこむ（V_{01}）」で $V_{a2}V_{01}$ の式になる。

（5）　他腾的一下站了起来。

(5)の文は"腾的一下"が「開始を表す成分(V_{a3})（擬態語＋動量詞）」で"站"が「終息を表す動詞（V_{01}）」である。意味は「ぱっと（V_{a3}）立ち上がる（V_{01}）」で $V_{a3}V_{01}$ の式になる。

（6）　他叭哒一声趴在地上。

(6)の文は"叭哒一声"が「開始を表す成分（V_{a3}）（擬態語＋動量詞）」で"趴"が「終息を表す動詞（V_{01}）」である。意味は「バタンと（V_{a3}）地面に腹ばいになる（V_{01}）」で$V_{a3}V_{01}$の式になる。

（7） 他<u>扑通一声</u>跪在地上。

(7)の文は"扑通一声"が「開始を表す成分（V_{a3}）（擬態語＋動量詞）」で"跪"が「終息を表す動詞（V_{01}）」である。意味は「ストンと（V_{a3}）跪いた（V_{01}）」で$V_{a3}V_{01}$の式になる。

（8） 他<u>猛地</u>跪了下去。

(8)の文は"猛地"が「開始を表す成分（V_{a4}）（様態副詞）」で"跪"が「終息を表す動詞（V_{01}）」である。意味は「急に（V_{a4}）跪いた（V_{01}）」で$V_{a4}V_{01}$の式になる。

（9） 他<u>突然</u>坐了下去。

(9)の文は"突然"が「開始を表す成分（V_{a4}）（様態副詞）」で"坐"が「終息を表す動詞（V_{01}）」である。意味は「急に（V_{a4}）座り込む（V_{01}）」で$V_{a4}V_{01}$の式になる。

（10） 他<u>突然一仰</u>躺在沙发上。

(10)の文は"突然一仰"が「開始を表す成分（V_{a5}）（様態副詞＋様態動詞句）」で"躺"が「終息を表す動詞（V_{01}）」である。意味は「急に仰向いて（V_{a5}）横になる（V_{01}）」で$V_{a5}V_{01}$の式になる。

この10個の用例からわかることは「開始を表す成分」は(1)の"打"、(2)の"跌"のように［動作］を表すこともあり、(3)の"一下"、(4)の"一下

子"のように［短時間］を表すこともあり、(5)の"腾的一下"、(6)の"叭哒一声"、(7)の"扑通一声"のように［様態］と［短時間］を表すこともある。さらに(8)の"猛地"、(9)の"突然"は［短時間の様態］を表し、(10)のように"突然一仰"が［短時間の様態を持つ動作］を表すこともある。いずれも「終息動作が実現される直前の状況」を示している。

　ここでの用例は「開始・終息場面を表す動詞の拡張」とも言えるものである。品詞だけをたよりに統語中心に思考を進めていてはわからない事実が品詞にこだわらず意味にまで分析の対象を拡張すると見えてくることがある例の一つである。

第4章　時相の実例（結果補語の"过"の意味と論理）

　現代中国語の時相は多様な成分で構成されているが、ここでは結果補語として時相を表示する"过"の多様な意味を解析・説明して、時相の果たす役割の重要さを示しておこう。結果補語の"过"が多くの意味を表すことはよく知られている。しかし、その"过"をどのように意味表記すればよいかということはまだわかっていない。そこでここでは従来の形態素、単語といった概念を離れて、その意味のみに注目し、形式言語の研究の技法である命題論理と述語論理というメタ言語を用いて、内包論理をベースに記述してみよう。

　まずよく知られた例からはじめる。ここでの(1)から(9b)までのすべての用例は王还主編《汉英双解词典》の"过"の項目から採集した。

　結果補語としての"过"が様々な意味を表示することはよく知られているが、その意味構造を明示的に示した意味論の枠組みはいまだ存在しない。ここでは述語論理という一種の「メタ言語」を用いて、"过"の意味を記述しよう。まずは次の第1の例を見られたい。

（1）　电影已经演过了，你怎么才来？
　　　（映画はすでに上映し終わってしまった。君はどうして今頃来たの？）

この文で"过"は［動作の終息］を表す。(1)の文は「誰かが映画を上映した」という命題内容と、「上映が終わった」という命題内容の二つの命題内容を意味表記に含まねばならない。意味を考察するに当たっては単語の表面的な品詞にこだわらず、文の含む意味のすべてを形式化しなければならな

い。そこで「誰かが映画を上映した」という命題内容を「演'(ϕ, 电影)」と表記する。「誰か」という［不確定］な意味を持つ人物を「ϕ」で表記し、「ファイ」と読むことにする。次に「上映が終わった」という命題内容を「过'{演'(ϕ, 电影)}」としてみよう。ここで従来の統語的常識から考えると疑問がうかぶ。それは「演'(ϕ, 电影)」の"演"は「上映する」という動詞的な意味であるのに対し、「过'{演'(ϕ, 电影)}」の"演"は「上映すること」という名詞的な意味として記述されていることであろう。意味の記述は動詞や名詞といった品詞で考えるのではなく"电影"という個体や"演'(ϕ, 电影)"といった命題を基本にする。従って意味を記述するにはまずネイティブの正誤の判断を最大限に尊重し、それをもとに意味を分析的に構築し、表面的な統語上の品詞にこだわることなく、自由に述語論理表記するというテクニックを身につける必要がある。1の例で言えば、この文の意味を充分に記述するには二命題が同時に成立しなければならないのであるから、この二命題の連言を成立させねばならない。従って（1）は

（1）' 演'(ϕ, 电影) ＆ 过'{演'(ϕ, 电影)}

のような論理式を構成する。ここで"过"は「オワル」の意を表す。連言の結合子"＆"はその前後の命題の順序を規制しないので、「演'(ϕ, 电影)」と「过'{演'(ϕ, 电影)}」はその記述には順序が存在しないのであるが、ここでは前者が後者の命題の"过"函数の項であるので、この順で表記することにする。つまり連言の前後の命題間に命題Aが命題Bの函数の項となっている場合には命題Aが命題Bに先行するとする。
　続いて次の第2の例を考察しよう。

（2）　他跳过一米七十了。
　　　（彼は1メートル70を飛び越えた。）

この文の"过"は［動作の限度超え］を表す。この文は「彼が飛んだ」という命題内容と「跳躍は一メートル70を超えた」という命題内容を含んでい

る。従って意味形式は

（２）' 飛んだ'(彼が)＆超えた'(跳躍が，１メートル70を)

と表記すべきだが、形式化は(2)の品詞範疇を度外視して、原文の要素を最大限利用して、内包論理による抽象化を施す。従って「彼が飛んだ」は"跳'(他)"、「跳躍は１メートル70を超えた」は"过'{跳'(他)，一米七十}"と表記する。そして全文の意味はこの二命題を同時に含むので連言を構成する。

（２）" 跳'(他)＆过'{跳'(他)，一米七十}

ここでは命題A"跳'(他)"が命題Bの"过"函数の第一項に生起しているので連言の前後の命題の順序はこの通りでよい。
　次に第3の例を考えよう。次の文では"过"は「通る」の意、つまり［場所経過］を表す。

（３）　汽车刚开过他家门口。
　　　（自動車は彼の家の前を通りすぎたばかりだ。）

この文は「自動車が通る」と「自動車が彼の家の前を通り過ぎる」の両方の命題内容を含む。これを述語論理で意味表記し、さらに命題論理で連言の論理結合子を加えると次のようになる。

（３）' 开'(汽车)＆过'(汽车，他家门口)

ここでは命題A"开'(汽车)"の項"汽车"が命題Bの"过"函数の第一項になっているので演繹モデルを構成し、二項の間には連鎖関係がある。ここで演繹モデルと連鎖関係について説明しておこう。命題Aと命題Bが連言の論理結合子で結ばれる時、命題Aの末尾の項が命題Bの第一項と同一の

場合、命題Aを命題Bに先行させ、このような技法を演繹モデルと呼ぶ。また命題Aの末尾の項と命題Bの第一項との間には連鎖関係があると言うことにする。連鎖関係は当該成分の［確定性］を表示するがここでの説明と直接には関わらないので詳述しない。

　第4の例は［対象の屈服］の意、つまり"过"が「まかす」の意味を表す例である。

（4）　这个乒乓球队的新手赛过了老将。
　　　（この卓球チームのルーキーはベテランを打ち負かした。）

問題となる成分のみを抽出して考えると、この文は「ルーキーが試合をする」と「ルーキーがベテランをまかした」の二つの命題内容を含む。これを述語論理で表記し、さらに命題論理で連言の論理結合子をつけた結果は次の通りである。

（4）'　赛'(新手)＆过'(新手，老将)

ここでも命題A "赛'(新手)" の項 "新手" が命題B "过'(新手，老将)" の "过" 函数の第一項になっているので演繹モデルを構成し、この二項の間には連鎖関係がみられるのでこの配列になる。

　次の第5の例を見られたい。ここでの"过"は［動作の対象物の空間移動］を表す。つまり「移動する」である。

（5）　他拿过碗就去盛饭。
　　　（彼はお碗を持って行ってご飯をよそった。）

この文も"过"をめぐる問題となる成分のみを抽出してみると、「彼がお碗を持つ」という命題内容と「お碗が移動する」という命題内容になり、意味表記はこの二者を含まねばならない。

(5)' 拿'(他，碗)＆过'(碗)

この論理式では命題A"拿'(他，碗)"の第二項"碗"が命題B"过'(碗)"の"过"函数の項になっているので演繹モデルを構成し、この二項の間には連鎖関係がみられるのでこの順になる

　第6の例は［対象物の方向転換］の意、「まわる」を"过"が表す。

(6)　他回过头对后边的人说了些什么。
　　　（彼は振り向いて後ろの人に何か言った。）

この文の"过"にかかわる成分を抽出した命題内容は「彼が首を回す」と「首がまわる」である。それを述語論理で命題を表記し、さらに命題論理で連言の論理結合子をつけると次のようになる

(6)' 回'(他，头)＆过'(头)

この論理式で命題A"回'(他，头)"の第二項"头"が命題B"过'(头)"の"过"函数の項になっているので演繹モデルを構成し、またこの二項の間には連鎖関係が存在するので式はこの順に配列される。

　第7は［状態や動作の時間の消失］、つまり「過ぎる」の意味を表す"过"を持つ例である。

(7) a.　忙过这几天就轻松多了。
　　　（この数日を忙しく過ごせばうんと楽になるだろう）

この文の問題となる箇所の命題内容は「誰かがこの数日忙しい」と「この数日が過ぎる」である。「誰か」を指示する語は原文には存在しないので記号「ϕ」を用いる。述語論理で命題内容を記述し、命題論理で連言の論理結合子を加えると次の式になる。

（7）a'. 忙'(φ，这几天)＆过'(这几天)

　この論理式で命題A"忙'(φ，这几天)"の第二項"这几天"が命題B"过'(这几天)"の"过"函数の項になっているので演繹モデルとなり、またこの二項の間には連鎖関係があるので式はこの順になる。
　もう一つ似た例をあげよう。

（7）b. 他的青年时代是胡里胡涂地混过的。
　　　（彼は青年時代をいいかげんに送ったのだ。）

この文の"过"に関わる命題内容は「彼が青年時代をおくる」と「青年時代が過ぎる」である。この二命題は同時に成立するので論理式は次のようになる。

（7）b'. 混'(他，青年时代)＆过'(青年时代)

この式では命題A"混'(他，青年时代)"の第二項"青年时代"が命題B"过'(青年时代)"の"过"函数の項になっているので演繹モデルとなり、またこの二項の間には連鎖関係があるのでこの順の式になる。
　結果補語"过"の第8番目の意味は［避難の必要な対象物の通過］、つまり「(とおり)すぎる」である。まずは例をあげよう。

（8）a. 他们终于躲过了那场灾难。
　　　（彼らはついにその災いを逃れた。）

この文の持つ命題内容は一つは「彼らが災いを避ける」であり、いま一つは「災いが通り過ぎる」である。これらを含む論理式は次のように書く。

（8）a'. 躲'(他们，那场灾难)＆过'(那场灾难)

この論理式で命題A"躲'(他们，那场灾难)"の第二項"那场灾难"が命題B"过'(那场灾难)"の"过"函数の項になっているので演繹モデルを構成し、この二項の間には連鎖関係が存在するので式はこの順になる。

次の例の"过"も「通り過ぎる(見過ごす)」の意味を持つ。

（8）b.　你们什么事也骗不过我。
　　　　（君たちは何事をもってしても私をだますことはできない。）

この文は可能補語の否定形である。やや複雑な構造を持つが、文の構成単語の意味関係を慎重に解析しよう。この文はまず「君たちが何事かを用いる」という命題内容を持つ。次に「何事かが私を騙す」のであり、「私がそのまま(見)過ごす」のである。そして最後の命題内容は否定の論理演算子を加える。その結果、論理式は次のようになる。

（8）b'．　用'(你们，什么事)＆骗'(什么事，我)＆¬过'(我)

ここでは命題A"用'(你们，什么事)"の第二項"什么事"が命題B"骗'(什么事，我)"の"骗'"函数の第一項になっており、さらに命題Bの第二項の"我"が命題Cの"过"函数の項になっている。従って演繹モデルを構成し、この三項の間には連鎖関係がみられるのでこの配列になる。

"过"の第9番目の意味は［対象物の有する数量の超過］、つまり「超える」である。これも二例あげよう。

（9）a.　三年前种的树已经高过两层楼了。
　　　　（三年前に植えた木はすでに二階の高さを超えた。）

この文の"过"とかかわる部分の命題内容は「木には高さがある」と「その高さが二階を超えた」である。それが同時に成り立たなければならないので連言の論理結合子を加えると次のようになる。

(9) a'. 有'(树，高(低)) ＆ 过'(高(低)，二层楼)

　この論理式で命題 A "有'(树，高(低))"の第二項"高(低)(高さ)"が命題 B "过'(高(低)，二层楼)"の"过"函数の第一項になっているので演繹モデルを構成し、この二項の間には連鎖関係が存在するので式はこの順になる。

　次の例も同様である。

(9) b. 这里气温再低也不会低过摄氏零下二十度。
　　　（ここでは気温はいくら低くても摂氏零下二十度を下回るはずがない。）

"过"とかかわる部分の命題内容は「気温には高さがある」と「その高さは摂氏零下二十度を下回る」である。これを述語論理で表記し、連言の論理結合子を加えると

(9) b'. 有'(气温，(高)低) ＆ 过'((高)低，摄氏零下二十度)

となる。

　この論理式で命題 A "有'(气温，(高)低)"の第二項"(高)低(高さ)"が命題 B "过'((高)低，摄氏零下二十度)"の"过"函数の第一項になっているので演繹モデルを構成し、またこの二項の間には連鎖関係が存在するのでこの順の式になる。

　性質を表す述語論理表記に函数の「有'」を用いた。この表記法の利点はいくつかあると思うが、詳しくは別の機会に譲りたい。

第5章　時態とそれの表示成分
　　　　（動詞接尾語、文末助詞、副詞）

　この章では時態(動態という学術用語がより適切であるが、ここでは慣例に従う)の表す諸成分が時相の後で文に組み込まれることを詳細に説明する。現代中国語の時態については龔千炎1995がはじめてその全体について用例をあげて明示的に指摘した。しかし、用例をあげるだけで詳細な意味の記述は行われていない。ここでは用例の意味を論理式で表記し、その式の成立とその表す意味を詳細に説明する。

　最初に「完了(完成、実現と呼ぶこともあるが、ここでは完了を用いる)」時態を表す文を考える。「完了」は日本語では「……してしまった」の意である。

5.1　完了時態

（１）　我请她坐在沙发上，为她倒了一杯茶。（私は彼女にソファーに座ってもらい、彼女のためにお茶を一杯いれた。）　　　（龔千炎1995: 72）

この文の完了時態を表す"了"に関わる部分の意味を論理式で表示しておこう。

（１）'　为'[我,她,倒'(我,茶)＆有'(茶,一杯)＆到'(一杯,她)＆有'{到'(一杯,她),了}]

(1)' の論理式は単なる「データ構造」であって、これだけでは(1)の中国語の意味を表すことはできない。これに意味注釈としての情報(メタ言語)を付

与してはじめて(1)の意味を表すのである。(1)' に情報を付与すると次のようになる。

　　　　　　　　　イレル ～ガ～ヲ　アル　～ガ～デ　イタル～ガ～ニ　スル　　～ガ　　　[完了]ヲ
(1)" 为'[我, 她, 倒'(我, 茶) & 有'(茶, 一杯) & 到'(一杯, 她) & 有'{到'(一杯, 她), 了}]
　　　スル　～ガ～ニ　　　　　　　　　　　　　　　　　　　　　　　　　　　～コトヲ

(1)" に付与された「カタカナ表示」は説明のためのメタ言語である。以下、この (1)" がどのように構成されたかを詳しく説明する。(1) の文は「私が彼女にお茶を一杯いれた。」の意である。この意味を即座にひとつの命題で表記することはできない。そこで単純な命題で理解できる部分から順に表記する方法を考えなければならない。複雑な意味は単純な意味をどのように積み上げていくかによって合成されるが、同時にどのような順に合成されてゆくか、その順序に論理的な整合性が存在しなければならない。

　(1) の文はまず「私がお茶をいれる」で像（野矢茂樹訳ウィトゲンシュタイン著 2003: 19）を作り、「その中のお茶が一杯ある」で「入れる」という動作の対象「お茶」の数量が決定される。つぎに「その数量「一杯」が彼女のところにイタル」ことで「入れる」という動作の開始時点と終息時点が決定される。次にこの開始時点と終息時点で作られる時間段落が配置される仮想の時間軸を「参照時間軸」とよぶと、[完了] の意味は「参照時間軸上」の「仮想の時点」、これを「参照時間点」と呼ぶ、においてすでに先の時間段落が配置されていなければならない。それを「時間段落が已然のものになっている」と表現する。

　(1) の文に即して命題を構成してゆくと「私がお茶をいれる」は"倒'(我, 茶)"という単純命題で、「そのお茶が一杯ある」は"有'(茶, 一杯)"という単純命題で、「その一杯が彼女のところに到る」は"到'(一杯, 她)"という単純命題で表記される。ここまでで「いれる("倒")」ではじまった行為が「いたる("到")」でおわるので、このことを「時相(phase)」が充足された(あるいは決定された)」と表現する。時相が充足されると「お茶をいれる」という行為の全体が決定されるので「その一杯が彼女のところに到る」

時点が決まる。これを決めるのが［完了］という時態(aspect)で、決まった時点を「出来事時間点」と呼ぶ。これを"有'{到'(一杯, 她), 了}"という複合命題で表す。

記述が錯綜してきたので、図示しておこう。

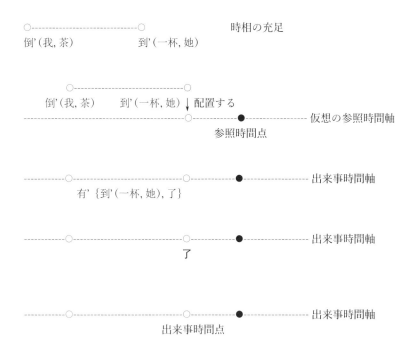

先の命題はこの順に同時に成立するので、それらを連言の論理結合子で結ぶと次のようになる。

（２）　倒'(我, 茶) & 有'(茶, 一杯) & 到'(一杯, 她) & 有'{到'(一杯, 她), 了}

(2)の論理式では"我"と"她"の間の関係が記述されていない。その関係は(1)の文から"為"であることがわかるのでそれを論理式で書くと次のようになる。

（3）　为'［我，她］

(3)の論理式は"我"と"她"の間の関係を談話の中で判定して大枠を記述したもので関係の具体的な内容は述べていない。その内容は(2)の論理式で記されている。そこで(3)を三項函数に拡張し、その第三項を γ とする。

（4）　为'［我，她，γ］

(4)の γ の項に(2)を代入すると(1)'ができる。ここでもう一度(1)'を考える。

（1）'　为'［我，她，倒'(我，茶)＆有'(茶，一杯)＆到'(一杯，她)＆有'｛到'(一杯，她)，了｝］

γ を参考に"为"函数の第一項を α、第二項を β として注釈を付してみよう。

（1）'　为'［我，她，倒'(我，茶)＆有'(茶，一杯)＆到'(一杯，她)＆有'｛到'(一杯，她)，了｝］
　　　　　　α　β　　　　　　　　　　　　　　　γ

さらに γ の項に目を移すと、"倒'(我，茶)"は"倒"が"我"と"茶"の格関係を述べているのでこれを γ_1 と呼ぶことにする。"有'(茶，一杯)＆到'(一杯，她)"はお茶の数量とその終息点を示しているので量化関係を表し、それぞれ γ_{21}、γ_{22} と呼ぶ。最後に格関係、量化関係が決定された出来事を仮想の参照時間軸に配置して、文全体の意味が決まる。これを表すのが"有'｛到'(一杯，她)，了｝"であるが、これを γ_3 として「着点」と名付ける。改めて表示すると次のようになる。

（1）'　为'［我，她，倒'(我，茶)＆有'(茶，一杯)＆到'(一杯，她)＆有'｛到'(一杯，她)，了｝］
　　　　　　　　　　γ_1　　　　γ_{21}　　　　γ_{22}　　　　　　γ_3

次に「経験時態」を考察しよう。

5.2 経験(经历)時態

(1) 这一辈子，我可走过不少地方。(この人生で、私は少なからぬ場所に
　　 出かけたことがある)　　　　　　　　　　　　　　　(龔千炎 1995: 80)

　この文の意味もまず論理式で表示してみよう。この文では"过"が経験時態を表し、日本語の意味は「……したことがある」である。

(1)' 到'【我, 不少地方, 走'(我)&到'{(走'(我), 不少地方}&有'[到'{(走'(我), 不少地方}, 过]】

この論理式に格、量化、着点の情報を付加すると次のようになる。

(1)'' 到'【我, 不少地方, 走'(我)&到'{(走'(我), 不少地方}&有'[到'{(走'(我), 不少地方}, 过]】
　　　　 α　 β　　 γ1　　　　　γ2　　　　　　　　　　 γ3

(1)の文を中国語に即して考えると、「私が出かける」は"走'(我)"という単純命題で、「私が出かけたのは少なからぬ場所にだ」は"到'{(走'(我), 不少地方}"という複合命題で表記される。場所に到着すると動きがゼロになるので、ここまでで時相が充足される。最後に「私が出かけたのは少なからぬ場所にだ」が仮想の時間点(参照時間点)より前に配置される。"过"が「参照時間点より前の不確定な経験」を表すからである。それは"有'{到'{(走'(我), 不少地方}, 过}"という複合命題で表記される。これらの命題はこの順に同時に成立しなければならないので、それらを連言の論理結合子で結ぶと次の論理式ができる。

　　　　　　　　　　　デカケル　～ガ イタル　～ガ　 ～ニ　　アル　　 ～ガ　　　　　[経験] デ
(1)''' 到'【我, 不少地方, 走'(我)&到'{(走'(我), 不少地方}&有'[到'{(走'(我), 不少地方}, 过]】
　　　　 スル　～ガ　～ニ　　　　　　　　　　　　　 ～コトヲ

第三に近経験(近经历)時態を考える。

5.3　近経験時態

（１）　我到天津去来着。　　　　　　　　　　　　　　　（龔千炎 1995: 87）

(1)の文の意味は「私は天津に行ったばかりだ。」で、"来着"は日本語では「……したばかりだ」の意味を表す。この文も意味をメタ言語つきのデータ構造で表示してみよう。

　　　　　　　　　　　　ユク　～ガ イタル　～ガ　～ニ　アル　～ガ　　　[近経験]デ
（１）'　到'【我, 天津, 去'(我)&到'{(去'(我), 天津}&有'[到'{(去'(我), 天津}, 来着]】
　　　　スル ～ガ ～ニ　　　　　　　　　～コトヲ

この文の成立を中国語に即して考えると、「私が行く」は"去'(我)"という単純命題で、「私が行ったのは天津にだ」は"到'{(去'(我)，天津}"という複合命題で表記される。場所に到着すると動きがゼロになるので、ここまでで時相が記述され、最後に「私が行ったのは天津にだ」が仮想の時間点(参照時間点)より前に配置される。"来着"は「近経験」を表すからである。これは"有'[到'{(去'(我)，天津}，来着]"という複合命題で表される。これらの命題もこの順に同時に成立しなければならないので、それらを連言の論理結合子で結ぶと次のようになる。この論理式にも格(γ1)、量化(γ2)、着点(γ3)の情報を付与しておこう。

　　　　　　　　　　　　ユク　～ガ イタル　～ガ　～ニ　アル　～ガ　　　[近経験]デ
（１）"　到'【我, 天津, 去'(我)&到'{(去'(我), 天津}&有'[到'{(去'(我), 天津}, 来着]】
　　　　スル ～ガ ～ニ　　　　　　　　　～コトヲ
　　　　　　α　β　γ1　　　　　　γ2　　　　　　　　　γ3

続いて「持続(进行，持续)時態」を記述してみよう。

5.4 持続(持续、进行)時態
5.4.1 持続時態

まず持続時態を説明する。

（1）　黄耀祖架起一只脚来，悠悠地晃荡着。　　　　　　　（龚千炎 1995: 89）

　(1)の文は「黄耀祖は足を組んで悠然とぶらぶらさせている。」の意である。"着"は「……し続ける」の意味である。この文も先に論理式でメタ言語付きデータ構造を示しておこう。

　　　　　　クム　～ガ　～ヲ　アル　～ハ　～ガ　アガル～ガ　アル　～ニ　［方向］ガ
（1）'　架'(黄耀祖,脚)&有'(脚,一只)&起'(一只)&有'{起'(一只), 来}&

　　　　　アル　～ニ　～ガブラブラスル　～ガスル　～ガ　　ユウゼント スル　　～ガ　　［持続］ヲ
　　　　有'(黄耀祖,脚)&晃荡'(脚)&有'{晃荡'(脚),悠悠地}&有'［有'{晃荡'(脚),悠悠地},着］

(1)の文を中国語に即して考えると、「黄耀祖の足がぶらぶらする」は"有'(黄耀祖，脚)＆晃荡'(脚)"という複合命題で、「足がぶらぶらするのは悠然とである」は"有'{晃荡'(脚)，悠悠地}"という複合命題で表記される。「悠然とである」という［精神的様態］は"晃荡"の肉体的動きがゼロになるので、ここまでで時相が充足される。最後に「黄耀祖の足がぶらぶらするのは悠然とである」が仮想の時間点(参照時間点)より前に配置される。"着"は「悠然とである」という「様態」の「持続」、つまり「動作の結果の持続」を表している。そこで論理式は"有'［有'{晃荡'(脚)，悠悠地}，着］"で表記される。これらの諸命題もこの順に同時に成立が義務づけられているので連言の論理結合子で結ぶと次の論理式になる。$\gamma 11$、$\gamma 12$ が格関係、$\gamma 2$ が量化、$\gamma 3$ が着点を表示している。

　　　　　アル　～ニ　～ガブラブラスル　～ガスル　～ガ　　ユウゼント スル　　～ガ　　［持続］ヲ
（1）"　有'(黄耀祖,脚)&晃荡'(脚)&有'{晃荡'(脚),悠悠地}&有'［有'{晃荡'(脚),悠悠地},着］
　　　　　　$\gamma 11$　　　　　　　$\gamma 12$　　　　　　　$\gamma 2$　　　　　　　　　$\gamma 3$

60 第Ⅰ部 現代中国語の動詞と時間体系

次に 5.4.2 で「進行時態」について考える。

5.4.2 進行時態

次に進行時態を記述しよう。

（1） 屋内到处是灰尘，爷爷专心致志地<u>在</u>打草鞋，绳子一端拴在桌腿上，一端缠在腰中。　　　　　　　　　　　　　　　　　　（龚千炎 1995: 93）

(1)の文の関連する部分の意味は「おじいさんが一心不乱にぞうりを編んでいるところだ。」である。"在"は「……しているところだ」の意味を表している。この文も先に論理式を用いてメタ言語付きのデータ構造を示しておこう。

　　　　　　　　　アム ～ガ ～ヲ　アル　～ガ　　一心不乱デ　シテイル　　～ガ　　［進行］ヲ
（1）' 打'(爷爷, 草鞋)＆有'{打'(爷爷, 草鞋), 专心致志地}＆有'[有'{打'(爷爷, 草鞋), 专心致志地}, 在]

(1)の文を中国語の意味に従って考察すると「おじいさんが草履を編む」は"打'(爷爷, 草鞋)"という単純命題で、「おじいさんが草履を編むのは一心不乱である。」は"有'{打'(爷爷, 草鞋), 专心致志地}"という複合命題で表記される。「一心不乱である」は［精神的様態］で肉体的動きがゼロであるので、ここまでで時相が充足される。最後に「おじいさんが草履を編むのが一心不乱である。」ことが仮想の時間点（参照時間点）より前に［進行］になっており、これは"有'[有'{打'(爷爷, 草鞋), 专心致志地}, 在]"という複合命題で表される。これらの命題はこの順に同時に成立しなければならないので連言の論理結合子で結ぶ。ここでは「一心不乱である」の意を表す"专心致志地"は「様態」を表す。「様態の進行」は参照時間点より前において「進行」しており、この点から言えば「已然時態」になる。しかし、参照時間点においても「進行」している可能性は否定できないので「単純時態」にも属すると言える。(1)' に $γ_1$、$γ_2$、$γ_3$ を表示して格関係、量化、着点を表す。

(1)" 打'(爷爷,草鞋)&有'{打'(爷爷,草鞋),专心致志地}&有'[有'{打'(爷爷,草鞋),专心致志地},在]
   γ1   γ2   γ3

次に「開始(起始)時態」について論じる。

5.5 開始時態

まず、用例をあげよう。

(1)　我的心思渐渐地活动起来。　　　　　　　　　　（龚千炎 1995: 98)

(1)の文の意味は「私の気持ちがだんだんと乗り始めた。」である。"起来"は「……しはじめる」の意味である。この文もまずメタ言語付きの論理式で表示しよう。

    ノル ～ガ アル ～ガ ダンダンデ スル ～ガ   ［開始］ヲ
(1)'　活动'(我的心思)&有'{活动'(我的心思),渐渐地}&有'[有'{活动'(我的心思),渐渐地},起来]

(1)の文を中国語に即して考えると、まず「私の気分が乗る」という単純命題が構成され、それは"活动'(我的心思)"で表記される。次にこの命題が"渐渐地"と組み合わされて「私の気分が乗ることがダンダンである」という複合命題が成立し、それは"有'{活动'(我的心思), 渐渐地}"と表される。ここまでで「気分が乗る」という「心理活動の速度」が決定され、それは［精神的様態］で肉体的動きがゼロになるので数量化が行われて、時相が決定する。最後に「私の気分が乗ることがダンダンである」という精神的様態が仮想時間点(参照時間点)において「開始」するので、これは"有'[有'{活动'(我的心思), 渐渐地}, 起来]"という複合命題で表記される。これらの命題はこの順に同時に成立しなければならないので、連言の論理結合子で結合すると次の論理式になる。γ1が格関係、γ2が量化、γ3が着点を表示している。

62　第Ⅰ部　現代中国語の動詞と時間体系

（1）'　活動'(我的心思)&有'{活動'(我的心思), 渐渐地}&有'[有'{活動'(我的心思), 渐渐地}, 起来]
　　　　　γ1　　　　　　　　　　γ2　　　　　　　　　　　　γ3

（ノル ～ガ　アル ～ガ　ダンダンデ スル ～ガ ［開始］ヲ）

　なお龔千炎 1995 の指摘によれば「この"起来"の前に生起する動作・行為・変化は中止されないので"起来"は［続行］の意味を含意している(p.97)」ので、この"起来"は参照時間点において［開始］し［続行］する。時態を参照時間点より前にある場合を「已然時態」、参照時間点より後にあるものを「未然時態」とすると、この"起来"はそのどれにも属さないので、これを「単純時態」と呼ぶことにしよう。そうすると時態は下位区分すると「已然時態」、「単純時態」、「未然事態」になる。

　龔千炎 1995 はここでの"起来 qilai"を准時態助詞とよび（p.97）、補語の"起来 -qilai"と区別している。龔千炎 1995 は 97 頁の注釈で「現代漢語では"起来"はよく補語になる。たとえば"他站起来了"（下から上へ）、"把门关起来"（合わせる）、"把大家召集起来"（集まる／集める）、"人才培养起来了"（成長する）など」と記している。つまり補語の"起来"にはそれぞれ異なる実義があるが、准時態助詞としての"起来"には「はじまる」の意味しかないということである。このことは従来指摘されていないのでよく覚えておいていただきたい。

　次に「継続(继续)時態」を考えよう。

5.6　継続時態

まず用例をあげよう。

（1）　他日夜操劳，一天一天地瘦下去了。　　　　　（龔千炎 1995: 102）
　　　（彼は一日中あくせく働き、日ごとにやせ続けた。）

　この文も先に論理式で表示しておこう。"下去"は「……し続けてゆく」の意を表す。

第 5 章　時態とそれの表示成分(動詞接尾語、文末助詞、副詞)　63

　　　　　　ヤセル　　〜ガ　アル　　〜ガ　　ヒゴトデ　　スル　　　　〜ガ　　　　　　　　［継続］ヲ
（1）'　痩'(他)＆有'｛痩'(他), 一天一天地｝＆有'［有'｛痩'(他), 一天一天地｝, 下去］＆

　　　　　　デアル　　　　　　〜ガ　　　　　　　［現在］
　　　　有'【有'［有'｛痩'(他), 一天一天地｝, 下去］, 了】

　(1)の文を「彼は日ごとにやせ続けていった。」という意味を表すと考え、文中のそれぞれの単語の結びつき、およびその結びつきを表示する命題、さらにそれらの命題がどのような順に配列されるかを厳密に考えていこう。まず第一に「彼がやせる」という命題内容が構成され、それは"痩'(他)"という命題で表記される。第二に「彼がやせることが日ごとである」という命題内容が作られ、それは"有'｛痩'(他), 一天一天地｝"という命題で表される。ここまでで「彼がやせる」という「肉体変化の速度」が「日ごとである」と決定され、「日ごとである」は［静止画の様態］で動きがゼロになり、数量化が行われるので時相が決まる。最後に「彼がやせることが日ごとである」という様態が仮想時間点（参照時間点）において「継続する」ので（＝続行する）ので、これは"有'［有'｛痩'(他)，一天一天地｝, 下去］"という複合命題で記される。最後に"有'［有'｛痩'(他)，一天一天地｝, 下去］"は［現在における確認］であるので「現在時制」を表示し、それは"有'【有'［有'｛痩'(他)，一天一天地｝, 下去］, 了】"の複合命題となる。これらの命題はこの順に同時に成立しなければならないので、それらを連言の論理結合子で結びつけると(1)'のようになる。

　なお龔千炎 1995 の指摘によれば「"下去"は動作・行為・変化の「続行（＝継続）」を表す。従ってその動作・行為・変化はそれ以前に存在するが、そのことに重点があるのではなく、「続行し続ける」ことを強く表現する。」(p.101)と述べるので、この"下去"は参照時間点において「継続し（＝続行し）」、已然時態でもない、また未然事態でもない「単純時態」に属すると言える。

　龔千炎 1995 はここの"下去"を准時態助詞と呼び(p.101)、前述の説明を行っている。そして注釈で「方向動詞の"下来"にも一定の空虚化の傾向があり、動詞、形容詞の後について、動作・行為・変化が過去から現在にまで

続行していることを表す。たとえば"这个优良传统一代一代地传下来了。（伝え続けられた）"、"会场渐渐地安静下来了。（落ち着いて来ていた。）"と述べている（p.101）。

次に「将来(将行)時態」について述べよう。

5.7　将来(将行)時態

（1）　他将要来北京。　　　　　　　　　　　　　　（龔千炎 1995: 105）

この文のデータ構造を示しておこう。"将要"は「……しようとしている」の意である。γ1 は格関係、γ2 は量化、γ3 は着点を表示している。

　　　　　クル　〜ガ　イタル　〜コトガ　〜ニ　　デアル　　　〜コトガ　　　［将来］
（1）'　来'(他)＆到'{来'(他)，北京}＆有'[到'{来'(他)，北京}，将要]
　　　　　γ1　　　　　　γ2　　　　　　　　　　　　　　γ3

　　(1)の文は「彼は北京に来ようとしている。」の意である。この文のそれぞれの単語の結びつき、その結びつきを表示する命題、さらにそれらの命題の配列の順を厳密に考えてゆく。まず「彼が来る」という命題内容が"来'(他)"という命題で表現され、次に「彼が北京に来る」という命題内容は"到'{来'(他)，北京}"という複合命題で表記される。ここまでで「彼が来る」という動作が「北京」という到着点を有し、到着すると動きがゼロになるので、時相が決定される。最後に「彼が北京に来る」という出来事全体が仮想時間点(参照時間点)より後に来る「将来のできごと」であるので、それは"有'[到'{来'(他)，北京}，将要]"という複合命題になる。これらの命題はこの順に同時に成立しなければならないので、それらを連言の論理結合子で結びつけると(1)'の論理式になる。

　　なお龔千炎 1995 によれば「"将要"は動作・行為・変化が「発生しようとしているか」あるいは「情況・状態(情況状態)が出現しようとしている」

第 5 章 時態とそれの表示成分(動詞接尾語、文末助詞、副詞)　65

ことを指示しており、出来事全体としては「発生しようとしている未然の出来事」を指している(p.105)ので、「未然時態」に属する。
　龔千炎 1995 によれば「将来時態」は時態副詞 "将要" により表示される。"将要" はこの時態に必須の時態成分である(p.105)」と規定されている。

最後に「近将来(即行)」時態を考えよう。

5.8　近将来(即行)時態

（１）　汽车<u>就要</u>进站了，快闪开！　　　　　　　　　　（龔千炎 1995: 107）

この文の論理式を先に示しておきたい。"就要" は「すぐに……しようとしている」の意味を表す。$γ_1$ は格関係、$γ_2$ は量化、$γ_3$ は着点を表示する。

$$
\begin{array}{c}
\text{ハイル} \sim \text{ガ} \quad \sim \text{ニ} \quad \text{スル} \quad \sim \text{ガ} \quad [発生] \quad \text{デアル} \quad \sim \text{コトガ} \quad [近将来] \\
(１)' \ \text{进}'(汽车,站) \underset{γ_1}{\&} \text{有}'\{\underset{γ_2}{\text{进}'(汽车,站)},了\} \& \text{有}'[\underset{γ_3}{\text{有}'\{\text{进}'(汽车,站),了\}},就要]
\end{array}
$$

(1)の文の意味は「車がすぐ駅に入って来ます。」である。この文の構成はまず「車が駅に入る」という命題内容が "进'(汽车，站)" という単純命題で表され、次に「車が駅に入ることが発生する」という命題内容は "有'{进'(汽车，站)，了}" という複合命題で表記される。「車が駅に入ることが発生する」ことにより出来事が完結するので動きがゼロになり、時相が決まる。最後に「車が駅に入ることが発生する」という出来事全体が仮想時間点(参照時間点)において「近将来のできごと」であるので、それは "有'[有'{进'(汽车，站)，了}，就要]" という複合命題になる。これらの命題はこの順に同時に成立しなければならないので、それらを連言の論理結合子で結ぶと(1)'の論理式になる。
　龔千炎 1995 によれば "就要" は動作・行為・変化が「すぐ発生しようとしている」か、あるいは「情況・状態」がすぐ出現しようとしている」こ

とを指示しており、出来事全体としては「すぐ発生しようとしている未然のできごと」を指している(p.106)」ので「未然時態」に属する。

　さらに龔千炎1995によると「「近将来時態」は准時態副詞"快要"(快＋要)、"就要"(就＋要)、"即将"(即＋将)で表示される。"快要"、"就要"、"即将"は近将来時態に<u>必須の時態成分</u>である。(p.106)」と記述されている。

第6章　時態の実例（時態助詞"了"と動作の量化）

　時態助詞の"了"は持続動詞に直接ついて、"听了（聞いてしまった）"とは言わず（北京語を除く）、時相としての結果補語の"完"や量化表現の"一句话"が充足された後に、それを参照時間軸上に配置するものとして、"听完了"、"听了一句话"の如き構造を構成する。このことは龔千炎1995の研究で原理的に明らかにされている。ここでは視点を統語面から、談話論の範囲にまで広げ、さらにラジオの連続放送劇における"了"の補足、削除等を利用して、ネイティブの言語直観を考察しながら、"了"の論理的役割と意味を考察する。まず［仮説1］をあげよう。

［仮説1］時態助詞の"了"は［瞬間性］を有する単語、連語、文、発話が先行する場合に用いられ、「完了」の意を表す。

次にこの仮説をたてた根拠を［根拠1］となる用例（1）とその理由を説明しよう。まず用例をあげよう。ここでの用例は翻訳小説『牛虻』のラジオ放送とその原文との比較対照作業により採録した。

（1）　亚瑟不由起了一种危惧的感觉、诧异地急忙把头转〈了〉过去。他仿佛是无意之中闯进圣地了。　　　　　　　　　　　　　　　（牛虻: 5）

この用例の問題となる部分は"诧异地急忙把头转〈了〉过去"である。意味は「いぶかりながら、急いで後ろを振り向いた」である。小説の原文に"了"は存在せず、放送の際に補足されている。文中の〈　〉が補足された

部分を表す。なぜ補足されたかを考える。「後ろを振り向く」動作は論理的には180度回転すれば終息するが、"转"という動詞は「まわす」の意の持続動詞である。ここでは"头"と共起するために「後ろを振り向く」という意味を表しているので終息の意を表すことになっているが本来は持続動詞である。

さて、持続動詞"转"を時間軸上に載せるためには「持続動作」を終息させる、つまり動作を「量化」しなければならない。ここで「量化」の役割を果たすのは前方の［様態］を表す副詞"急忙"である。"急忙"には「急いで」の意からわかるように［短時性（瞬間性）］があり、この意味特徴が持続動作の"转"を量化して、「まわす」という持続動作を終息させる。その結果「急忙＋转」で量を充足され、完了の意を表す"了"が加えられる。次に［根拠2］となる用例(2)について述べる。

（2） 当牛虻打开书房的房门，绮达从屋角的椅子上跳起来向他跑〈了〉过来。"哎呀，列瓦雷士，我当是你永远不会回来了呢！"　　　（牛虻: 200)

ここで問題となるのは"绮达从屋角的椅子上跳起来向他跑〈了〉过来。"である。意味は「ジータが部屋の隅の椅子から飛び上がると彼に向かって走って来た」である。"向他跑"は動作の帰着点ははっきりしているが持続動詞である。完了の意を表示するには持続動作を量化しなければならない。その役割を担うのは動詞句連語の"跳起来"である。"跳起来"は"跳起来向他跑"において"跑"という持続動詞の開始時からの様態を表している。つまり「飛び上がってそのまま彼に向かって走る」であり、従って"跳起来"には［短時性（瞬間性）］を認めることができ、この意味特徴が持続動作の"跑"を量化し、動作を終息させる。その結果"了"を付加して「完了」の意が構成される。以上二例は統語的な処理ですんだが、次の例は談話論の問題である。［根拠3］となる用例(3)とその詳細な説明を示そう。

（3） 石敢又摇摇头。刚想说什么，门忽然开了，乔光朴走〈了〉进来。霍大道突然哈哈大笑，使劲地拍了一下石敢的肩膀。　　（乔厂长上任记: 45)

第 6 章　時態の実例(時態助詞"了"と動作の量化)　69

問題の箇所は「门忽然开了，乔光朴走〈了〉进来」である。意味は「ドアが急に開いて、乔光朴が入ってきた」である。なぜ放送では"了"が補足されたか。前文「门忽然开了」は次の文の持続動作「走(歩く)」の行われる状況を指示しており、そのことを詳しく記述すれば、「ドアが突然開いて、そのまま乔光朴が入って来た」となる。「忽然」には「突然」の意味からわかるように［瞬間性］が看取できる。その［瞬間性］が「そのまま」持続動作の「走」を量化し、動作を終息させる。その結果"了"が加えられて「完了」の意が生まれる。次の例は発話の後の文に"了"が補足されている。［根拠4］となる用例(4)とその詳細な説明を次に記す。

（４）"怎么啦，我一提起他的名字，你就抖得象一片树叶子啦！"牛虻站〈了〉起来。"你不知道你自己在说什么，……"　　　（牛虻: 207）

発話部分の意味は「どうしたの。彼の名前を言ったとたんに、木の葉のようにふるえだして。」である。発話の表す内容そのものに瞬間性が存在するわけではない。重要なのは発話はいかに長くても必ず終了し、かつたいていの発話は短時間に終わることである。つまり、発話そのものが［瞬間性］を有することである。そして談話構造はその発話を聴いた後にそれに対する反応として間髪をおかずに動作が行われることを示している。従ってその動作は発話の持つ［瞬間性］によって量化される。その結果、"了"が付加されて「完了」の意が生じる。次の文も発話の後で生起する文に"了"が補足されているが、ここでは"了"は連動式動詞文の第二述語に補足されている。次に［根拠5］となる用例(5)とその理由を述べる。

（５）"……不要再讲下去！"琼玛用两手掩着耳朵站〈了〉起来。牛虻把话截住了，他抬起头，看见……　　　（牛虻: 176）

問題となる箇所の意味は「「…もう話さないで。」とジェンマは両手で耳をおおって立ち上がった。」である。「…もう話さないで。」という発話を終えるとそのまま、すぐ「(耳をおおって)立ち上がった」のであるから、発話の持

つ［瞬時性］が「そのまま」持続動作の"站"を量化し、そこで「完了」の意の"了"が補足されたのである。

次に"了"がラジオ放送で削除されている例を取り上げて、時態助詞"了"に関する仮説を補強しよう。"（了）"に付した（ ）はラジオ放送による削除を示す。まず［根拠 6］となる用例(6)とその理由を検討しよう。

（6） 他默默地跪(了)下去，蒙太里也默默地把手放在他那弯下去的头上。
（牛虻: 11）

ここで問題の箇所の意味は「彼は黙ってひざまずいた。」である。なぜ"了"が削除されたかを考えてみよう。削除の原因となる語は"默默地"である。"默默地"という状況語には［瞬間性］が認められず、従って"跪"という持続動詞の量化ができないので、"了"を加えることができなくなった。その結果"蒙太里……的头上"という並列構造の文が続けられることになったのである。次の例でも"了"が削除されているが、理由は同じである。［根拠 7］となる用例(7)を見られたい。

（7） 接着一个教士高声诵读免罪表的声音一扬一顿地响(了)起来，好象是从
　　　另外一个世界远远地传来的一种模糊的声音，……　　（牛虻: 327）

ここで問題となる文の意味は「続いて一人の僧侶が贖罪表を読み上げる高い声が単調に起伏しながら聞こえてきた。」である。"了"の削除の原因となる語は"一扬一顿地"である。「単調に起伏しながら」の意の"一扬一顿地"にも［瞬間性］は認めがたく、従ってそれの有する［持続性］が"响"という持続動詞を量化できないので"了"は不要になった。その結果"好象……的声音"で注釈文が連続することになったのである。さらに"了"の削除の例をあげて［根拠 8］となる用例(8)をあげて説明を行うことにする。

（8） 他已经坐(了)下来，把小女孩儿放在他的膝上，帮她把花整理好。
（牛虻: 15）

"已经（すでに）" という状況語は「参照時間点（reference time）」以前に「動作、行為、心理活動」などが終了していて、"坐下来（座っている）" という終了後の状態が経過していることを示す、つまり一種の［持続性］を持ち、次にくる動作 "坐（すわる）" の動作量を確定できないので、"了" が削除されたと考えられる。その結果 "把小女孩儿……整理好" で文が続けられることになった。"把小女孩儿……整理好" と文が続くので "了" を削除したのではないことに注意すべきである。次に［根拠9］となる用例（9）を挙げよう。

（9）　"等一等，我的孩子，" 安里柯<u>在通到询问室的那条走廊上停(了)下来</u>。
　　　温和地说："我相信你了；……"　　　　　　　　　　（牛虻: 60）

問題となる部分の意味は「エンリコは尋問室への廊下で立ち止まり、…」である。ここでの状況語 "在通到询问室的那条走廊上" は場所を表し、［静的］で［瞬間性］がなく、従って次にくる動作 "停（立ち止まる）" の動作量を確定できないので、"了" が削除されたのである。その結果「温和地说："我相信你了；……"」という文が続いているのである。ここまでに仮説1を立てた根拠を時態助詞 "了" の補足と削除を観察することにより列挙してきた。ここで念のために、翻訳小説の原文とラジオの放送内容が一致する用例を考察し、そのような用例においても前述した説明が有効であることを示しておきたい。

　次に小説の原文とラジオの放送の一致する例をあげて、傍証とする。傍証は5個の用例（10）から（14）をまとめて説明しておきたい。

（10）　执仪仗的人<u>慢慢地走过来</u>，把那绸子的华盖张在他的头上，同时…
　　　　　　　　　　　　　　　　　　　　　　　　　　　（牛虻: 324）
　　　（ゆっくりと(持続的)歩いてきた）

この文も "<u>慢慢地</u>" の［持続性］が "<u>走了过来</u>" の "了" を阻止し、その結果 "把……" という後続文が連続したのである。

次の(11)から(13)の例も動詞の前の状況語が時態助詞の"了"を阻止している。(11)は"一歩歩走出去"で段落が終わり、次の文は別の段落の始まりである。この文は"一歩歩"が［持続性］を表示するため"走了出去"の"了"が阻止される。(12)は"这种事情是很奇特的, 不合惯例的；…"は前の文の状況に対する注釈文となっている。この文では"交头接耳地"の［持続性］が"议论了起来"の"了"を阻止している。
　また(13)では"从走廊上走进来"の後ろには別の対話が生起している。この文では"从走廊上"の［持続性］が"走了进来"の"了"の生起を阻止している。

(11)　当……的时候，那些在前面开路的世俗会友就庄严地排成了双行，手里擎住点着了的蜡烛，分从左右两面由中堂一步步走出去。　　　（牛虻: 324）
　　　（しずしずと（持続的）出て行った）（後続する文は"蒙太尼里仍旧高高站在祭坛边，在那华盖底下一动都不动，……。"である）

(12)　那些教士们只得退下去，大家交头接耳地议论起来；这种事情是很奇特的，不合惯例的；…　　　（牛虻: 327）
　　　（ひそひそと（持続的）ささやきはじめた）

(13)　"你们两个的工作快完了吗？还有很多的事要干呢！"密凯莱同季诺从走廊上走进来。　　　（牛虻: 281）
　　　（廊下を通って（持続的）やってきた）（後続文は"我已经准备好了，只(是)要问问波拉太太……"である）

　従って次の(14)の文も"在祭坛前"の［持続性］が"跪了下来"の"了"を阻止し、しかる後に"把……"で文が後続すると考えるのが妥当である。

(14)　"太阳光？太阳光有这么红吗？"他跨下踏步，在祭坛前跪下来，把香炉一来一去的，慢慢摆动了一下。　　　（牛虻: 324）
　　　（祭壇の前で（持続的）ひざまずいた）

　以上の(10)から(14)の例は下線部の状況語がいずれも［瞬間性］を持たず、

つまり［持続性］を有するために後ろに来る動詞を量化できない。従って時態助詞の"了"は生起しないのである。

第 7 章　時相・時態・時制と参照時間点・出来事時間点・発話時間点

　これまでに時相・時態・時制を論じてきたが、ここではさらに参照時間点・出来事時間点・発話時間点を追加して現代中国語の時間体系の全体像に迫ることにしよう。「時相・時態・時制」については龚千炎 1995 が全体像を提示しており、「参照時間点・出来事時間点・発話時間点」についても陈平 1988 が詳細な説明を行っている (pp.417–419)。しかし、どちらの論考も両者を総合した説明を記述していない。この章ではこの両者を統合し、さらに構成性の原理に従って論理式に記述する。記述に当たっては部分によって全体が構成されることと同時に、その構成の順序に厳密な制約があることを明らかにする。制約は論理式における各命題間の項の位置における連鎖関係を守ることにある。このような論理式の記述は従来追求されたことがない。
　まず次の例を論じよう。

(1)　昨天我访问他家时，他画完了一幅画。（昨日私が彼の家を訪問した時、彼は絵を一枚書き終わってしまっていた。）

　説明が長くなるので番号を付して順に解説する。
①(1) の文の前節 "我访问他家时" は参照時間点（仮想の時間点）を示しているので、これを論理式で表示すると "访问'(我，他家) & 有'{访问'(我，他家)，RT}" となる。RT が参照時間点 Reference Time である。（"昨天" は最後に組み込まれる。）
②この参照時間点を含む参照時間軸の任意の点において「動作」と「作成物」が終息することを "他画完一幅画" が表す。（"了" は後に組み込まれ

る。)

③それらを論理式で示すと"画'(他，画)＆ 有'(画，一幅)"＆完'(一幅)"となる。"画'(他，画)"が［動作の開始］を表し，"有'(画，一幅)"の"一幅"が［作成物のできあがり(終息)］を表す。最後に"完'(一幅)"の"完"が［動作の終息］を表す。

④③の式は①の RT に起こっているので次の式が書ける。

⑤"访问'(我，他家)＆有'{访问'(我，他家)，RT}＆有'{RT，画'(他，画)＆有'(画，一幅)"＆完'(一幅)}

⑥②の文"他画完一幅画"で時相が文に組み込まれた後に時態の"了"が組み込まれるので"他画完了一幅画"の文は⑤の第三命題の第二項"画'(他，画)＆有'(画，一幅)"＆完'(一幅)"の最後の命題に"了"を組み込めばよい。論理式は"有'{画'(他，画)＆有'(画，一幅)"＆完'(一幅)＆有'{完'(一幅)，了}"となる。

⑦この"了"は［完了］の意を表し，「已然の時態」を表示する。"了"を有する文は「出来事時間点(ET)」を表すので⑥の式"画'(他，画)＆有'(画，一幅)"＆完'(一幅)、有'{完'(一幅)，了}"に続けて"＆有'(了，ET)"を書けばよい。そこで"画'(他，画)＆有'(画，一幅)"＆完'(一幅)＆有'{完'(一幅)，了}＆有'(了，ET)"ができる。

⑧［完了］の意味は「〜してしまう」で時相が決定された出来事が参照時間点より前に配置されることであるので，「出来事時間点(ET)」が「参照時間点(RT)」に先行している。この「先行している」ことを"<"で表示し，函数であるので"<'"と書くことにする。すると「出来事時間点(ET)」が「参照時間点(RT)」に先行することは"<'(ET，RT)"と書ける。この式を⑦の式の最後に＆(連言)で結合すればよい。つまり"画'(他，画)＆有'(画，一幅)"＆完'(一幅)＆有'{完'(一幅)，了}＆有'(了，ET)＆<'(ET，RT)"となる。

⑨さらに参照時間点(RT)は"昨天"であるので"有'(RT，昨天)"を⑧の式の最後の部分に連言でつなぐと"画'(他，画)＆有'(画，一幅)"＆完'(一幅)＆有'{完'(一幅)，了}＆有'(了，ET)＆<'(ET，RT)＆有'(RT，昨天)"ができる。

⑩ "昨天"は「発話時間点(Speech Time)」に「先行する(<')」ので"<'(昨天, ST)"という命題が⑨の式の最後に連言でつく。
⑪結局(1)の文の論理式は⑤の式の後ろに⑥、⑦、⑧、⑨、⑩の式を連言でつなぎ、"访问'(我, 他家) & 有'{访问'(我, 他家), RT} & 有'{RT, 画'(他, 画) & 有'(画, 一幅)" & 完'(一幅)} & 有'{完'(一幅), 了} & 有'(了, ET) & <'(ET, RT) & 有'(RT, 昨天) & <'(昨天, ST)の式が求められる。
⑫最後に1の文の論理式をもう一度提示して、その式の連鎖関係を明示して「構成性の原理」に加えて、命題の結合の順序に厳密な規則があることを示しておきたい。

(1)' 访问'(我, 他家) & 有'{访问'(我, 他家), RT} & 有'{RT, 画'(他, 画) & 有'
                  γ1

 (画, 一幅)" & 完'(一幅)} & 有'{完'(一幅), 了} & 有'(了, ET) & <'(ET, RT)
  γ21   γ22   γ3

 & 有'(RT, 昨天) & <'(昨天, ST)

(1)'の式が示しているのは格役割(γ1)、時相(γ21、γ22)、時態(γ3)、参照時間点(RT)、出来事時間点(ET)、発話時間点(ST)が文の成分として組み込まれる際には厳密な順序が必須であるという事実である。なお(1)'の式における項の連鎖関係は(1)の文の派生を示しており、これが文の記憶を維持するのに貢献していることを解明するのは今後の課題である。
以下龚千炎1995の用例を用いて9個の例を分析し、それらの時相・時態・時制と参照時間点・出来事時間点・発話時間点の関係を記述しよう。
まず第1に已然時態と過去時制を表す文をとりあげる。

(1) 昨天我赶到他家时, 他却离开家好几天了。
             (龚千炎 1995: 34)(已然時態…過去時制)

(1)の文の意味は「昨日私が彼の家に駆けつけた時には、彼はあいにく出かけて何日もたっていた。」である。この文の論理式を表示しよう。前節の

"我赶到他家时"が「仮想の時間点」(参照時間点 RT)におこるので、"赶'(我)＆到'{赶'(我), 他家}＆有'[到'{赶'(我), 他家}, RT]"の式が書ける。この参照時間点に"他离开家好几天"が行われるので"有'[RT, ……]"の"……"の部分に"离开'(他, 家)＆过'{离开'(他, 家), 好几天}"が入って"好几天"による量化が行われて時相が決まる。この出来事が参照時間点の前に配置される、つまり已然時態を表すので"有'[过'{离开'(他, 家), 好几天}, 了]"の式になる。この"了"は［発生］の意味「…になる」を表すが、ここでは広い意味での［完了］(時相から時態への写像)を表すと考える。

さらにこの"了"は「出来事時間点(ET)」を決定するので"有'(了, ET)"が書ける。この出来事時間点(ET)は参照時間点(RT)に先行している（<'）ので"<'(ET, RT)"の式が連言で結びつき、さらに参照時間点(RT)は"昨天"であるので"有'(RT, 昨天)"の式になり、"昨天"は発話時間点(ST)に先行する（<'）ので"<'(昨天, ST)"の式が連言で続く。つまり"昨天"が過去時制を表す。以上の記述を総合すると次の論理式になる。

(1)' 赶'(我)＆到'{赶'(我), 他家}＆有'[到'{赶'(我), 他家}, RT]＆有'[RT, 离开'(他, 家)＆过'{离开'(他, 家), 好几天}]＆有'[过'{离开'(他, 家), 好几天}, 了]＆有'(了, ET)＆<'(ET, RT)＆有'(RT, 昨天)＆<'(昨天, ST)

第2に已然時態と現在時制を表す文を考える。

(2) 在小三子赶回去以前，现在她妈妈正在收拾屋子。
（龚千炎 1995: 34）（已然時態…現在時制）

(2)の文の意味は「小三子が急いで戻る前に、今彼女の母がちょうど部屋を片付けているところだ。」である。この文の論理式を表示しよう。前節の"小三子赶回去"が「仮想の時間点」(参照時間点 RT)におこるので、"赶'(小三子)＆到'{赶'(小三子), 回去'(小三子)}＆有'[到'{赶'(小三子), 回去'

(小三子)}，RT］"の式が書ける。この参照時間点に"她妈妈收拾屋子"が行われるので"有'［RT，……］"の"……"の部分に"收拾'(她妈妈、屋子)＆有'{收拾'(她妈妈，屋子)，正}"が入って"正"「…がちょうどである」の意の［活動点］による量化が行われて時相が決まる。この出来事が参照時間点の前に配置されるので已然時態になり、"有'［有'{收拾'(她妈妈、屋子)＆有'{收拾'(她妈妈，屋子)，正}，在］"の式になる。この"在"は「…しているところである」という［進行］の意味を表す。ここでは"正"が表す「活動点」(時相)から"在"が表す「進行」(時態)への写像であると考える。

さらにこの"在"は「出来事時間点(ET)」を決定するので"有'(在，ET)"が書ける。この出来事時間点(ET)は参照時間点(RT)に先行している(<')ので"<'(ET，RT)"の式が連言で結びつき、さらに参照時間点(RT)は"現在"であるので"有'(RT，現在)"の式になり、"現在"は発話時間点(ST)に等しい(='）ので"='(現在，ST)"の式が連言で続く。つまり"現在"は現在時制を表す。以上の記述を総合すると次の論理式になる。

(2)' 赶'(小三子)＆到'{赶'(小三子)，回去'(小三子)}＆有'［到'{赶'(小三子)，回去'(小三子)}，RT］＆有'［RT，收拾'(她妈妈，屋子)＆有'{收拾'(她妈妈，屋子)，正}］＆有'［有'{收拾'(她妈妈，屋子)＆有'{收拾'(她妈妈，屋子)，正}，在］＆有'(在，ET)＆<'(ET，RT)＆有'(RT，現在)＆='(現在，ST)

第3に已然時態と未来時制を表す文を考察する。

(3) 等到明天再吃，这些菜就都变质了。
(龚千炎 1995: 34)（已然時態…未来時制）

(3)の文の意味は「明日になってから食べると、これらの料理はすっかり腐ってしまう。」である。この文の論理式を表示しよう。前節の"等到明天再吃"が「仮想の時間点」(参照時間点RT)におこるので、"吃'(φ，这些菜)

& 有'{吃'(φ, 这些菜), RT}"の式が書ける。この参照時間点に"这些菜就都变质"が起こるので"有'[RT, ……]"の"……"の部分に"变'(这些菜, 质) & 有'{变'(这些菜, 质), 都}"が入って"都"による[全量]の量化が行われて時相が決まる。この出来事が参照時間点の前に配置され、つまり已然時態を表すので、"有'[变'(这些菜, 质) & 有'{变'(这些菜, 质), 都}, 了]"の式になる。この"了"は[発生]の意味「…になる」を表すが、ここでは広い意味での[完了](時相から時態への写像)を表すと考える。

さらにこの"了"は「出来事時間点(ET)」を決定するので"有'(了, ET)"が書ける。この出来事時間点(ET)は参照時間点(RT)に一致している(='ので"='(ET, RT)"の式が連言で結びつき、さらに参照時間点(RT)は"明天"であるので"有'(RT, 明天)"の式になり、"明天"は発話時間点(ST)に後行する(>')ので">'(明天, ST)"の式が連言で続く。つまり、"明天"が未来時制を表す。以上の記述を総合すると次の論理式になる。

(3)' 吃'(φ, 这些菜) & 有'{吃'(φ, 这些菜), RT} & 有'[RT, 变'(这些菜, 质) & 有'{变'(这些菜, 质), 都] & 有'[变'(这些菜, 质) & 有'{变'(这些菜, 质), 都}, 了] & 有'(了, ET) & ='(ET, RT) & 有'(RT, 明天) & >'(明天, ST)

第4に未然時態と過去時制を表す文を検討したい。

(4) 中秋节过后那几天, 他还没有离开这里呢。

(龚千炎 1995: 35)(未然時態…過去時制)

(4)の文の意味は「中秋節が過ぎた後の数日間は、彼はまだここを離れていなかった。」である。この文の論理式を表示しよう。前節の"中秋节过后那几天"は「仮想の時間点」(参照時間点RT)を示すので、"过'(中秋节) & 到'{过'(中秋节), 那几天} & 有'[到'{过'(中秋节), 那几天}, RT]"の式が書ける。この参照時間点に"他还没有离开这里呢"という状況があるので"有'[RT, ……]"の"……"の部分に"离开'(他, 这里) & ¬ 有'{离开'

第 7 章　時相・時態・時制と参照時間点・出来事時間点・発話時間点　81

(他，这里)，了}"が入って［未発生］で動きがゼロになる量化が行われて時相が決まる。この出来事が参照時間点の後に配置されるので"有'［¬有'{离开'(他，这里)，了}，呢］"の式になる。この"呢"は［否定の様態の持続］の意味「…ないでいる」を表すが，ここでは広い意味での［結果の持続］(時相から時態への写像)を表すと考える。

　さらにこの"呢"は「出来事時間点(ET)」を決定するので"有'(呢，ET)"が書ける。この出来事時間点(ET)は参照時間点(RT)に後行している(>')ので，つまり未然時態を表し，">'(ET，RT)"の式が連言で結びつき，さらに参照時間点(RT)は"那几天"であるので(簡略表記に従う)"有'(RT，那几天)"の式になり，"那几天"は発話時間点(ST)に先行する(<')ので"<'(那几天，ST)"の式が連言で続く。つまり"中秋节过后那几天"は過去時制を表す。以上の記述を総合すると次の論理式になる。

(4)'　过'(中秋节)＆到'{过'(中秋节)，那几天}＆有'［到'{过'(中秋节)，那几天}，RT］＆有'［RT，离开'(他，这里)＆¬有'{离开'(他，这里)，了}］＆有'［¬有'{离开'(他，这里)，了}，呢］＆有'(呢，ET)＆>'(ET，RT)＆有'(RT，那几天)＆<'(那几天，ST)

　第 5 に未然時態と現在時制を表す文を分析してみよう。

(5)　上个月他就说，今天会发生事故的。
　　　　　　　　　　　(龚千炎 1995: 35)（未然時態…現在時制）

　(5)の文の意味は「先月彼が今日事故が起こるはずだと言った。」である。この文の論理式を表示しよう。前節の"上个月他就说"は「仮想の時間点」(参照時間点 RT)を示すので，"说'(他)＆在'{说'(他)，上个月}＆有'［在'{说'(他)，上个月}，RT］"の式が書ける。この参照時間点に"今天会发生事故的"という状況があるので"有'［RT，……］"の"……"の部分に"有'{今天，发生'(事故)}＆有'{发生'(事故)，的}"が入って"的"による「…のだ」という「断定」による「運動量ゼロ」の量化が行われて時相が決ま

る。この出来事が参照時間点の後に配置されるので未然時態を表し、"有'｛今天，发生'(事故)｝＆ 有'｛发生'(事故)，的｝＆ 有'［有'｛发生'(事故)，的｝，会］"の式になる。この"会"は［必然性］の意味「必ず…するはず」を表す。

またこの"会"は「出来事時間点（ET）」を決定するので"有'(会，ET)"が書ける。この出来事時間点（ET）は参照時間点（RT）に後行している（>'）ので"＞'(ET，RT)"の式が連言で結びつき、さらに参照時間点（RT）は"上个月"であるので"有'(RT，上个月)"の式になり、"上个月"は発話時間点（ST）に先行する（<'）ので"＜'(上个月，ST)"の式が連言で続く。また発話時間点（ST）は"今天"であるので"今天"は現在時制を表し、"有'(ST，今天)"の式が書ける。以上の記述を総合すると次の論理式になる。

（5）' 说'(他) ＆ 在'｛说'(他)，上个月｝＆ 有'［在'｛说'(他)，上个月｝，RT］＆ 有'［RT，有'｛今天，发生'(事故)｝］＆ 有'［有'｛今天，发生'(事故)｝，的］＆ 有'【有'［有'｛今天，发生'(事故)｝，的］，会】＆ 有'(会，ET) ＆ ＞'(ET，RT) ＆ 有'(RT，上个月) ＆ ＜'(上个月，ST) ＆ 有'(ST，今天)

第6は未然時態と未来時制を表す文である。各単語の意味を確認して慎重に考察しよう。

（6）　当你明天动身的时候，我可能还没有动身。
　　　　　　　　　　　　（龚千炎 1995: 35）（未然時態…未来時制）

（6）の文の意味は「君が明日出発するとき、私はおそらくまだ出発していないだろう。」である。この文の論理式を表示しよう。前節の"当你明天动身的时候"は「仮想の時間点」（参照時間点 RT）を示すので、"动身'(你) ＆ 在'｛动身'(你)，明天｝＆ 有'［在'｛动身'(你)，明天｝，RT］"の式が書ける。この参照時間点に"我可能还没有动身"という状況があるので"有'［RT，……］"の"……"の部分に"动'(我，身) ＆ ¬ 有'｛动'(我，身)，

了}"が入って［未発生］(動作量ゼロ)の量化が行われて時相が決まる。この出来事が参照時間点の後に配置される(未然時態)ので"有'［¬有'{动'(我，身)，了}，还］"の式になる。この"还"は［否定の様態の持続］の意味「まだ…ないでいる」を表すが、ここでは広い意味での［結果の持続］(時相から時態への写像)を表すと考える。次に"可能"は［結果の持続］の［可能性］の意味を表すので、"有"【有'［¬有'{动'(我，身)，了}，还］，可能】の式が書ける。この"可能"は［可能性］の意味「おそらく…であろう」を表すが、ここでは広い意味での［様相］を表すと考える。

さらにこの"可能"は「出来事時間点(ET)」を決定するので"有'(可能，ET)"が書ける。この出来事時間点(ET)は参照時間点(RT)に後行している(＞')ので"＞'(ET，RT)"の式が連言で結びつき、さらに参照時間点(RT)は"明天"であるので"有'(RT，明天)"の式になり、"明天"は発話時間点(ST)に後行する(＞')ので"＞'(明天，ST)"の式が連言で続く。つまり"明天"は未来時制を表す。以上の記述を総合すると次の論理式になる。(なお前節の"动身"は式を単純にするために簡略表記した。)

(6)' 动身'(你)＆在'{动身'(你)，明天}＆有'［在'{动身'(你)，明天}，RT］＆有'［RT，动'(我，身)＆¬有'{动'(我，身)，了}＆有'［¬有'{动'(我，身)，了}，还］＆有"【有'［¬有'{动'(我，身)，了}，还］，可能】＆有'(可能，ET)＆＞'(ET，RT)＆有'(RT，明天)＆＞'(明天，ST)

第7は単純時態と過去時制を表す文をとりあげて検討してみよう。

(7) 那年冬天，祖母死了，父亲的差使也交卸了。

(龚千炎 1995: 35)(単純時態…過去時制)

(7)の文の意味は「その年の冬、祖母がなくなり、父の官職の引き継ぎもあった。」である。この文の論理式を表示しよう。この文は参照時間点と出来事時間点が同一である。そこで前節となる意味は"祖母死，父亲的差使也

交卸"で表示され、これが「仮想の時間点」(参照時間点 RT) を示すので、"{死'(祖母)＆交卸'(父亲，差使)}＆有'[{死'(祖母)＆交卸'(父亲，差使)}，RT]"の式が書ける。この参照時間点に"祖母死了，父亲的差使也交卸了"という状況があるので"有'[RT,……]"の"……"の部分に"{死'(祖母)＆交卸'(父亲，差使)}"が入って"死"と"交卸"という「終息を表す動詞」による量化が行われて時相が決まる。この出来事が参照時間点に重ねて配置されるので(単純時態)"有'[{死'(祖母)＆交卸'(父亲，差使)}，了]"の式になる。この"了"は［完了］の意味を表す。さらにこの"了"は「出来事時間点(ET)」を決定するので"有'(了，ET)"が書ける。この出来事時間点(ET)は参照時間点(RT)に等しい(＝')ので"＝'(ET，RT)"の式が連言で結びつき、さらに参照時間点(RT)は"那年冬天"であるので"有'(RT，那年冬天)"の式になり、"那年冬天"は発話時間点(ST)に先行する(＜')ので"＜'(那年冬天，ST)"の式が連言で続く。つまり"那年冬天"は過去時制を表す。以上の記述を総合すると次の論理式になる。

(7)' {死'(祖母)＆交卸'(父亲，差使)}＆
　　 有'[{死'(祖母)＆交卸'(父亲，差使)}，RT]＆
　　 有'{RT，死'(祖母)＆交卸'(父亲，差使)}＆
　　 有'[{死'(祖母)＆交卸'(父亲，差使)}，了]＆
　　 有'(了,ET)＆＝'(ET,RT)＆有'(RT,那年冬天)＆＜'(那年冬天,ST)

　第8に単純時態と現在時制を表す文について考える。

(8)　 现在这个时候，他正在伏案工作。

（龚千炎 1995: 35）（単純時態…現在時制）

　(8)の文の意味は「今現在、彼はちょうど机に座って仕事をしているところです。」である。この文の論理式を表示しよう。この文は参照時間点と出来事時間点が同一である。そこで前節となる意味は"他伏案工作"で表示され、これが「仮想の時間点」(参照時間点 RT) を示すので、"到'{伏'(他，

案），工作'（他）}＆有'［到'{伏'（他，案），工作'（他）}，RT］"の式が書ける。この参照時間点に"他正在伏案工作"という状況があるので"有'［RT，……］"の"……"の部分に"到'{伏'（他，案），工作'（他）}"が入ってさらに"正"という「活動点を表す副詞」による量化（点化）が行われて時相が決まる。ここまでで"有'［到'{伏'（他，案），工作'（他）}，正］"の式になる。この出来事が参照時間点に重ねて配置されて"在"による「進行」を表す（単純時態）ので、"有'【有'［到'{伏'（他，案），工作'（他）}，正］，在】"の式ができる。この"在"は単純時態における［進行］の意味を表す。さらにこの"在"は「出来事時間点（ET）」を決定するので"有'（在，ET）"が書ける。この出来事時間点（ET）は参照時間点（RT）に等しい（＝'）ので"＝'（ET，RT）"の式が連言で結びつき、さらに参照時間点（RT）は"現在这个时候"であるので"有'（RT，現在这个时候）"の式になる。次に"現在这个时候"は発話時間点（ST）に等しい（＝'）ので"＝'（現在这个时候，ST）"の式が連言で続く。つまり"这个时候"は現在時制を表す。以上の記述を総合すると次の論理式になる。

（8）' 到'{伏'（他，案），工作'（他）}＆
　　　有'［到'{伏'（他，案），工作'（他）}，RT］＆
　　　有'［RT，到'{伏'（他，案），工作'（他）}］＆
　　　有'［到'{伏'（他，案），工作'（他）}，正］＆
　　　有'【有'［到'［伏'（他，案）＆工作'（他）}，正］，在】
　　　有'（在，ET）＆＝'（ET，RT）＆有'（RT，現在这个时候）＆＝'（現在这个时候，ST）

最後に第9の単純時態と未来時制を表す文を説明しよう。

（9）　下个月中旬，我出差到江南去。
　　　　　　　　　　（龔千炎 1995: 35）（単純時態…未来時制）

（9）の文の意味は「来月中旬に私は出張で江南に行きます。」である。こ

の文の論理式を表示しよう。この文は参照時間点と出来事時間点が同一である。そこで前節となる意味は"我出差到江南去"で表示され、これが「仮想の時間点」(参照時間点 RT) を示すので、"[出差'(我)＆到'[出差'(我)，到'{去'(我)，江南}] ＆ 有'【出差'(我)＆到'[出差'(我)，到'{去'(我)，江南}], RT】"の式が書ける。この参照時間点に"我出差到江南去"という状況があるので"有'[RT，……]"の"……"の部分に"出差'(我)＆到'[出差'(我)，到'{去'(我)，江南}]"が入って"到江南去"で「動作の終息」による量化が行われて時相が決まる。ここまでで"有'【RT，出差'(我)＆到'[出差'(我)，到'{去'(我)，江南}]】"の式になる。この出来事が参照時間点に重なって配置されて (単純時態)、"在'【出差'(我)＆到'[出差'(我)，到'{去'(我)，江南], 下个月中旬】"の式ができる。この"下个月中旬"は [未来] の意味を表し、時態を「未来時制」に写像する。さらにこの"下个月中旬"は「出来事時間点 (ET)」をも決定するので"有'(下个月中旬，ET)"が書ける。この出来事時間点 (ET) は参照時間点 (RT) に等しい (=') ので"='(ET，RT)"の式が連言で結びつき、さらに参照時間点 (RT) は"下个月中旬"であるので"有'(RT，下个月中旬)"の式になり、"下个月中旬"は発話時間点 (ST) に後行する (>') ので">'(下个月中旬，ST)"の式が連言で続く。以上の記述を総合すると次の論理式になる。

(9)' 出差'(我)＆到'[出差'(我)，到'{去'(我)，江南}] ＆
　　　有'【出差'(我)＆到'[出差'(我)，到'{去'(我)，江南}], RT】＆
　　　有'【RT，出差'(我)＆到'[出差'(我)，到'{去'(我)，江南}]】＆
　　　在'【出差'(我)＆到'[出差'(我),到'{去'(我),江南],下个月中旬】＆
　　　有'(下个月中旬，ET)＆='(ET，RT)＆有'(RT，下个月中旬)＆>'(下个月中旬，ST)

以上 9 個の文の論理式は連言でつらなる命題の間の項の連鎖関係が守られている。これら 9 個の文の論理式がどのような方法で (1) から (9) のそれぞれの文を作りだすかを究明することが今後の大きな課題である。

第Ⅱ部
現代中国語の語彙が構成する意味と論理

ここでは現代中国語の語彙の中の量化副詞"很"、前置詞"把"、"给"、構造助詞"得"が文を構成する時に論理的に重要な役割を果たすことを論理式を表示することにより詳細に論じる。

第 8 章　量化副詞(程度副詞)の表示する論理と実例分析

　范継淹 1986 はここで言う量化副詞(程度副詞)の"很"について「"很"＋動詞構造」と題して、示唆に富んだ論考を提出している(pp.27–31)。ここではその内容を詳細に吟味するのではなく、"很"が動詞と共起する場合の制約を中心としてこの論文をヒントに"很"の多様な用法を意味の角度から考察する。最初にその一例をあげて"很"の持つ深い意味の一端を紹介しておこう。現代中国語の次のような文、"他很买了几本书。"(彼は本をたくさん買った。)について、ある母語話者は言えると述べ、別の母語話者は言えないと答える。それぞれの母語話者は現代漢語の研究者ではないので、自分の判断の理由を説明することはできない。研究する側の立場からはこの文の適格性に対する判断の違いが魅力なのである。この章では適格であるという立場からその根拠を明らかにしてゆく。

　ここでは副詞の"很"の意味と意味表示のために説明用言語として採用した述語論理における役割を考察する。すなわち「程度の高いこと」と「多量」が意味を、量化函数の定項が役割である。その考察に先立って「性質」を表す形容詞、たとえば"好"には量がないことを示しておく必要がある。

　第一に明らかにしておかねばならないことは、"好"の「程度」は［不確定］であること、つまり"很好"のような連語では"好"で表される［性質］には［量］がないことを証明しなければならないことである。

　そのことを以下の論述で明らかにしたい。"好"は本来［性質］を表す。ところが副詞と結合して"很好"、"比较好"、"非常好"、"最好"となると、それぞれの量化副詞の意味を反映した「たいへんよい」、「わりによい」、「非常によい」、「最もよい」という［状態］の意味を表す。そこでこれらの連語

を並べてみると、

```
      很        好
      比較      好
      非常      好
      最        好
      ↓        ↓
   「目盛り」「測定対象」
```

のようになっている。つまり"好"は"很"、"比較"、"非常"、"最"という「目盛り」を持った「程度を計る物差し」で測定される対象になっている。測定される対象であるから、"好"の程度は［確定したもの］であってはならず、［不確定］なものでなければならない。つまり、"好"には程度の［量］がないのである。

それでは上記のような連語はどのような論理式で表記できるであろうか。たとえば"很好"をとりあげてみる。この連語は「"好"には"很"の程度がある」と解釈できるので、この解釈の「ある」を仮に「量化動詞」と呼ぶことにすると「量化動詞」は「量化函数」となるので、それを"有"と表記できる。この方法で上の連語を次のように表せる。

有'(好，很)
有'(好，比較)
有'(好，非常)
有'(好，最)

ここでの問答を一歩踏み込んで解説しておこう。"很好"を例として考える。ここでの議論の素材である"很"と"好"と"很好"の相互の意味関係を規定しておこう。"很"という［程度］を表す語(項)は"好"という［性質］を表す語(項)と結びついて、"很好"という連語を形成し、"很好"という連語に［状態］の意を認可する。

第8章　量化副詞(程度副詞)の表示する論理と実例分析　91

　第二に論じなければならないことは、"很"はどのような動詞句(「有」と名詞の結合した形容詞を含む)と結びつきうるか、具体例をあげて説明し、"很"とかかわる文の論理式を示すことである。
　これに対する回答をいくつかの異種の用例によって明らかにしたい。"很"の結びつく動詞句は多様であるが、簡単に言えば"有分寸"のような［性質］をあらわす形容詞を函数とする命題を量化し、"会"、"叫"、"是"のような函数を持つ命題を量化するのが"很"の役割である。まずは次の(1)の用例を見られたい。

（1）　她举止活泼，说话很大方，爽快，却很有分寸。

この文の意味は「彼女は振るまいがきびきびしていて、言葉も上品で、てきぱきしているが、たいへん控えめである。」である。"有分寸"は動目構造に見えるが、意味上形容詞一語と解しうる。つまり「ひかえめである」という［精神属性(性質)］を表す。そこで「控えめである精神属性には"很"の程度がある」という解釈が可能になる。"很"とかかわる文を論理式で示すと次のようになる。ここで記述する論理式はいずれも連言の前の命題の第二項、または命題全体が連言の後ろの命題の第一項になっている。つまり二つの命題のあいだに連鎖関係がある。この連鎖関係によって連言を含む論理式の単純命題の順序が決定される。

　　　　　　ヒカエメダ　～ガ　モツ　　　　～コトガ　～ヲ
（1）'　有分寸'(她)＆有'｛有分寸'(她)，很｝

上の論理式の前の"有分寸"は「性質函数」であり、後ろの"有"は「程度保持函数」である。
　次に(2)の助動詞"会"を持つ例を考える。

（2）　女儿很懂事，很会料理家务。
　　　（娘は物わかりが良く、家事の切り盛りもたいへんうまい）

"会"は「可能」をあらわす。従って［可能］の程度が"很"であると解釈できる。

$$(2)'\ 会'\{女儿, 料理'(女儿, 家务)\} \& 有'[会'\{女儿, 料理'(女儿, 家务)\}, 很]$$
　　　　トリシキル　〜ガ　〜ヲ　　　デキル　〜ガ　　　〜コトガ
　　　デキル　〜ガ　〜コトガ　　　　　　アル　　　〜コトガ　　　　タイヘンデ

上の論理式の"会"は「できる」の意で連言の後ろの論理式は「〜できる」程度が「たいへん」であることを示している。
　次に(3)の"叫"を持つ「使役」の文をあげる。

(3)　处理这样的事，很叫我为难。
　　（こういうことの処理で私はほとほと困ってしまう）

日本語の意味からは"很"の役割がわからないので中国語にもとづく。"很"と関わる部分の字面上の意味は「〜が私を困らせる」で、「せる」の使役の意を表すのが"叫"である。ここでは"很"は「使役」の意味の程度を表している。従ってやや複雑になるが、論理式は次のようになる。

$$(3)'\ 叫'[我, 我, 处理'(我, 这样的事)] \& 叫'\{这样的事, 我, 为难'(这样的事, 我)\}]$$
　　　　　　　　　　　　サセル　〜ガ　〜ニ　　　　〜コトヲ
　　　　ショリスル　〜ガ　〜ヲ　　　　　　コマラセル　〜ガ　　〜ヲ

$$\& 有'【叫'[我, 我, 处理'(我, 这样的事)] \& 叫'\{这样的事, 我, 为难'(这样的事, 我)\}], 很】$$
　サセル　〜ガ　〜ニ　　　〜コトヲ
　デアル　　　　　　　　　　　〜コトガ　　　　　　　　　　　　タイヘン

（この論理式の前半は「〜ガ〜ニ〜コトヲ」させるの意を、後半は「使役」の程度が「たいへん」であることを表す。
　最後に(4)の判断詞"是"を持つ文の例を見られたい。

（４） 这场雨下得<u>很</u>是时候。

この文の意味は「今回の雨は本当にいいときに降った。」である。"是时候"は「ぴったりの時期だった」という固定的な連語で、慣用的な表現である。ここではそれにとらわれず、可能な限り字面上の意味を重視して考察する。"很"と関わる部分の意味は「(雨の)降り方が(いい)時期である」で、これは「自然現象のあり方」と「時間」との間に「ある」という「関係」が存在することを述べている。それを論理式で示すと「得'{下(这场雨), 时候}」(得'は時間保持函数)となる。"是"は「関係のあり方を表す時間」が「絶妙である」こと、つまり一種の［正確性］を表す。"很"はその程度の高いことを表している。それは「有'(是, 很)」の論理式で表される。そこで"很"と関わる部分の論理式の全体は次のようになる。

（４）' 得'{下(这场雨), 时候} ＆ 有'(时候, 是) ＆ 有'(是, 很)
　　　　フル　～ガ
　　アル ～コトニ　～(時期)ガ　アル ～ニ ～(ヨサ)ガアル ～ガ タイヘンデ

以上の例から、量化副詞の"很"は全文で表される事態の有する属性、たとえば［性質］、［可能性］、［使役性］、［正確性］等の程度を量化していることがわかる。

　上述の議論に続いて第三に論じたいことがこの章のさわりになる。第三に論じなければならないことは次のことである。"很"は心理活動を表す動詞"想"と結びついて、"很想他(彼のことがとても懐かしい)"のような動詞句を作ったり、助動詞、前置詞、判断詞等と結びついてそれぞれの有する函数的意味の程度を表す。それでは"很"は心理活動を表す動詞や助動詞、前置詞、判断詞以外のものと結びつきうるであろうか。結びつくとすればどのような動詞と結びつきうるか？　またその場合どのような制約があるかを例をあげて論述することである。

　これらの問いに関する回答を以下に詳しく述べる。問題は一般的な「運動

を表す動詞」が量化副詞の修飾をうける時、どのような制約があるかを明らかにすることである。大きく分けて二種類の用法がある。

その第一類は次のような例である。

（１）　很听话(聞き分けがある)
（２）　很讲卫生(衛生面を重視する)
（３）　很投脾味(好みがあう)
（４）　很伤脑筋(頭を悩ます)
（５）　很花时间(手間がかかる)

この類の第一の制約は、動詞が"听(聴く)"、"讲(話す)"、"投(投げる)"、"伤(傷つける)"、"花(費やす)"のような「一般の運動を表す動詞」になっていることである。

制約の第二は、目的語の位置の名詞が限定語を持たないことである。限定語を持たない、いわゆる「裸の名詞」は抽象的なモノを指示する。ここでは"卫生(エイセイ)"、"脾味(コノミ)"、"脑筋(アタマ)"、"时间(ジカン)"がそれである。これらの名詞は発話の場で具体的な指示対象を持たない。つまり［不確定なもの］である。

第三の制約は、動詞と目的語名詞の結合した連語全体が「性質」の意味になることである。"听"は動作動詞であるから"很听"とは言えない。ところが"听话"は形式上は動目構造で「言葉を聞く」という意味になりそうだが、実際には「聞き分けがある」という「人柄」、つまり［(精神の)性質］を表す。［(精神の)性質］は程度の測定が可能になる。

そこで第四の制約は、"很"は［性質］を表す動目構造の程度を表すことになる。

以上の制約によって上記の(1)から(4)の連語の論理式は次のようになる。

（１）'听话'(ϕ)＆有'{听话'(ϕ)，很}
　　　キキワケガアル ～ニ　アル　　～ガ　　タイヘンデ

この論理式について説明しておこう。連言（&）の前の命題は「誰か（φ）に聞き分けがある（听话）という「性質」があることを述べる。連言（&）の後の命題は「聞き分けがある（听话）という性質の程度が"很"である」ことをいう。ここでの"有"は程度保持函数と言える。他の例についても論理式で表す。

（2）' 讲卫生'（φ）& 有'｛讲卫生'（φ），很｝
（3）' 投脾味'（φ）& 有'｛投脾味'（φ），很｝
（4）' 伤脑筋'（φ）& 有'｛伤脑筋'（φ），很｝
（5）' 花时间'（φ,）& 有'｛花时间'（φ,），很｝

第二類は動詞の後に時態助詞が生起する例である。この類は時態助詞に後続する成分の違いによってさらに次のA、B、Cの三類に分かれる。
　まずA類には次のような例がある。

（1）　很　买了　几本　书（何冊となく買った）
（2）　很　下过　几场　雪（何度となく雪が降った）
（3）　很　写过　几篇　文章（何度となく文章を書いた）

A類の制約の第一は、動詞が"买"、"写"のような「一般の運動を表す動詞」、"下（雪が降る）"のような「自然現象を表す動詞」になっていることである。
　第二の制約は、目的語の位置の名詞句に［不確定量］を表す数量詞"几本（何冊か）"、"几场（何度か）"、"几篇（何篇か）"が用いられることである。
　第三は動詞には"了"、"过"等の「完了」や「不確定な参照時間以前の経験」を表す時態助詞がつくことである。
　制約の第四は"很"が［程度］ではなく、動作の対象物や現象の主体の［多量］であることを表示していることである。
　このA類の論理式を考えてみよう。演繹モデルを運用する。(1)はまず"很买了几本书"という出来事（e）があり、その出来事は「買う」である。

「買う」動作には「本」という対象物があり、「本」には「何冊か」という「不確定な量」がある。そしてその「不確定な量」が"很"という量を有するのである。そこで論理式は次のようになる。

（１）' 有'(e, 买)＆有'(买, 书)＆有'(书, 几本)＆有'(几本, 很)
　　　　F1　　　　　F2　　　　　F3　　　　　F4

この論理式が何を述べているかを説明する。まず、より一般的な式に改める。

（１）" $F1(\alpha, \beta) \& F2(\beta, \gamma) \& F3(\gamma, \delta) \& F4(\delta, \varepsilon)$

F1は出来事における動作保持函数を、F2は動作における対象物保持函数を、F3は対象物の数量保持函数を、F4は数量における多量保持函数を表す。そこでまず保持函数という点が共通しているので、

(1)'から函数はF1 ＝ F2 ＝ F3 ＝ F4 である。

(1)"は(1)'が(1)の含む意味を細分し、それぞれが真であることから真である。つまり、

$$F1(\alpha, \beta) \& F2(\beta, \gamma) \& F3(\gamma, \delta) \& F4(\delta, \varepsilon) = 1$$

この論理式ではすべて前命題の第二項が後命題の第一項になっているので、式はこの順に表記されねばならない。このことを「命題が連鎖関係を持つ」と言う。連鎖関係を有する命題のそれぞれが文全体の持つ意味を正確に表記しておれば、各命題を構成する項もその文の意味を真に反映している。つまり、各命題の有するそれぞれの項もすべて真である。そこでこの論理式の第一命題の第一項と第四命題の第二項のペアも真であると言える。従って次の式が成立する。

$F1(α, ε) = 1$　　つまり　有'(e, 很) = 1

であることが帰結できる。つまり(1)の出来事には［多量］の意味が存在することが示されたのである。同様に(2)、(3)の論理式を次に示す。

（2）'　有'(e, 下)＆有'(下, 雪)＆有'(雪, 几场)＆有'(几场, 很)
（3）'　有'(e, 写)＆有'(写, 文章)＆有'(文章, 几篇)＆有'(几篇, 很)

ここで別の視点からもう一つの説明を考える。"很买了几本书"を再掲する。

（1）　很 买了 几本 书

(1)の文の算出を時間体系に基づいて考え直してみよう。(1)はまず「誰か(ϕ)が本を買う」という像を捕らえる。つまり"买'(ϕ, 书)"という命題を提出する。次に「本が数冊ある」という数量化(時相1)の命題を構成する。すなわち"有'(书, 几本)"である。第三に「その数冊がϕに届く」(時相2)事実を記す。"到'(几本, ϕ)"である。第四に"了"は「その数冊がϕに届く」のが参照時間点(RT)以前であることを示す、つまり［完了］(時態)の意味をあらわすので"有'{到'(几本, ϕ), 了}"の命題が成立する。"了"は参照時間軸上に置かれるが、その点が「出来事時間点」(ET)である。つまり"有'(了, ET)"である。この出来事(ET)が何度も起こるのをあらわすのが"很"であるので"有'(ET, 很)"の命題が書ける。「何度もおこる」のは参照時間点より以前であるので"<'(很, RT)"の命題が成立する。この状況を式に書くと次のようになる。

（1）'　买'(ϕ, 书)＆有'(书, 几本)＆到'(几本, ϕ)＆有'{到'(几本, ϕ), 了}
　　　＆有'(了, ET)＆有'(ET, 很)＆<'(很, RT)

この考え方で(2)と(3)の論理式を書くと次のようになる。

(2)' 下'(雪)＆有'{下'(雪), 几场}＆有'[有'{下'(雪), 几场}, 过]＆
有'(过, ET)＆有'(ET, 很)＆<'(很, RT)
(3)' 写'(φ, 文章)＆有'{写'(φ, 文章), 几篇}＆有'[有'{写'(φ, 文章),
几篇}, 过]＆有'(过, ET)＆有'(ET, 很)＆<'(很, RT)

これらの論理式の連言の前後の命題の項が連鎖関係を厳密に守っていることがわかる。

　B類には次のような例がある。

（4）　很 说过 几次（何度となく言った）
（5）　很 看了 几眼（何度となく見た）
（6）　很 跑了 几趟（何度となく駆けつけた）

B類の制約の第一は、動詞が"说"、"看"、"跑"のような「一般の運動を表す動詞」であることである。
　第二は、動詞の後に"几次"、"几眼"、"几趟"のような［不確定量］の回数を表す動量詞がつくことである。
　第三は、動詞には"过"、"了"のような「不確定な参照時間点以前の経験」や「完了」を表す時態助詞がつくことである。
　第四の制約は、"很"は［程度］ではなく、動作量の［多量］を表すことである。これらの構造も演繹モデルを運用して、論理式で示そう。
　(4)において、出来事(e)には「話す」という動作がある。「話す」という動作には「何回か」という「不確定の量」がある。そして「何回か」という「不確定の量」には［多量］という数量がある。この事実をもとに論理式を書くと次のようになる。

(4)' 有'(e, 说)＆有'(说, 几次)＆有'(几次, 很)

(5)と(6)についても同様に考える。

(5)' 有'(e, 看)＆有'(看, 几眼)＆有'(几眼, 很)
(6)' 有'(e, 跑)＆有'(跑, 几趟)＆有'(几趟, 很)

この場合も時間体系を考慮した式で表示すると次のようになる。ϕ と ψ は不確定の項を示す。

(4)' 说'(ϕ, ψ)＆有'{说'(ϕ, ψ), 几次}＆有'［有'{说'(ϕ, ψ), 几次}, 过］＆有'(过, ET)＆有'(ET, 很)＆<'(很, RT)
(5)' 看'(ϕ, ψ)＆有'{看'(ϕ, ψ), 几眼}＆有'［有'{看'(ϕ, ψ), 几眼}, 过］＆有'(过, ET)＆有'(ET, 很)＆<'(很, RT)
(6)' 跑'(ϕ)＆有'{跑'(ϕ), 几趟}＆有'［有'{跑'(ϕ), 几趟}, 过］＆有'(过, ET)＆有'(ET, 很)＆<'(很, RT)

(4)'から(6)'の論理式の連言で結ばれた命題の項の間には連鎖関係が存在していることが読み取れる。

C類は次の三類である。

(7) 很 找了 一阵子(ひとしきりもさがした→ずいぶんさがした)
(8) 很 睡了 会儿 (ずいぶん眠った)
(9) 很 听了 一会儿(ずいぶん聴いた)

　この類の制約の第一は、動詞が"找"、"睡"、"听"のような「一般の運動を表す動詞」であることである。
　第二の制約は、動詞の後に"一阵子"、"(一)会儿"のような［不確定量］の時間を表す動量詞がつくことである。
　第三は、動詞には［完了］を表す時態助詞の"了"がつくことである。
　そして制約の第四は、"很"が［程度の高さ］ではなく、［時間量］の［多量］を表すことである。
　これらの文の論理式もやはり「演繹モデル」を使用して記述する。(7)に

ついて考える。(7) の文はまず出来事 (e) には動作「さがす」ことがあり、「さがす」のは「ひとしきり」の時間である。そして、その「ひとしきりの時間」の量が［多量］である。これらの命題を論理式で書くと次のようになる。

（7）' 有'(e, 找)＆有'(找, 一阵子)＆有'(一阵子, 很)

(8) と (9) の論理式も同様に記述できる。

（8）' 有'(e, 睡)＆有'(睡, 会儿)＆有'(会儿, 很)
（9）' 有'(e, 听)＆有'(听, 一会儿)＆有'(一会儿, 很)

この場合も時間体系を考慮した式で表示すると次のようになる。ϕ と ψ は不確定な項を表す。

（7）' 找'(ϕ, ψ)＆有'{找'(ϕ, ψ), 一阵子}＆有'[有'{找'(ϕ, ψ), 一阵子}, 了]＆有'(了, ET)＆有'(ET, 很)＆<'(很, RT)

（8）' 睡'(ϕ)＆有'{睡'(ϕ), 会儿}＆有'[有'{睡'(ϕ), 会儿}, 了]＆有'(了, ET)＆有'(ET, 很)＆<'(很, RT)

（9）' 听'(ϕ, ψ)＆有'{听'(ϕ, ψ), 一会儿}＆有'[有'{听'(ϕ, ψ), 一会儿}, 了]＆有'(了, ET)＆有'(ET, 很)＆<'(很, RT)

この三個の論理式も連言で結ばれた項の間に連鎖関係が存在している。

次に A、B、C 類全体に共通する制約を述べる。
第一の制約は、「数量詞を持つ」というだけでは"很"と結合する条件としては十分ではない。それは"很买了这些书"、"很说过两次"の"这些书"や"两次"のように数量詞を含む部分が［確定したもの］では文は成立せず、そこが［不確定なもの］でなければならないことからわかる。
"这些书"や"两次"では文が成立しない理由を考えてみよう。"买了这

些书"は「これらの本を買った」の意味であるが、"这些书"であらわされる本という確定した同一の物体を買うという出来事が多数起こるということは論理的でない。"买了几本书"の場合は"几本"が不確定であるので不確定の異なる物体を何度も購入することは論理的に可能だからである。"说过两次"は「二度話した」の意味であるが、"两次"という確定した出来事が何度もおこることは論理的でない。それに対し"说过几次"は"几次"が不確定な回数を表すので、何度も話すことは論理的に整合がとれる。

　制約の第二は"很买几本书"、"很说几次"、"很找一阵子"とは言えず、動詞の後には"了"、"过"といった時態助詞が必要であることである（范継淹 1986: 28)。この動詞の後に"了"、"过"といった時態助詞がなぜ必要か。理由を考える。上述の時間体系を考慮した論理式を見ると"有'（了，ET)"(1)'と"有'（过，ET)"(2)'が存在する。"有'（了，ET)"では"了"は「参照時間点以前に発生した事柄」である［完了］を表すが、参照時間軸に配置された瞬間に決定される点がET（出来事時間点）である。このETが何度も発生するために「多数」を表す"很"が用いられる。"了"が存在しなければETが存在しないわけであるから、存在しない出来事時間（ET）を数えることができないので文は成立しなくなる。

　"过"ついてはどうであろうか。"有'（过，ET)"では"过"は「参照時間点以前に発生した事柄」である［不確定な経験］を表すが、参照時間軸に配置された瞬間に決定される点がET（出来事時間点）である。このETが何度も発生するために「多数」を表す"很"が用いられる。"过"が存在しなければETが存在しないわけであるから、存在しないET（出来事時間）を数えることができないので文は成立しなくなる。

　A、B、C類全体に共通する制約を考えると先に論じた論理式では時間体系を考慮したものがすぐれていることがわかる。

第 9 章　前置詞"把"の意味と論理（確定性の認可）

　"把"を論じる前に現代中国語の前置詞について定義の必要があるが、厳密な定義が行われていない。最も信頼されている朱德煕 1982 でもまた Chao1968 においても次のような記述があるだけである。朱德煕 1982 では「純粋の前置詞は……数が少ない。よく見られるのは"把、被、对于、关于"等である」と述べているだけである (p.174)。さらに Chao1968 では「中国語の前置詞の過渡的な性質が原因となり、分類的な視点からも、また歴史的な視点からも上述の（前置詞の）特徴は暫定的なものであり、厳密な定義とはなっていない。結局、列挙することによって前置詞を定義するしかない。(p.749)」と記述している。

　ここでは前置詞の統語的な振る舞いを論じるのではなく、その意味を論じることを主眼にしている。そこで説明は格文法における意味役割の記述をヒントにして続けることにしたい。まず第一に前置詞の意味上の役割を述べてみよう。

　前置詞の意味上の役割を明示的に記述しているのは格文法である。それをもとに考えると「前置詞の意味上の役割」は「動詞と関わる名詞句の意味上の役割、つまり「動作主（格）(Agentive)」、「随伴者（格）(Comitative)」、「道具（格）(Instrumental)」、「場所（格）(Locative)」、「起点（格）(Source)」等を明示することにある。」と述べることができる。

　現代中国語の前置詞は「連動式動詞文の第一述語に用いられる」という主張がさきの朱德煕 1982 や Chao1968 の記述の深層にあり、そのことに関わって興味ある事実が多いが、ここでは標準的に列挙される前置詞にわりきって論述を続けることにする。

第二に前置詞を意味上の違いによって二類にわけて論じてみよう。二類に分類することが普遍的に行われているわけではない。朱德熙1982やChao1968においてもこのような分類に言及してはいない。ここでは次のような事実から、理解するのに便利であるという点でこの分類を採用する。その事実とは、現代中国語ではたとえば"他用斧子砍树（彼は斧で木を切る）。"という用例において前置詞"用"は「～で」という「道具格」の意を表すだけである。ところが"连信都写不好（手紙さえもうまく書けない）。"という用例においては前置詞"连"は「～を」という対象格の意味と「～さえ」という「最低条件例示」の両方の意味を表す。以上がここでの分類の根拠である。

　前置詞を意味上の違いによって二類に分けて論じることにする。その二類とは動詞との間の意味関係が直接的であるものと、間接的なものの二種である。順に例を挙げて論じる。

　その第一類は「動詞との間の意味（あるいは）格関係」のみを直接に表示するものである。たとえば、

（１）　现在由老张介绍详细经过。（今から張さんに詳しい経過を話してもらいます。）（動作主格）
（２）　我跟他走。（私は彼と出かける。）（随伴者格）
（３）　他用斧子砍树。（彼が斧で木を切る。）（道具格）
（４）　在山顶上盖房子。（山頂に家を建てる。）（場所格）
（５）　你从哪儿来的？（君はどこから来たのだ。）（起点格）

のような例がある。（1）では"由"が次の"老张"が「動作主」であることを、（2）では"跟"が次にくる"他"が「随伴者」であることを、（3）では"用"が"斧子"が「道具」であることを、（4）では"在"が"山顶"が「場所」であることを、（5）では"从"が"哪儿"が「起点」であることを明示している。

　第二類は動詞との間の意味関係を「間接表示」すると同時に、文全体における［最低条件例示］、［受身］、［処置］等の意味を表すものである。"连"、"被"、"把"等がある。

（１） 連我都知道,（你当然不会不知道。)（私さえ知っている、（君が知らないはずがない。))

　文頭の"連(〜さえ)"は"知道(知っている)"という「心理活動」の「主格」を間接表示している。また「〜さえ」という文全体とかかわる［最低条件例示］という意味役割を直接表示している。それを論理式で示すと次のようになる。

$$
(1)'\quad \underset{アル}{\overset{\sim サエ}{連'}}\ \{\underset{\sim ガ}{我,}\ \underset{\sim サエ}{我,}\ \underset{\sim トイウ状態ニ}{\overset{知ル\ \sim ガ}{知道'(我)}}\}
$$

この論理式は「我」に「我」という個体と「知道'(我)」という命題の間に「〜サエ〜トイウ状態ニアル」という関係が存在することを表示している。この文で"連……都"を除くと"我知道"となる。逆に言えば"我知道"という命題表現に"連……都"を付加すると（　）内に表示されている（你当然不会不知道。君はむろん知らないはずがない。）という意味が増加することになる。もう一つ"連"の例をあげる。

（２） 連信都写不好。（手紙さえうまく書けない。）

"連"は"写不好信(手紙をうまく書けない)"という動詞句において、「対象格」である"信"の格を間接表示している。それに対し、"連"の表す「〜さえ」という文全体とかかわる［最低条件例示］という意味役割は直接表示されている。論理式で示すと次のようになる。

$$
(2)'\quad \underset{アル}{\overset{\sim サエ}{連'}}\ \{\underset{\sim ガ}{\phi,}\ \underset{\sim サエ}{信,}\ \underset{\sim トイウ状態ニ}{\overset{カケナイ\ \sim ガ\ \sim ヲ}{写不好'(\phi,\ 信)}}\}
$$

この論理式は「φ」と「信」という個体と「写不好'(φ，信)」という命題の間に「〜ガ〜ヲサエ〜トイウ状態ニアル」という関係が存在することを表している。この文も"连……都"を除くと"信写不好。"となる。逆に言えば"信写不好。"という命題表現に"连……都"を付加すると"当然写不好小说。(小説を書けないのはもちろんだ。)"というような意味が増加することになる。

次に"被"の例をあげる。

（3）　杯子被他打破了。

"被（〜によって〜される）"は"他"が"打破了"の動作主格であることを間接表示している。先の論述にも使用したが、なぜ「間接表示」という用語を使うのであろうか。それはこの文が「コップは彼が割った」ではなく、「コップは彼によって割られた」という意味を表すことによる。つまり「〜ガ」ではなく「〜ニヨッテ」であるから、動作主を表す「〜ガ」は間接的であると考えたのである。

　"被"はここでは「(〜ニヨッテ)〜ラレル」という文全体と関わる［受身］の意味を直接表示している。そこで論理式は次のようになる。(論理式は簡略表記に従う。以下同じ)

　　　　　　　　　　〜ニヨッテ　　　　　　　　ワッタ　〜ガ　〜ヲ
（3）'　　　　被'｛　杯子，　　他，　　打破了'(他　，杯子)｝
　　　　コウムッタ　　　　〜ガ　〜ニヨッテ　　　　　　　〜コトヲ
　　　　［受け身］

この論理式は「杯子」と「他」という個体と、「打破了'(他，杯子)」という命題の間に「〜ガ　〜ニヨッテ　〜ヲ　コウムッタ」という［受身］の関係が存在することを示している。「コウムッタ」は「〜ラレル」という「受身」を広い意味での「取得」と解釈して記述している。

第 9 章　前置詞"把"の意味と論理(確定性の認可)　107

次に"把"の例をあげる。

（４）　她把花瓶里插了一朵花。

　この文では"把"は"花瓶里"が場所格であることを間接表示している。間接表示と述べたのは、直接表示は"在"が担うからである。同時に"把"は"花瓶"に対して、"她插了一朵花。(一輪の花をいけた)"という［処置］(一種の授与)をしたことを直接表示している。論理式は

　　　　　　　　　　　　サシタ　〜ガ　　〜ヲ　　アル　〜ガ　　　〜ニ
（４）'　　把'［她，花瓶里，{插了'(她，一朵花)＆在'(一朵花，花瓶里)}］
　　　　モタラシタ　〜ガ　〜ニ　　　　　　　　　　〜コトヲ
　　　　［授与］

となり、これは"她"と"花瓶"という個体と、"插了'(他，一朵花)"という命題と"在'(一朵花，花瓶里)"という命題の連言の間に「〜ガ　〜ニ　〜ヲ　モタラシタ」という一種の［授与］の関係があることを示している。最後に"把"の例をもう一つあげよう。

（５）　把他气得连话都说不出来了。
　　　　（彼を怒って言葉さえ話し出せなくした。）

　この文では"把"は"他"が"气得连话都说不出来"という動補構造全体の「目的語(与格)」であることを間接表示している。朱德熙1982: 136 の説明「"把他气得直哆嗦"は"气得他直哆嗦"の"气得"の目的語"他"が"把"で前に移動された」との趣旨の記述を参考にすると(5)の"把他"の"他"は「"气得连话都说不出来"という述補構造の内部にあった目的語(与格)」と解することができる。間接表示と述べたのは「彼を怒る」ではなく、"彼に「彼が怒る」ことをさせる"のつまり「ニ格」の意味を表しているからである。

また「前文で述べられたこと」により「怒って何も言えなくなった」という状態がもたらされたこと、つまり「〜モタラシタ」という［授与］の意味がこの文全体に関わる直接意味表示となる。この文の論理式は少し複雑である。まず"把他"を除いた文の論理式を示す。

（5）' 得'［他，他，気'(他)＆連'｛他，话，说'(他，话)＆¬出来了'(话)｝］
　　サセタ 〜ガ 〜ニ　　怒ル〜ガ 〜サエ　　話ス〜ガ 〜ヲ デテコナイ 〜ガ
　　　　　　　　　　　アル 〜ガ 〜サエ　　　　　　〜トイウ状態二
　　　　　　　　　　　　　　　　　　　　　　　　　〜トイウコトヲ

(5)'は"气得(他)连话都说不出来了"の論理式である。"把"を用いない文では"他"は"得"の後ろに現れる。次に(5)全体の文の論理式は次のようになる。

（5）" 把'【　他，他，得'［他，他，気'(他)＆連'｛他，话，说'(他，话)＆¬出来了'(话)｝］】
　　モタラシタ 〜ガ 〜ニ　　　サセタ 〜ガ 〜ニ　　　　　　　　〜コトヲ
　　　　　　　　　　　　　　　　　　　　　　　　　　　〜コトヲ

(5)"においては「把'函数」の第三項に(5)'が代入されている。説明に便利なように書き換えると次のようになる。

（5）''' 把'　［他，他，(5)'］
　　モタラシタ 〜ガ 〜ニ 〜ヲ
　　［授与］

(5)'''は"他"という個体と"他"という個体と(5)'で表される"得"函数の値の間に「〜ガ 〜ニ 〜ヲ モタラシタ」という関係があることをあらわしている。

　第三に把構文の動詞句の意味上の制約を挙げて考察し、それらの形式上の

制約に共通する特徴が「(数)量化」であることを明らかにする。さらにそれぞれの用例を論理式で表示することにより量化を明示する。
　把構文の動詞句の意味上の制約の第一は動詞が重畳形式になることである。次の例がそうである。

（１）　把衣服洗洗(服を少し洗う)　　　　　　　　（朱徳熙 1982: 185)

この例の後ろの"洗"は［少量］を表し、"一洗"の省略形である。論理式は

（１）'　把'［φ, 衣服, 洗'(φ, 衣服)＆有'{洗'(φ, 衣服), 一洗}］

この論理式は「φが　衣服に　(φが衣服を洗い)そして(φが洗うことは少しであった)ことを　もたらした」ことを表している。"有'{洗'(φ, 衣服)、一洗}"は"一洗"が［少量］を表す。
(1)は"*把衣服洗"では"洗"の動作量が欠落しているので"洗"が不確定量の作用をすることになる。不確定量の作用はその作用の及ぶ領域を確定できない。その結果"洗"の作用の対象である"把"の後ろの"衣服"が［不確定性］の意味を有する。不確定な物体を洗うことは論理的でない。一方、(1)が成立するのは"一洗"が動作"洗"を量化するからである。"洗"が確定量の作用をすることになる。確定量の作用はその作用領域が"一洗(ちょっと)"であることが確定できる。その結果"洗"の作用の対象である"把"の後ろの"衣服"が［確定性］を持つ。このことを量化を表す成分"一洗"が"把"の後ろの名詞句"衣服"の［確定性］を認可するという。
　第二の制約は動詞の前に副詞"一"がつくことである。例は

（２）　把头一抬(顔を少しあげる)　　　　　　　　（朱徳熙 1982: 185)

がある。この例の"一"は王还主編 1997 では副詞と記し、"用在第一分句的述語前、表示動作的短暫、突然；第二分句说明结果、结论(1022 页)"と

記述されている。つまり動作が「短く、急である」ことすなわち動作量を表す。そこで論理式は次のようになる。

(2)' 把'[φ, 头, 抬'(φ, 头)＆有'{抬'(φ, 头), 一}]

この論理式は「φが 顔に （φが顔をあげ）そして（φが顔をあげることは短く急である）ことを もたらした」の意である。"有'{抬'(φ, 头), 一}"は"一"が［短時間］を表す。

　(2)の例の"一"は「（瞬時の体の動きや状態の変化を示し）ぱっと、すっと、さっと」(伊地知善継編 2002: 1738)の意を表すと記述され、用例に"把眼一瞪。"(目をかっとみはる)、"甩手一走。"(手を振ってさっと立ち去る)、"他在旁边一站。"(彼はかたわらにすっと立った。)、"他听了脸一红。"(彼は聞くと顔がさっと赤らんだ。)(同辞書: 1738)があげられている。王还主編1997より伊地知善継編2002の説明がこの"一"をより詳細に説明している。

　(2)は"*把头抬"。では動作量の意味が欠落しているので文が成立しない。理由は"抬"の動作量が欠落しているので"抬"が不確定量の作用をすることになる。不確定量の作用はその作用領域を確定できない。その結果"抬"の作用の対象である"把"の後ろの"头"を確定できないので"头"が［不確定性］の意味を有する。

　一方、(2)が成立するのは"一"が動作"抬"を「さっと」という短い時間を表すことにより、"抬"に確定量の作用をさせることになる。確定量の作用はその作用領域が"一抬"であることが確定できる。その結果"抬"の作用の対象物である"把"の後ろの"头"が確定性を持つ。このことを量化を表す成分"一"が"把"の後ろの名詞句"头"の［確定性］を認可するという。

　第三に次の例に見られるように動詞の前に"往上"のような前置詞句が置かれることである。

(3)　把袖子<u>往上</u>卷(袖を上にまくる)　　　　　　　（朱德熙 1982: 185）

この文は「袖をまくり上げる」の意である。"往上"は字面上は「上方へ」の意味であるが、この文では「袖」と「まくる」という語の制約により"卷"の領域は「"袖子"の長さ」の中で"袖子"の上端にあることが確定できる。即ち"往上"が"袖子"に［確定性］を認可する。その結果「まくり上げる」の意になる。そこで論理式を書くと次のようになる。

（3）' 把'［φ, 袖子, 往'｛φ, 上, 卷'(φ, 袖子)＆到'(袖子, 上)｝］

上の論理式は「φが　袖に　(φが上に向かって)(φが袖を巻き)且つ(袖が上にあがる)ことを　もたらした」という意味を示している。"到'(袖子, 上)"は「動作の対象物の到達点」を表す。もう一度議論をまとめると次のようになる。

　(3)の文は"*把袖子卷。"では動作量の意味が欠落しているので成立しない。(3)の文が成立するのは(3)'の論理式において末尾の命題"到'(袖子, 上)"が「上にあがる」ことにより動作量がゼロになるので、量化成分となり、これが"把"の後ろの"袖子"の［確定性］を認可するのである。(3)の文の成分で言えば"往上"が"袖子"の［確定性］を認可するのである。
　把構文における動詞句の制約の第四は結果補語が生起することである。

（4）　把瓶子灌満(容器にそそいで満たした)　　　　　（朱德熙 1982: 185）

(4)の文は「容器を(液体を)注いでいっぱいにした」の意味を表す。結果補語の"満"は「いっぱいになる」の意味である。論理式は次のようになる。

（4）' 把'｛φ, 瓶子, 灌'(φ, 瓶子)＆満'(瓶子)｝

論理式(4)'が表すのは「φが　容器に　(φが容器に注ぎ)そして(容器がいっぱいになる)ことを　もたらした」の意である。"満'(瓶子)"は「動作の対象物の様態の到達点」を示す。
　(4)の文は"*把瓶子灌。"では動作量が欠けているので文は成立しない。

このことを動詞"灌"は"瓶子"の［確定性］を認可できないという。一方、(4)は"満"が動作の対象物の「容器が一杯になる」という動作量がゼロになる様態を表すので、時相を充足し、これが"把"の後ろの名詞"瓶子"の［確定性］を認可するので成立する。

　把構文における動詞句に対する第五番目の制約は、"把"の後の名詞句が「全体」を、動詞の後の名詞句が「部分」を表す、つまり「("把"＋全体)＆(動詞＋部分)」の形式を要求することである。

(5)　把大門上了锁(表門にカギをした)　　　　　　(朱德熙 1982: 186)

この文の意味は「表門にカギをかけた」である。論理式は次の通りである。

(5)'　把'{φ, 大門, 上'(φ, 锁) ＆ 在'(锁, 大門)}

この論理式は「φが　表門に　(φがカギをかけ)そして(カギは表門にある)ことを　もたらした」の意を表している。ここでは"在'(锁, 大門)"は「動作の対象物の帰着点」を示している。
　(5)は"*把大門上。"とは言えない。それは"上"が動作量を有さず、その動きの範囲を確定できないため、この場合は"锁"の文中での欠如のため"锁"の"大門"までの移動範囲を示すことができないことにより"大門"の［確定性］を認可できないからである。一方、(5)が成立するのは"锁"が"大門"にかかることで"上"という動作の領域である"锁"の"大門"までの移動距離が決定し、動きがゼロになるので、"锁"が"大門"の［確定性］を認可するからである。("了"は時態を表す成分であるので、ここでは論理式に表示しない。)

　把構文の動詞句に対する制約の第六は動詞の後ろに［終息］＋［完了］の意を表す時態助詞の"(完)了"が生起することである。ここではこの"了"は"(完)了"の縮約形であると考える。"(完)"は「終わる」の意を、"了"

は「〜してしまう」という［完了］の意を表す。

（６）　把衣服脱了(服を脱いだ)　　　　　　　　　　　（朱德熙 1982: 186）

(6)の意味は「衣服を脱いでしまった」である。この文の論理式は次のようになる。

（６）'　把'{ϕ, 衣服, 脱'(ϕ, 衣服) & ¬ 在'(衣服, ϕ)}

この論理式は「ϕが　衣服に　(ϕが衣服を脱ぎ)そして(衣服はϕにはない)ことを　もたらした」の読みになる。"¬ 在'(衣服, ϕ)"は「衣服がϕの場所に存在しないこと」、つまり「動作の対象物の消失」を表す。「消失」は「数量上のゼロ」を表す。
　(6)は"*把衣服脱。"とは言えない。"脱"はその動作の領域を表示する成分を有さず、従って「不確定な動作」の"脱"が"衣服"に及ぶことになり、"衣服"の［確定性］を認可できないからである。(6)が言えるのは"(完)"が論理式の"¬ 在'(衣服, ϕ)"で"衣服"がϕに存在しないこと表すために、"脱"の動作がその動作領域の全体にわたったことが表示され、"衣服"の［確定性］を認可できるからである。("了"は時態助詞であるのでここでは論理式に含めない。)

　把構文の動詞句に対する制約の第七は動詞の後ろに［結果の持続］を表す時態助詞の"着"が用いられることである。「ドアを開けたままにしておく」の意の中国語は次のようになる。

（７）　把门开着(ドアを開けている)　　　　　　　　　（朱德熙 1982: 186）

この文の論理式は次の通りである。

（７）'　把'[ϕ, 门, 开'(ϕ, 门) & 开'(门) & 有'{开'(门), 着}]

論理式(7)'は「φが　ドアに(φがドアをあけ)かつ(ドアが開き)かつ(ドアがあいている)ことが［持続］の意をもつことを　もたらす」の意味を表す。"有'{开'(门)，着}"は「ドアが開いたままである」こと、つまり「結果の持続」を表す。つまり「無限の量」を表す。

　(7)で"*把门开。"が言えないのは"开"がその動作の領域を表示する成分を有さず、従って「不確定な」動作を表す"开"が"门"にどのように働きかけるかを決定できないので、"门"の［確定性］を認可できないからである。一方、(7)が言えるのは「ドアが開いた結果が持続する」、つまり"开"の動作領域が"着"の存在により全体に及んだこと、即ち「開き放し」であることがわかるので、動きがゼロになる。従って"着"が"门"の［確定性］を認可する。

　ここで(1)から(7)までの把構文の動詞句の意味上の制約をそれぞれの論理式を観察することにより考えてみる。"把"函数の第三項の連言の後ろの命題を見られたい。(1)は後ろの"洗"が［少量］を、(2)は"一抬"の"一"が［短時間］を、(3)は"往上"の"上"が「動作の対象物の到達点」を、(4)は"灌满"の"满"が「動作の対象物の様態の到達点」を、(5)は"大门"が「動作の対象物"锁"の帰着点」を、(6)は"(完)了"が「数量上のゼロ」を、(7)は"着"が［無限の量］を表している。「到達点」と「帰着点」は二次元の量を、つまり「一種の距離」を内在させているので「数量の変異体」と考えることができる。すると(1)から(7)までの文はいずれも動詞の表す意味に対する「数量上の制約」を与えていることがわかる。ここではそれを動詞の意味に対する「量化」と呼ぶことにする。この量化により、現代中国語の中の時間体系の一部を構成する「時相」が充足されることになる。

　第四に把構文の"把"の直後の名詞句の意味上の制約を述べ、さらに用例を論理式で表示することにする。従来"把"の後ろの名詞句は「確定的」であると指摘されるが、そのことを詳細に追求した論述は行われていない。ここでは"把"が広い意味での「授与」を表すことを根拠にして動作の対象物

のみならず、動作主までをも含めて総合的な解釈を提示してみたい。

把構文の意味上の制約は大きく三種類ある。第一は「後ろに来る動詞の表す動作の［対象物］や［対象物の移動後の場所格］を表すもの」である。第二に「動補構造全体の［対象物］を表すもの」がある。第三は「後ろに来る動詞の［動作主］を表すもの」である。以下、順に論じる。

①動作の対象物を表すもの

（１）　把那只鸡宰了。（その鶏を絞めた。）　　　　（朱徳熙 1982: 186 参照）

この文では"那只鸡"は"宰"という動作の［対象物］となっている。論理式は次のようになる。(簡略表記に従う)

（１）'　把'{ϕ, 那只鸡, 宰了'(ϕ, 那只鸡)}

この論理式は「ϕが　その鶏に　ϕがその鶏を絞めたことを　もたらした」の意味を表す。

②動作の対象物の移動後の場所格を表すもの

（２）　把花瓶里插了一朵花。（花瓶に一輪の花をいけた。）

ここでは"花瓶里"は"插"という動作の対象物"一朵花"の移動後の場所格を表している。この文の論理式は次のようになる。(簡略表記に従う)

（２）'　把'{ϕ, 花瓶里, 插了'(ϕ, 一朵花) & 在'(一朵花, 花瓶里)}

(2)'は「ϕが　花瓶に　（ϕが一輪の花をいけた）かつ（一輪の花が花瓶にある）ことを　もたらした」の意になる。"一朵花"はさらに分析できるがここでは簡略表記した。

③動補構造全体の［対象物］を表すもの

（3） 把嗓子哭哑了。　　　　　　　　　　　　　　　　（朱德熙 1982: 186）

この文の意味は「泣いて声をからした」である。"哭嗓子"とは言わないが、"哭哑嗓子"とは言えるので、"嗓子"は"哭哑"全体の対象物である。次の式がこの文の論理式になる。（他の用例の説明とのバランスを考慮して、ここでは"哭哑"の「使役義」については論ぜず、第 11 章での議論に待つことにする。）

（3）' 把'｛ϕ, 嗓子, 哭'(ϕ)＆有'(ϕ, 嗓子)＆哑了'(嗓子)｝
　　　　　α　β　　γ
　　　　　　　　　γ1　　γ2　　　　　　γ3

この式は「ϕが「のど」に（ϕが泣き）かつ（そのϕに「のど」があり）かつ（その「のど」がかれた）ことを もたらした」の意である。"有'(ϕ, 嗓子)"は"嗓子"が"ϕ"の「一部分」であることを表示しており、「全体と部分」によって相対量を明示し、一種の量化を表す。

　ここで(3)'を対象に論理式について、それを構成する各項がどのように演算をして、その値を確定してゆくかを考えてみよう。(3)の文が発話されると聞き手はまずγ1によって動作主を発見し、γ2によってその動作主と処置対象の「のど」の量的関係を見いだし、γ3によってその「のど」の結末の様態を決定する。従ってγを構成するγ1、γ2、γ3の各単純命題はそれらの有する項を発見し、確定することによってその値を決めているので、この配列で記述する。このことをここでは「演繹モデル」における「連鎖関係」と呼ぶことにする。

　γの値が決定されると次に"把"函数の値が演算される。"把"函数の値は「～ガ～ニ～コトヲ　モタラス」というメタ言語で表示される意味である。ここでは「αガ　βニ　γデアルコトヲ　モタラシタ」となる。さて以上の記述からγを構成するγ1、γ2、γ3の相互関係と"把"函数とその項を

なす α、β、γ の関係は明確になったが、α、β、γ という三項の関係は記述されていない。なぜ α、β、γ がこの順に配列されているかが明らかにされておらず、この配列の必然性をあきらかにすることが残った課題である。

その課題を解決するには α、β の項と γ1、γ2、γ3 を構成する各項の関係に注目することが重要である。α は γ1 の項と γ2 の第一項に、β は γ2 の第二項と γ3 の項に出現している。つまり α、β がまず確定され、次にそれを基礎に γ が演算されていることがわかる。従って γ を演算するには α、β の値が必要とされるためにこの配列が選択されるのである。

以上のことから、直観的に記述したようにみえる論理式には命題全体を演算する際に必要な手続きが精確に述べられていることがわかる。

④後にくる動詞の［生命現象の動作主］を表すもの

（4）　去年又把老伴儿死了。　　　　　　　　　　　（朱德熙 1982: 187）

この文は「(昨年おまけに) 長年のつれあいがなくなった」の意味を表す。"老伴儿" は "死" の主体、つまり一種の生命現象の動作主である。"把" に関わる部分の論理式は次のようになる。

（4）'　把'｛φ，老伴儿，有'(φ，老伴儿)＆死了'(老伴儿)｝

この論理式は「φ が　長年のつれあいに　(φ には長年のつれあいがいる) かつ (その長年のつれあいが死んだ) ことを　もたらした」と解する。"把" はここでは「もたらした」（影響）と解釈しているが、それは広い意味での［授与］である。［授与］の基本形は「〜が　〜に　〜〜ことを　もたらした (授与した)」という項構造と述語を持つ。(4) の文は中国語では「長年のつれあいがなくなった」ことを表し、その出来事によって「死なれた」という「迷惑受身」の意味は全く生じない。(4) は "老伴儿" の死" を φ による主体を明示しない手法を用いて「"老伴儿" に "老伴儿死了" をもたらした」と捕らえたのである。生命現象 "死" の主体である "老伴儿" に "老伴儿死

了"というできごとが「授与」されることは"老伴儿"自身にとってはどうしようもない不可抗力な出来事である。

　なぜ主体を明示しなかったかについての理由は、φが"老伴儿死了"というできごとに直接のかかわりを持たないからである。φにとっては直接の関わりを持たないできごととして、また"老伴儿"にとってはどうしようもないできごとを授与されたものとして受け止めたのがこの構文の巧みなところなのである。この解釈は"把"を広い意味での［授与］と解したことにより可能になったのである。

　もう一例検討する。

（５）　別把犯人跑了。　　　　　　　　　　　　　　　　（朱德熙 1982: 187）

この文は「犯人を逃がすな」の意味である。この文でも"跑"の動作主は"犯人"である。論理式は次のようになる。

　　　　　　　　　モタラス　〜ガ　〜ニ　　　　　　〜コトヲ
　　　　　　　　　　　　　　　　　ニゲタ　〜ガ　イナイ　〜ガ　　〜ニ
（５）'　別'［　你，　把'｛　　你，　犯人，　跑了'(犬人)＆ 在'(犬人,你(那儿))　｝　］
　　　　スルナ　〜ガ　　　　　　　　　　〜コトヲ
　　　　［禁止］

この論理式の基本形(母型文)は「〜ガ　〜コトヲ　スルナ」という「禁止」の意味を表す。問題は"別"函数の第二項の"把"函数の部分である。この部分は「君ガ　犯人ニ　犯人ガ逃ゲ、カツ、犯人ガ君ノ所ニイナイコトヲモタラス」の意味であり、「犯人が逃げる」の意味である。(5)は「"犯人"の逃亡」を「"犯人"に"犯人の逃亡"をもたらす」と捕らえているのである。"跑了"の主体である"犯人"に"犯人跑了"という出来事がもたらされる(授与)ことは"犯人"自身にとってはどうしようもない不可抗力な出来事である。禁止の命令文の主体が"你"であることは明らかであるので、論理式では主体の"你"が明示されているが、"犯人跑了"という出来事に

"你"は直接のかかわりを持たない。"你"が直接のかかわりを持たない出来事を、"犯人"に"犯人跑了"という出来事が授与されたものとして受け止めたのは「使役」では「犯人に逃げさせるな」の意からわかるように、"你"が"犯人跑了"とかかわることになり、かかわりを持たないためには"你"にとっても"犯人"にとってもどうしようもない「授与」がふさわしいからである。二重目的語構文の間接目的語(近い目的語: 朱德熙 1982)は「行き先」を示すだけで授与動作と直接のかかわりを持たないという点を巧みに利用していると言える。

最後に朱德熙 1982 のあげる例を検討しておこう。

（6） 偏偏又把个<u>老王</u>病倒了。(あいにく王さんが病気で倒れた。)

(朱德熙 1982: 187)

朱德熙 1982 は(6)の例について「"老王"が「確定的」(有定)であることは当然である。しかし、その前に「不確定」(不定)を表す数量詞"(一)个"があると意味上矛盾している。」(187 頁)とコメントし、この文の成立することを次のように説明している。「王さんは「確定的な」一人の人であるが、話し手には発病した(生病)のが「よりによって(偏偏)」王さんであって、別の人ではないということが思いもよらなかったのである。(この言葉の文頭の"偏偏"がこの意味を表示している。)」と述べ、「この点から言えば、王さんはすでにわかっていた人ではなく(不是已知的)、従って前に"一个"を付したのである。」と結論している(187 頁)。

この朱德熙 1982 の説明を論理式で表示すると次のようになる。

（6）' 把'【φ, 人 & 有'(人、一个) & 有'(一个，老王), 病'(老王) & 到'{病'(老王), 倒'(老王)} & 有'[到'{病'(老王), 倒'(老王)}, 了]】

(6)'の式の第二項 "人 & 有'(人、一个) & 有'(一个、老王)"を注目されたい。この式は「誰か、且つ、その誰かは一人である、且つ、その一人は王さんである」と読む。この連言の最初の項である個体"人"は「誰かが発病し

た」ことを示す。朱德熙 1982 の「別の人ではないということが思いもよらなかった」という説明、つまり「別の人である」と思っていたことを示している。

　第二の項の"有'(人，一个)"は「一人が発病した」ことを表す。朱德熙 1982 の「王さんは確定した一人の人であるが」を示している。

　第三の項の"有'(一个，老王)"は「その一人は王さんである」ことを表す。これは朱德熙 1982 の「よりによって王さんである」を示している。

　論理式全体を説明すると(6)'の"把"函数の第二項は詳しくは、"人"は「ϕが誰か（人）に誰か（人）が"人病倒了"したことをもたらした」ことを表す。"有'(人，一个)"は「ϕが一人（一个）に一人（一个）が"一个人病倒了"したことをもたらした」ことを表す。"有'(一个，老王)"は「ϕが王さん（老王）に王さん（老王）が"老王病倒了"したことをもたらした」ことを表す。となるが煩雑になるので(6)'の第三項は"老王"のみの簡略表記に従った。この文も話し手(ϕ)が"老王病倒了"という出来事に直接かかわるわけではない。にもかかわらず話し手にとっての「授与」としてとらえた理由は「使役」と捕らえると、話し手が"老王"にさせるとなって、"老王病倒了"と直接かかわってくるのに対し、「授与」と捕らえることは「ϕニ」という与格成分はϕと"老王"が直接に意味上のかかわりを持たなくてすむからである。また"病倒了"の主体である"老王"に"老王病倒了"という出来事がもたらされる（授与）ことは"老王"にとってはどうしようもないことである。この主体の［制御不能性］を表現するのに"把"の有する［授与］義が大きな貢献をしていることがわかる。

　第五に把構文の先行研究をここでの研究の視点と関わるものについて二点紹介しておきたい。

　把構文の研究は多いが、ここでは薛凤生 1987 と沈家煊 2002 を論じる。薛凤生 1987 は「把構文の本質は話し手が心の中で、ある人或いはある事柄がある行動の影響を受けたと考えさえすれば、把構文を用いて話し手のそのような考えや感覚を表すことができるのであって、必ずしも明確な実際の影響が存在しなければならないわけではない。」と主張し、従って「もし私が

"她偸看了你一眼。"が"你"にある種の影響或いは後の結果をもたらすと考えれば、私は君に対して"她把你偸看了一眼。"と言える。(薛凤生 1987: 12)」と述べて、話者の心理的働きの重要性を強く主張している。ここで注目すべきは薛凤生 1987が「私が『"她偸看了你一眼。"で表される<u>行為が</u> <u>君に</u> <u>ある種の影響或いは結果を</u> <u>もたらす</u>』と考えれば」、その行為を把構文で表しうる』と述べていることである。

　これは本論文における「把構文の基本構造が「～が　～に　～を　もたらす」であるという主張と同一の考えである。そこで"她把你偸看了一眼。"を論理式で表すと

（１）　把'［她，你，偸看'(她，你)＆有'{(偸看'(她，你)，一眼}］

のようになる。この式は「彼女が　君に　(彼女が君を盗み見る)かつ(彼女が君を盗み見たのはちらっとである)ことを　もたらした」と読む。ここでは"把"函数は「私が考えた(薛凤生 1987)」という内在意味を表示するとともに、「もたらした」という直接意味をも表す。つまり"把"函数の第三項"偸看'(她，你)＆有'{偸看'(她，你)，一眼}"が"她偸看了你一眼"を表し、"把"函数全体"把'{她，你，～～}"が「話し手の事実に対するとらえ方」を表現していることになる。ここでも"她"が"偸看了你"という出来事に物理的に直接かかわらないが、［授与］の構文の把構造を用いている。その理由は与格成分として"你"を捕らえることができるからである。(この文では)"你"は"偸看"の対象格でもある。)なお、"了"は焦点がずれるので説明を省略した。

　もう少し、"把"を持つ場合とそうでない場合の意味の違いを考えよう。次の文を見られたい。

（２）　他攒起钱来了。(彼は貯金しはじめた。)
（３）　他把钱攒起来了。(彼は(目標とする)金(額)をためはじめた。)

(3)の文では"把"構文が使用されている。"把"構文である以上、「話者の

心理的働き」が向けられる対象は当然"把"の後ろの名詞句である。そこでその名詞句は［確定的］なものでなければならない。なぜなら［不確定的］なものに対して、話者が心理的に働きかけることは不可能だからである。(3)の文中の"钱"は話者の心理的働きの向けられた対象であるため、［確定的］な、この場合「目標額」の意を表す。それに対し、(2)の"钱"は［不確定的］であり、従って漠然と「貯金する」という意味を表すのである。これら二文の論理式はそれぞれ次の通りである。

(2)' 攒'(他, 钱) & 有'{攒'(他, 钱), 起} & 有'［有'{攒'(他, 钱), 起}, 来］
　　　タメル ～ガ ～ヲ スル ～ガ ［開始］ヲ モツ 　　～ガ 　　　　　［方向］ヲ

(3)' 把'［他, 钱, 攒'(他, 钱) & 有'{攒'(他, 钱), 起来}］
　　　モタラス ～ガ ～ニ 　　　　タメル ～ガ ～ヲ スル 　～ガ 　［開始］ヲ
　　　　　　　　　　　　　　　　　　　　　　　　　　　　　　　　　　　～コトヲ

"了"は上述の論理式、つまり命題を「参照時間点」より前に配置する時態表示の役割をするが、論点がそれるのでここでは省略した。

　次に沈家煊2002を論じる。沈家煊2002は「客観的処置（事実）」と「主観的処置（話し手の主観）」を基準にして、"把"構文に関係する文を四類に分けて論じている。

　第一のA類は「客観的に甲が乙を処置し、話し手はただ客観的にその処置をレポートする場合」で次のような例である。

(1)　他喝了一碗酒。（彼はお酒を一杯飲んだ。）
(2)　他打了她一顿。（彼は彼女を一度たたいた。）

これらの文の論理式は次のようになる。下記の論理式では"了"は論理式全体を参照時間点より前に配置する。つまり已然時態を表示する。

(1)' 喝'(他, 酒) & 有'(酒, 一碗) & 有'{有'(酒, 一碗), 了}
(2)' 打'(他, 她) & 有'{打'(他, 她), 一顿} & 到'(一顿, 她) & 有'{到'

（一顿，她），了}

　　第二のＢ類は「客観的に甲が乙を処置し、話し手は主観的に甲が乙を処置したと認定した場合」で次のような例がある。

（３）　他把那碗酒喝了。（彼はそのお酒を飲んでしまった。）
（４）　他把她打了一顿。（彼は彼女を一度たたいた。）

上述の二例は"把"構文であるので「話し手」の認定が"把"函数で表示される。（簡略表記に従う）

（３）'　把'{他，那碗酒，喝'(他，那碗酒)＆有'{喝'(他，那碗酒)，了}}
（４）'　把'{他，她，打'(他，她)＆有'{打'(他，她)，一顿}＆有'[有'{打'(他，她)，一顿}，了]}

ここでは"把"函数の第三項"喝'(他，那碗酒)"と"打'(他，她)"に"了"の意味が加算されたものがいわゆる「事実」を表し、"把"函数が話し手の認定するいわゆる「事態」を表している。

　　第三のＣ類は「客観的に甲は乙を処置していないが、しかし話し手は主観的に甲は乙を処置したと認定している場合」で、この場合の例は次のようになる。

（５）　他把大门的钥匙丢了。（彼は表門の鍵をなくした。）
（６）　他把这句话想了想。（彼はこの言葉を少し考えた。）
（７）　这可把花姑娘急疯了。（このことで娘さんはすっかり動転してしまった。）

どの文も動詞は「なくす」、「〜について考える」、「動転する」の意からわかるように動詞は［処置性］を有しない。しかし、話し手は［処置性］を認定しているので、それは論理式では"把"函数で表される。（簡略表記を用い

(5)' 把'［他，大门的钥匙，丢'(他，大门的钥匙)＆有'｛丢'(他，大门的钥匙)，了｝］
(6)' 把'｛他，这句话，想'(他，这句话)＆有'｛想'(他，这句话)，一想｝＆有'［有'｛想'(他，这句话)，一想｝，了］
(7)' 把'［这，花姑娘，急疯'(花姑娘)＆有'｛急疯'(花姑娘)，了｝］

　第四のD類は「客観的に甲は乙を処置しておらず、話し手も主観的に甲が乙を処置したと認定していない場合」で、次の例がある。

(8)　他丢了大门的钥匙。（彼は表門の鍵をなくした。）
(9)　他又想了想这句话。（彼はまたこのことばを少し考えた。）
(10)　这可急疯了花姑娘。（このことがすっかり娘さんを動転させた。）

これらの文の論理式は次のようになる。（簡略表記を用いる。）

(8)' 丢'(他，大门的钥匙)＆有'｛丢'(他，大门的钥匙)，了｝
(9)' 想'(他，这句话)＆有'｛想'(他，这句话)，一想｝＆有'［有'｛想'(他，这句话)，一想｝，了］
(10)' 急疯'(这，花姑娘)＆有'｛急疯'(这，花姑娘)，了｝

　薛凤生1987も沈家煊2002も"把"構文を「話し手の主観」を表すものとしてとらえていた。ここで採用した方法では"把"構文は「話し手の主観」ではなく、二個の個体とそれらによって構成された命題（つまり「事態」）との間の「関係（広い意味での『授与』）」としてとらえられる。"把"を「～が　～に　～を　もたらす」という意味構造、すなわち三項をとる授与函数と解した。
　ここで「話し手の主観」と「授与函数」について考えてみよう。もう一度薛凤生1987の"她把你偷看了一眼。"について考えると、"她偷看了你一

眼。"においては"她偸看了一眼。"は"你"を動作の対象(対象格〜ヲ)として捕らえているが、"她把你偸看了一眼。"では"你"は動作の対象ではなく、動作の向けられる対象(与格〜ニ)として捕らえられている。動作の向けられる対象(二重目的語の与格部分)は動作そのものの直接の影響を受けることはないが、「授与関係」に間接的に関わることができ、この間接的関係を重視して話し手と関わらせると「話し手の主観をあらわすもの」となり、それを主観ととらえず間接的関係をそのまま述べたものが「授与函数」である。ここでは「主観」という誤解を招きやすい用語をさけ、「授与函数」を用いた。

第10章 「把構文」と「被構文」に用いられる「給」の派生授与義

　第10章は長いのでまず最初に目次で内容を表示して概略を確認してから詳細を論じる。「把構文」と「被構文」に用いられる「給」については朱徳熙1982でもChao1968においても論じられておらず、これまで多数の用例をあげて説得的に説明を施した論考は現れていなかった。ここで取り上げた王彦杰1999の論文はそのような状況に終止符を打ってくれたものと言えよう。しかし、王彦杰1999の論文はこの"給"について意味を詳細に記述しているものの、それを語用論的なものであるとして解説している。ここでは王彦杰1999の論文の用例を統語論的、意味論的な立場から再解釈し、三項函数の論理式で表示することによって"給"の表す意味を客観的・論理的に表示した。最初に目次を提示しよう。

10.0.1　本章のはじめに
10.0.2　朱徳熙1982の考える「与事」とは何か
10.0.3　朱徳熙1982の「与事」の例の述語論理による表記
10.0.4　朱徳熙1982の二重目的語文の間接目的語
10.0.5　朱徳熙1980における「給」の説明
10.1　現代中国語の文の述語論理による表記
10.2　ヴォイス(使役、処置、受身)の述語論理
10.3　把構文における「給」の派生授与義
　10.3.1　"把……給"文型の"給"の表す派生授与義
　　10.3.1.1　"把……給"文型の"給"が［積極性］を表すもの
　　10.3.1.2　"把……給"文型の"給"が［不満／恨み／怒り］を表すもの
　　10.3.1.3　"把……給"文型の"給"が［意外性］を表すもの

10.3.1.4 "把……给"文型の"给"が［損害性］を表すもの
10.4 被構文における「给」の派生授与義
　10.4.1 "被……给"文型の"给"が「動作・行為の積極性」と「対象物の被害性の増大」を表すもの
　10.4.2 "被……给"文型の"给"が「動作・行為の積極性」と「対象物の属性に対する働きかけ(影響)の増大」を表すもの
10.5 「被」「把」「给」の共起する構文の論理式
10.6 "给"を挿入できない「把構文」
10.7 本章の結び

10.0.1 本章のはじめに

　"他把我眉毛刮下来了。(彼は私の眉毛をそりおとした。)"の文は「给」を加えて"他把我眉毛给刮下来了。(彼は私の眉毛をそりおとしてくれた。)"とすることができ、また"杯子被他打破了。(コップは彼に割られた。)"も「给」を入れて"杯子被他给打破了。(コップは彼が割ってやった。)"とすることができる。前者の例では「给」は「処置」の意味を強める(王彦杰1999: 345)と記述され、また後者では「与事を導入する前置詞(朱徳熙1982: 179)」と説明されている。このことはよく知られた事実ではあるが、これらの文中で用いられている「给」がどのような意味を表し、またどのような統語的役割を果たしているのかを総合的に論じた論考はいまだ現れていない。本書では朱徳熙1982の中でさらりと論述されている「与事」について、その用語の意味するところを考え、それを内包論理の中に導入することにより、「给」と「把」の論理関係、「给」と「被」の論理関係、さらには「被」と「把」と「给」の重層的な論理関係を考え、それをもとにヴォイス構造がどのような論理モデルによって、解明されるかを論じる。

10.0.2 朱徳熙1982の考える「与事」とは何か

　朱徳熙1982によれば「"给"の役割は「与事」を導入することである(p.180)」と述べ、"我给他把电视机修好了。"の例では「他」は真の「与事」である(p.181)と記述している。これを今詳しい説明を省いて、述語論理で

表記すると(述語にはプライムを付す)

$$給'[\underset{ヤッタ}{}\ \underset{〜ガ}{我},\ \underset{〜ニ}{他},\ \underset{}{把}\{\ \underset{モタラス}{}\ \underset{〜ガ}{我},\ \underset{〜ニ}{电视机},\ \underset{〜コトヲ}{修好'(\underset{〜ガ}{我},\ \underset{〜ヲ}{电视机})}\}]$$

函数(以下、論理式に使用される述語を函数と記す)"給"の第二項に"他"があることがわかる。ここで重要なことは函数"把"の項に"他"がないことである。一方"我给电视机修好了。"の文に対しては「"电视机"は本来は「受事」であるが、前に"給"をつけると、それを「与事」とみなす。(p.181)」と説明している。そこでこの文も述語論理で表記すると(論理式は簡略表記に従う、以下同様)

$$給'\{\underset{ヤッタ}{}\ \underset{〜ガ}{我},\ \underset{〜ニ}{电视机},\ \underset{〜コトヲ}{修好了'(\underset{〜ガ}{我},\ \underset{〜ヲ}{电视机})}\}$$

となる。ここでは函数"修好了"の第二項に"电视机"があることが重要である。これは朱德熙 1982 が「本来は「受事」である」と記述していることを表す。一方、"电视机"は函数"給"の第二項にも現れている。これが朱德熙 1982 が「前に"給"をつけると、それを「与事」とみなす。」と述べていることの述語論理による表記である。つまり、函数"給"の第二項がそこだけに現れる場合は「真の与事」であり、それが、函数"給"の第三項の函数の値を構成する項にも現れる場合は「与事とみなす」というのである。従って朱德熙 1982 のいう「与事」とは三項を有する函数の第二項に現れるものである。

10.0.3 朱德熙 1982 の「与事」の例の述語論理による表記

朱德熙 1982 は「"給"のもう一つの用法は「受益」(奉仕)あるいは「被害」(迷惑)の意味の「与事」を導入することである。(p.180)」と述べて、次

のような例を挙げている。その例とそれの述語論理による表記を次に記す。
（論点についてのみの論理式を示す）

（1）　他专门给人家修理电视。（人家：受益者）

（1）'　给'｛他，人家，　修理'(他，　电视)｝
　　　　　　　　　　　　ナオス　～ガ　　～ヲ
　　～シテヤル　～ガ　～ニ　　　　　～コトヲ
　　　　【奉仕】

（2）　他常常给我开药方。（我：受益者））

（2）'　给'｛他，我，开'（他，药方)｝
　　　　　　　　　　　　書ク　　～ガ　　　～ヲ
　　～シテクレル　～ガ　～ニ　　　　～コトヲ
　　　　【奉仕】

（3）　电影票他给你弄丢了。（你：被害者）

（3）'　给'｛他，你，弄丢了'(他，电影票)｝
　　　　　　　　　　　　ナクス　　～ガ　　～ヲ
　　～シテヤル　～ガ　　～ニ　　　　　　～コトヲ
　　　　【迷惑】

（4）　他给我算错了。（我：被害者）

（4）'　给'｛他，我，算错了'(他)｝
　　　　　　　　　　　　マチガウ　～ガ
　　～シテクレル　～ガ　～ニ　　　～コトヲ
　　　　【迷惑】

いずれの例の場合も朱德熙1982の言う「与事」を表す成分は述語論理表記の函数"给"の第二項に現れている。従って朱德熙1982の述べる「与事」は意味上の概念だけではなく、統語上の概念でもあると解される。言い換えると前置詞"给"という主辞(Head)が下位範疇化する項の第二の位置に現れる成分となる。

10.0.4　朱徳熙 1982 の二重目的語文の間接目的語

　朱徳熙 1982 では主語になる成分は意味上、様々なものが現れることを述べ、そこで動作主と「動作の受け手」をあげた後、動作主と「動作の受け手」以外のものとして「与事」をあげている (p.95)。その「与事」が引用符" "で囲まれているのは他の例と異なり、"这个学生"という「与事」成分は主語として前方に移動された後に代詞の「他」を残さねばならないということを述べたいのであろうと推測されるが、そのことについての朱徳熙 1982 の言及はない。朱徳熙 1982 のあげる例は次のものである。

（１）　这个学生 我教过 他 数学。(这个学生：与事)　　　（朱徳熙 1982: 96）
（２）　小王 我也给 他 写了一封信。(小王：与事主语)　　（朱徳熙 1982: 96）

(1)の例から"教过 他 数学"の"他"が「与事」であることがわかる。一方、(2)の"给 他 写了一封信"から"他"が「与事」であることがわかる。従って朱徳熙 1982 の考える"与事"とは二重目的語文の二つの目的語の前のもの、つまり「間接目的語」から、より広くは「受益者」や「被害者」の意を有する前置詞句の成分まで含んでいることがわかる。

10.0.5　朱徳熙 1980 における「給」の説明

　朱徳熙 1980 では「意味上、動詞"给 d"を持つ文は「授与」を表し、前置詞"给 p"を持つ文は「奉仕」を表す。(p.158)」と述べ、さらに具体例をあげる。具体例は二種類あり、その A 類は次のものである。

（１）　大夫 给 病人打针。(医師が患者に注射してあげる。)
（２）　你 给 孩子们讲个故事。(君が子供たちにお話をしてあげなさい。)
（３）　我 给 你铰头发。(私が君に散髪をしてあげる。)

これらの例に対して、朱徳熙 1980 は「A 類の文中の"给"が前置詞であることは明らかである。(p.158)」と述べ、さらに次の B 類をあげる。

（4）　我 给 妹妹买了一辆车。（私が妹に自転車を買ってあげた。）
（5）　你 给 客人沏杯茶。（君がお客にお茶をいれてあげなさい。）
（6）　我 给 你打件毛衣。（私が君にセーターを編んであげる。）

これらB類に対して朱德熙1980は「B類の文中の"给"が前置詞であるか、動詞であるかは判断が難しい。なぜならこの類の文では「授与」の意味がいつでも「奉仕」の意味を伴っているからである。その中のM（便宜的に間接目的語と称している）は「動作の受け手」でもあり、また「奉仕」の対象でもあるからだ。(p.158)」と説明している。後述の議論とも関連するので、ここで(1)と(4)の文を述語論理で表記し、その意味の違いを明示しておこう。

　　　　　　　　　　　　注射スル　〜ガ
（1）'　给'｛大夫，病人，打针（大夫）｝｝
　　　〜シテヤル　〜ガ　　〜ニ　　　　〜コトヲ

　　　　　　　　　　　買ッタ　〜ガ　　　〜ヲ　カツイタル　　〜ガ　〜ニ
（4）'　给'｛ 我， 妹妹， 买了(我，一辆车) & 到'(一辆车，妹妹)｝
　　　〜シテヤル　〜ガ　〜ニ　　　　　　　　　　　〜コトヲ

(1)'の式では【着点】を表す成分が存在しないのに対し、(4)'では「到'(一辆车，妹妹))」の"妹妹"が【着点】を表す。つまり&(連言)以下の函数の値が「授与」の意味を表現しているのである。

10.1　現代中国語の文の述語論理による表記

　現代中国語の動詞文をその中の動詞が下位範疇化する項の数によって分類してみよう。一項述語文、二項述語文、及び三項述語文の三種類がある。まず一項述語文とは

（1）　他笑，我哭。（彼が笑い、私が泣く。）

のように、述語が「他」、「我」のごとくただ一つの項をとるものである。これを述語論理表記すると次のようになり、函数「笑'」「哭'」が項として定数「他」と「我」をとる。

（1）' 笑'(他)＆哭'(我)

第二は二項述語文である。

（2） 妈妈讲故事。(お母さんがお話をする。)

この文の述語論理表記は

（2）' 讲'(妈妈，故事)

となって、これは"妈妈"と"故事"という個体の間に"讲"という「関係」が成立することをあらわす。
　第三は三項述語文である。代表的なものを二つあげよう。その一つは「授与」をあらわす。例えば

（3） 他还小李十块钱。(彼は李君に十元返す。)

これは述語論理で表記すると

（3）' 还'(他，小李，十块钱)

となって、これは"他"、"小李"、"十块钱"という個体の間に"还"(返還する)という関係が存在することを表す。もう一つの代表は「取得」を表すものである。次の例を見られたい。

（4）' 我买了他一所房子。(私は彼から家を買った)

これも"我"、"他"、"一所房子"という個体の間に"买"（購入する）という「関係」が存在するので次のように表記する。

(4)'　买'(我, 他, 一所房子)（「了」は煩雑になるのでここでは説明しない。）

述語論理の表記は「函数」とその後の（　）の中の項によって表記されるだけで、その項の意味については考慮する必要はないのだが、自然言語の立場から言い換えておこう。

　まず「一項述語文」は「函数」が自動詞の動作・行為で、項は動作主である。次に「二項述語文」では「函数」は他動詞の動作・行為で、第一項は動作主、第二項は対象物である。さらに「三項述語文」の「授与」を表すものは「函数」が授与動詞の動作・行為で、第一項は「動作主」、第二項は「対象物の着点」、第三項が「対象物」である。また「取得」を表すものは「函数」が取得動詞の動作・行為で、第一項は「動作主」、第二項は「対象物の起点」、第三項が「対象物」である。

　本書では三項述語文が重要な役割を果たす。述語論理表記は一見、単純に思えるが、実際は複雑な約束がある。函数の位置に生起する動詞は一項動詞を例とすると「その動詞によって表される動作・行為をしている個体の集合」と解釈され、その結果直後にくる「項で表される個体」と同質のものとして、いわば「計算」の基礎を作っているのである。自明のことであるが「動作・行為」そのものでは「個体」と質が異なるが、「個体の集合」と「個体」は「個体」という点で同質だからである。

　従って先の(4)の例で言えば、"买"という動作をしている「個体の順序付き三つ組み」の集合の中に〈我, 他, 一所房子〉という「個体の順序付き三つ組み」が存在している場合にのみ(4)の文は成立するのである。後述するように第三項は定数ではなく、函数の値が代入されることもあるので、単純な原則による複雑な論理式を記述する技法が必要である。

10.2　ヴォイス（使役、処置、受身）の内包論理

　ヴォイスについては様々な考えがあるが、ここでは広くヴォイスをとらえ

る考えに従い、「使役」、「処置」、「受身」を総称する用語とする。次に「使役」、「処置」、「受身」の意味を表す構文について簡単に説明しておこう。まず「使役」について述べる。次の文は

（１）　我 让 他走。（私が彼に出かけさせる。）

「私が彼にさせる」と「彼が出かける」と「私が彼が出かけることをさせる」という三つの命題内容を含んでおり、この文の意味表示にはこの三つの命題内容を表現しなければならない。この文の述語論理表記は次のようになる。(（　）のみでは読みにくいので｛　｝、［　］、【　】を内側から順に使用した。)

（１）' 让'｛我，他，走'(他)｝

この表記の中で"让'｛我、他"は「私が彼にさせる」を表し、"走'(他)"は「彼が出かける」を表し、"让'｛我，…，走'(他)｝"は「私が彼が出かけることをさせる」を表している。ここで特徴的なことは"让"という函数の第三項に"走"という函数の値「走'(他)」が入っていることである。つまり「使役」構文の第三項には埋め込まれた文の述語論理表記が来るということである。次の例も同様である。

（２）　我 叫 他 吃饭。（私が彼にご飯を食べさせる。）

この文は「私が彼にさせる」と「彼がご飯を食べる」と「私が彼がご飯を食べることをさせる」という三つの命題内容を含んでいるので、それを考慮して述語論理表記すると次のようになる。

（２）' 叫'｛我，他，吃'(他，饭)｝

ここでも"叫"という函数の第三項に"吃"という函数の値が入っている

ことに注目されたい。ここで「項」の概念について説明しておこう。「項」は広く「項構造」として論じられるのでここでも「項構造」について論じる。「「項構造」は主に第一階述語論理（first-order predicate calculus）で用いられる基本的データ表現「項」によって表現されるデータ構造のことである。「項」は次のように定義される。

　「項(term)」とは、次のいずれかの形を取るデータ構造である。
　(1)定数、数、変数はいずれも項である。これらを単項とよぶ。
　(2)fを n 引数の函数名とし、t1、t2、…、tn が項であるならば、f(t1, t2, …, tn)も項である。特にこのような項を複合項と呼ぶ。(『言語の数理』: 66)」のように定義されている。この説明は「単一化文法」のデータ構造を論じた部分の記述であるが、(1)の数と変数がここでは必要ないがそれを除けばそのままここの述語論理表記に適用される。

　第二に「処置」を表す構文を論じる。「処置」という術語は必ずしも具体的な処置でない事態を表すこともあるので用語としては適切ではないが、ここでは「…をもたらす」という意味で広く「授与」の意味を表すものの総称として用いる。次の例(1)は

（１） 他 把 電脳 修好了。(彼はコンピュータを修理した。)

「彼はコンピュータにもたらした」と「彼がコンピュータを修理した」と「彼は彼がコンピュータを修理したことをもたらした」の三つの命題内容を含んでいる。これを考慮して述語論理表記すると次のようになる。(論理式は簡略表記に従う)

（１）' 把'｛他，電脳，修好了'(他，電脳)｝

ここでは"把'｛他，電脳"が「彼はコンピュータにもたらした」を、"修好了'(他，電脳)"が「彼がコンピュータを修理した」を、"把'｛他，…，修好了'(他，電脳)｝"が「彼は彼がコンピュータを修理したことをもたらした」を表している。ここでも"把"という函数の第三項に"修好了'(他，電

脳)"という函数の値が入っている。

　第三は「受身」構文である。「受身」という術語はここでは「…をこうむる」という意味であるが、それを「被害を取得する」と捕らえ、広く「取得」の意味をあらわすものの総称として用いる。次の例を見られたい。

（１）　我 被 他们压在地上。（私は彼らに地面に押さえつけられた。）

（李临定 1986: 210）

この文は「私が彼らから被った」と「彼らが私をおさえつけた」と「私が地面につく」と「私は彼らが私を地面に押さえつけることを被った」という四つの命題内容を含んでいる。従ってこの文の述語論理表記は次のようになる。

（１）'　被'｛我，他们，压'(他们，我)＆在'(我，地上)｝

ここで"被'｛我，他们"が「私が彼らから被った」を、"压'(他们，我)"が「彼らが私をおさえつけた」を、"在'(我，地上)"が「私が地面につく」を、"被'｛我，他们，压'(他们，我)＆在'(我，地上)｝"が「私は彼らから彼らが私を地面に押さえつけることを被った」を表している。ここでは"被"という函数の第三項に"压'(他们，我)"という函数の値と"在'(我，地上)"という函数の値の連言が入っている。この第三項は「彼らが私をおさえる」ことと「私が地面についている」ことが同時に成立していることを意味している。

　ここでわかることは「使役構文」は"让"や"叫"が函数を表し、「処置構文」は"把"が函数となり、また「受身構文」は"被"が函数として機能していることである。さらに、いずれの構文もその函数の第三項に函数の値が入っていることである。つまり、これらの構文は述語論理による表記において、その項の中に複合項を有するということである。

10.3　把構文における「给」の派生授与義

　ここでいう「把構文における「给」」とは"火把姑娘的脸给烧伤了。（火で娘の顔がやけどしてしまった）"という文における「给」をさす。この「给」については従来からの共通の認識として、「①あってもなくても良い。②"给"の後にはいかなる成分も入らない。③"给"の役割は処置の意味を強めることである。（王彦杰 1999: 345）」と記述されている。

　王彦杰 1999 はその表題「"把……给"文型中の助詞"给"の使用条件とその役割」からわかるように、把構文における「给」について詳細に述べた論考である。その豊富な用例と周到な論の展開は把構文における「给」について多くの事実を明らかにした。王彦杰 1999 の論考のすべてをここで吟味するわけにはいかないが、その用例をもとに「给」がある場合とない場合の全文の意味の違いを述語論理表記を用いて、明らかにしていこう。

　沈阳 1997 によれば「把構文の意味は動作、行為による処置、支配、影響によって、人や事物（NPb）に対してある種の結果あるいは状態をもたらすことである。」であり、さらにそれを次の二つの部分に分けている。「意味 1 = NPb はある種の処置或いは支配を受ける；意味 2 = NPb はそこで述べられる結果或いは状態を具有する」と述べる。王彦杰 1999 はこれを受けて、「"把……给"文型の意味の重点は先の意味 2、つまり結果の意味を表すことにある。この結果の意味を表すのは文中の V（正確には VP）である。」（王彦杰 1999: 346）と述べる。

　具体例を挙げよう。次の例は把構文である。

（1）　火　把　姑娘的脸　烧伤了。

この文は「火が娘の顔にもたらした」と「火が娘の顔をやけどさせた」と「火が火が娘の顔をやけどさせることをもたらした」という三つの命題内容を含んでいる。このことを考慮して述語論理で表すと次のようになる。（論理式は簡略表記に従う）

（1）'　把'｛火，姑娘的脸，烧伤了'（火，姑娘的脸）｝

ここでは"把'{火，姑娘的脸"が「火が娘の顔にもたらした」を、"烧伤了'（火，姑娘的脸)"が「火が娘の顔をやけどさせた」を、"把'{火，姑娘的脸，烧伤了'(火，姑娘的脸)}"「火が娘の顔に火が娘の顔をやけどさせることをもたらした」を表している。(1)の文は次の原文から「给」を取り除いたものであった。

（２）　结果，塌下房柁上边的火，把 姑娘的脸 给 烧伤了。
　　　　（結局、梁から崩れ落ちた火が娘の顔を火傷させてやってしまった。）

王彦杰1999によれば(2)の意味の重点は「娘の顔がけがをした」ことにあるのであり、別に「焼いた」わけではないという（王彦杰1999: 347）。王彦杰1999はさらに次の例を挙げる。

（３）　金秀偷眼看看药方子，心里一阵哆嗦，原来老爸爸居然把最主要的一味"北芪"给写丢了。
　　　　（金秀はそっと処方箋を見て、どきっとした。なんと老いた父は一番大事な「キバナオウギ（漢方薬）」を抜かしてやってたんだ。）

これも王彦杰1999によれば「書く」という動作は実行されてはいないのである。
　王彦杰1999は「"把……给"文型の意味の重点はある種の結果を表すことにある（王彦杰1999: 346–348）」と述べているが、これは把構文そのものの特徴であって、必ずしも"给"によってもたらされる意味とは言えない。"给"が加わることによって表される意味はむしろ後述される「自主性」や「情緒化」や「意外性」と関わるものであると思われる。それについては後に論じるが、ここでは「自主性」や「情緒化」といった意味がなぜ生じるかということを考えておきたい。日本語で「娘の顔を火傷させる」と「娘の顔を火傷させてやる」の二つの文の意味の違いを考えてみると、前者が客観的な叙述であるのに対し、後者は「見せしめ」の意味が加わる。それは「…やる」という単語によって生じている。「やる」という動詞は本来の意味は

「与える」ということであり、論理的にはその対象に「娘の顔を火傷させる」のような命題表現をとることはない。にもかかわらず「…やる」を加えた文が成立しているのは「与える」という動詞の本来の意味から派生したと考えられる「脅迫」に類する派生的意味をもたせているからであろう。

"把……给"文型における「给」の表す意味も「派生的意味」を表すものと考えられるが、それも前述の日本語の「…やる」の例と同様に、本来の動詞の「给」の表す意味から産み出されたものと考えられる。王彦杰1999が「"给"の役割は把構文の結果の意味を強め、把構文の付加的意味を際だたせることにある(王彦杰1999: 352)。」と述べていることも派生的意味を表すというここでの考えを支持するものである。

"把……给"文型における"给"が派生的な意味を表示するといっても、基本的な意味構造は「给」の本来の「…が…に…を与える」という意味を離れることはないと考えられる。つまり"给"は三個の項を有する函数であると考えるのである。この立場から先の(2)と(3)の文を議論の中心をなす成分をぬきだして、述語論理で表記すると次のようになる。

(2)' 把'[火, 姑娘的脸, 给'{火, 姑娘的脸, 烧伤了'(火, 姑娘的脸)}]
(3)' 把'[老爸爸, 北芪, 给'{老爸爸, 北芪, 写丢了'(老爸爸, 北芪)}]

(2)'と(3)'では「把'」という函数の第三項、つまり"给'{火, 姑娘的脸, 烧伤了'(火, 姑娘的脸)}"と"给'{老爸爸, 北芪, 写丢了'(老爸爸, 北芪)}"が王彦杰1999のいう把構文の付加的意味を際だたせている部分である。朱德熙1982が「"给"は与事を導入する前置詞(p.179)」と述べているが、函数"给"の第二項"姑娘的脸"、"北芪"がまさにその「与事」にあたるものである。ここで重要なことは(2)'においては"把"という函数の第二項である"姑娘的脸"は"把"(…をもたらす)の「与事」であり、"给"という函数の第二項である"姑娘的脸"は"给"(…やる)の「与事」であることである。"把"(…をもたらす)も"给"(…やる)も広い意味で「授与」を表す述語であるが、二つの述語が共存しているのは後者"给"が前者"把"の第三項に函数の値の一部として代入されているからである。また

"把"が客観的な「授与」を、"給"が派生的な「授与」を表す一種の分業によって文が成立しているものと解釈される。次に"給"の表す派生授与義を詳しく検討する。

10.3.1 "把……給"文型の"給"の表す派生授与義

ここでは"給"の表す意味を王彦杰 1999 をヒントに［自主性］、［情緒性］、［意外性］、［被害性］等にわけて考えるが、その前になぜこのような意味を表示するために"給"が必要であるのかについて、その理由を述べておこう。

［自主性］、［情緒性］、［意外性］、［被害性］等の意味特徴は「心理活動」を表す。「心理活動」はそれぞれ［積極性］、［不満／恨み／怒り］、［意外性／非常識］、［迷惑］等の形で現れるが、その抽象的活動は「起点」が主語（または前文）で「着点」が"把"の後の名詞句になる。ここで重要なことは「心理活動」には必ずそれによって生じた感情の行く先、つまり［着点］が存在しなければならないということである。

しかしながら、把構文の主語や"把"の後の名詞句は把構文という、一種の広い意味での「授与」を表す客観的な文成分であって、"把"の後の名詞句は「授与されるものの着点」であり、先に述べた「心理活動の産み出す感情の着点」ではない。［自主性］、［情緒性］、［意外性］、［被害性］等の派生授与義はもちろん把構文の主語と"把"の後の名詞句によって産み出されることは間違いないのだが、このことは別の場所に置いて記述する必要がある。それを記述するのは"把"という函数の第三項においてである。ところがこの第三項は通常は一項または二項の函数の値、つまり f(a) または f(a, b) である。これは通常は「a が f する」あるいは「a が b を f する」という関係であって、ここに着点を表示することはできない。ならばどうするか。方法はただ一つ、f(a, b, c) という函数を表すことの出来る述語を用いるしかない。この函数によって「a が b に c を f する」という値を取り出し、そこに b という着点を導き出すことができる。その述語に適合するのはいわゆる「授与動詞」であるが、その代表が"給"である。つまり、"給"は"把"函数の第三項に心理的感情の着点を表示するために用いられてい

るのである。"你给我死去！（死んでしまえ！）"や"你给我滚！（出て行け！）"における"给"が［叱責］の気持ちを含む命令文に用いられる（朱德熙 1982: 180）事実も"把……给"構文における"给"の派生授与義の存在をささえるものである。

10.3.1.1 "把……给"文型の"给"が［積極性］を表すもの

次の文の"给"は動作主の「第一夫人」の積極的な感情を表している。その感情は「第一夫人が意識的に追い出すという行為を通して翠お嬢さんに向けた［積極性］である。

（１）　大太太趁机就把翠姑娘 给 轰出去了。（王彦杰 1999: 349 の引用例）
　　　（第一夫人はチャンスとばかりに翠お嬢さんを追い出してやった。）

この文の意味を必要な成分のみを取り出して述語論理表記すると

（１）'　把'［大太太，翠姑娘，给'｛大太太，翠姑娘，轰出去了'（大太太，翠姑娘）｝］

ここでは"把'［大太太，翠姑娘］"が「第一夫人が翠お嬢さんにもたらした」の意を、"给'｛大太太，翠姑娘｝"が「第一夫人の翠お嬢さんにたいする「〜してやる」という積極性」の意味を、"轰出去了（大太太，翠姑娘）"が実際の行為を表している。そこで全体では「第一夫人が翠お嬢さんに対し、「積極性」と「実際の行為」を与えることをもたらした。」という意味を表すことになる。次の例も同様である。

（２）　不消半天工夫，我们就 把 五亩麦子 给 割完了。
　　　　　　　　　　　　　　　　　　　　（王彦杰 1999: 350 の引用例）
　　　（半日もたたないうちに、私たちは五ムーの麦を刈り終えてやった）

この文についても必要な成分を取り出して述語論理表記してみる。

（２）' 把'［我们，五亩麦子，给'{我们，五亩麦子，割完了'（我们，五亩麦子）}］

"给"の表すのは「五ムーの麦を短い時間で刈り終える」ことに対する「〜してやる」という私たちの「積極性」であり、それは"给'{我们、五亩麦子"の部分で表記されている。

10.3.1.2 "把……给"文型の"给"が［不満／憤懣／怒り］を表すもの

　次の文は動作主"小伙子"の動作の受け手"上面印着的"××矿"这几个字"に対する［不満］の感情を"给"が表している。

（１）　一来二去，有的小伙子开始恨身上这件工作服了，变着法儿也得把上面印着的"××矿"这几个字 给 抹了。　（王彦杰 1999: 350 の引用例）
（だんだんと若者の中には身につけている作業着がいやになって、何とかして上にプリントされた"××"鉱山の字を消してやろうという者が出始めた。）

この文についても必要な部分を取り出して、述語論理で表記すると

（１）' 把'［有的小伙子，上面印着的"××矿"这几个字，给'{有的小伙子，上面印着的"××矿"这几个字，抹了'（有的小伙子，上面印着的"××矿"这几个字）}］

ここでは"把'［有的小伙子，上面印着的"××矿"这几个字"が「若者が上にプリントされた"××"鉱山の字にもたらす」の意を、"给'{有的小伙子，上面印着的"××矿"这几个字"が「若者が字を消す」という行為にこめた「〜してやる」という［不満］の気持ちを表し、"抹了'（有的小伙子，上面印着的"××矿"这几个字）"が「若者が字を消してしまう」という実際の行為を表している。そして全体では「若者が上にプリントされた"××"鉱山といういくつかの文字に対して、その不満の原因となるいくつかの

文字に消すという行為をしてやることをもたらした」という日本語になおすとまわりくどい意味を表す。
　次の例は"给"が［憤懣］の感情を表す文である。

（2）　路德暴跳如雷，在要进更衣室进行中场指导时，他对我说："我非得把他给撤下来不可。"　　　　　　　　（王彦杰 1999: 350 の引用例）
　　　（路徳は激しく怒って、更衣室でハーフタイム指導をしようとする時、私に「わしはあいつを引っ込めてやらないと気が済まない」と言った。）

この文を必要な部分を取り出して、述語論理表記すると次のようになる。

（2）'　把'［我，他，给'｛我，他，撤下来'（我，他）｝］

"把'［我，他］"が「わしがあいつにもたらした」の意を、"给'｛我，他，撤下来'（我，他）｝"が「わしがあいつ【に】わしがあいつを引っ込めること【を】してやる」の意を、表し、全体で「わし【が】あいつ【に】対し、わしがあいつを引っ込めてやること【を】もたらした」という意味を表す。ここでは"给"が「わしの彼に対する［憤懣］の感情」を表す。次は"给"が［怒り］の感情を表す例である。

（3）　迪卡普里尼非但不接受这个名字，一怒之下，还把经纪人给辞退了，其独立不羁的性格可见一斑。　　　（王彦杰 1999: 350 の引用例）
　　　（デカプリニはこの名を受け入れないだけでなく、腹を立てると、さらに仲買人をも辞めてやった。彼の頑固な性格の一斑がわかった。）

この文も必要な部分を取り出して、述語論理表記してみよう。

（3）'　把'［迪卡普里尼，经纪人，给'｛迪卡普里尼，经纪人，辞退了'（迪卡普里尼，经纪人）｝］

ここでは"把［迪卡普里尼，经纪人］"が「デカプリニが仲買人という職にもたらした」の意を、"给'｛迪卡普里尼，经纪人，辞退了'(迪卡普里尼，经纪人)｝"が「デカプリニが仲買人という職【に】対し、デカプリニが仲買人を辞めてしまうこと【を】してやる」の意を、"辞退了'(迪卡普里尼，经纪人)"が「デカプリニが仲買人を辞めてしまう」の意を、そして全文では「デカプリニが仲買人の職【に】対して、デカプリニが仲買人という職に、デカプリニが仲買人を辞めてしまうことをやること【を】、もたらした。」の意味を表すことになる。"给"はデカプリニの［怒り］の感情が仲買人という職にまで及んだことを表している。

　上記三例に共通している特徴は、(1)では"恨"という動詞が、(2)では"暴跳如雷"という動詞句が、(3)では"怒"という動詞が先に出現して、談話論の視点から"给"に込められる［不満］、［憤懣］、［怒り］の感情を予告していることである。

10.3.1.3 "把……给"文型の"给"が［意外性］を表すもの

　ここでも王彦杰1999の用例について、それを述語論理表記することによって、"给"によって表現される感情を取り出してみよう。次の文は「金枝」の「このこと」に対する反応が「予想外」であったという［意外性］を含んでいる。

（１）　谁承想，金枝这事一来，就把这事 给 岔开了。

（王彦杰 1999: 350 の引用例）

　　　（予想外にも、金枝はこのことが起こると、それをうやむやにしてしまってやった。）

この文の必要な部分を取り出して述語論理表記しよう。

（１）'　把'［金枝，这事，给'｛金枝，这事，岔开了'(金枝，这事)｝］

"把'［金枝，这事］"が「金枝がこのことにもたらした」の意を、"给'｛金枝，

这事，岔开了'(金枝，这事)}"が「金枝がこのこと【に】金枝がこのことをうやむやにすること【を】してやる」の意を表し、全体で「金枝がこのこと【に】対し、金枝がこのことをうやむやにしてやること【を】もたらした」という意味を表す。ここでは"给"が「金枝のこのことに対する対応が誰もが予想もしなかった［意外性］の感情を持つことを表す。次も"给"が［意外性］の感情を表す例である。

（２）　有一本……《雷雨》，写什么打雷雨下雨天儿，一家子搞破鞋，当哥哥的还把亲妹妹 给 糟蹋了。这叫什么事儿？

（王彦杰 1999: 350 の引用例）

（『雷雨』という小説は、雷雨の日に、家で遊び狂って、おまけに兄が実の妹をだいなしにしてやったことなんかを描いている。なんと言うことだ。）

この文も必要な部分を取り出して、述語論理表記してみると

（２）'　把'［当哥哥的，亲妹妹，给'{当哥哥的，亲妹妹，糟蹋了'(当哥哥的，亲妹妹)}］

上のようになる。ここでは"把'［当哥哥的，亲妹妹］"が「兄が実の妹にもたらした」の意を、"给'{当哥哥的，亲妹妹，糟蹋了'(当哥哥的，亲妹妹)}"が「兄が実の妹【に】対し、兄が実の妹をだいなしにしてしまうこと【を】してやる」の意を、"糟蹋了'(当哥哥的，亲妹妹)"が「兄が実の妹をだいなしにしてしまう」の意を、そして全文の"把'［当哥哥的，亲妹妹，给'{当哥哥的，亲妹妹，糟蹋了'(当哥哥的、亲妹妹)}］"が「兄が実の妹【に】対して、兄が実の妹に、兄が実の妹をだいなしにしてしまうことをしてやること【を】、もたらした。」の意味を表すことになる。"给"は「兄が実の妹をだいなしにする」という「反倫理性」を持つ行為に対して「意外性」を話し手が感じていることを表す。

上記二例も談話論の視点から言えば、(1)は"谁承想"（予想外のことに）、

（2）は"搞破鞋"（売春婦と遊ぶ）の部分が後の"岔开了"、"糟蹋了"という行為に対する話し手の感情を予告している。

10.3.1.4　"把……给"文型の"给"が［損害性］を表すもの
　つぎの二文は"给"が「損害」の意味をあらわすものである。

（１）　为了安排你参加夏令营，把三斧 给 顶啦。
（王彦杰 1999: 350 の引用例）
　　　（君がサマーキャンプに参加するために、三斧が代わってやったよ。）

この文を不要な成分を除いて、述語論理表記をすると

（１）'　把'［你，三斧，给'｛你，三斧，顶了'(你，三斧)｝］

となる。ここでは"把'［你，三斧］"が「君が三斧にもたらした」の意を、"给'｛你，三斧，顶了'(你，三斧)｝"が「君が三斧【に】君が三斧にとってかわること【を】してやる」の意を表し、全体で「君が三斧【に】対し、君が三斧に取ってかわってやること【を】もたらした」という意味を表す。ここでは"给"が「三斧にとって君が彼に取ってかわることは三斧の立場からは「迷惑」である」という［損害性］の感情を表す。次も"给"が［損害性］の感情を表す例である。

（２）　您二位这一好心办好事可好，倒把我盼了多少年的好事儿 给 搅啦。
（王彦杰 1999: 350 の引用例）
　　　（お二人のこの善意で善行はまことに結構だが、私が長年願っていた楽しみをだいなしにしてやった。）

この文も必要な部分をとりだして述語論理表記してみよう。

（２）'　把'［二位，我盼了多少年的好事儿，给'｛二位，我盼了多少年的好事

儿，搅了'(二位，我盼了多少年的好事儿)}]

ここでは"把'[二位，我盼了多少年的好事儿]"が「お二人が私が長年願っていた楽しみにもたらした」の意を、"给'{二位，我盼了多少年的好事儿，搅了'(二位，我盼了多少年的好事儿)}"が「お二人が私が長年願っていた楽しみ【に】お二人が私が長年願っていた楽しみをだいなしにすること【を】してやる」の意を表し、全体で「お二人が私が長年願っていた楽しみ【に】対し、お二人が私が長年願っていた楽しみをだいなしにしてやること【を】もたらした」という意味を表す。ここでは"给"が「お二人（正確にはお二人の善意による善行）は「私が長年願っていた楽しみ」にとって私の立場からは「迷惑」である」という［損害性］の感情を表す。

つぎに"给"が生起しえない把構文について考える必要があるが、それはしばらくおいて、先に被構文に"给"が用いられる例を考えてみよう。

10.4　被構文における「给」の派生授与義

「生粋の北京語ではふつう"给"だけで「受身」を表すことはない。"给"が受身文に使われる場合はいつも"被"、"叫"、"让"と組み合わされて"被（叫／让）……给"文型を作る。（李珊 1994: 218）」と述べられていることからもわかるように、一部の作家の作品を除いて、北京語では"给"だけで受身を表すことはなく、"被（叫／让）……给"の形式をとる。

この"被（叫／让）……给"の文型における"给"の役割に対しては研究者によって見解がことなる。その一つは"表赐予"（賜るの意）（黎錦熙，劉世儒《汉语语法教材》）であり、第二は「"加强被动语势"（受動の意味を強める）（王还《把字句和被字句》）」であり、第三は「"与事"を導入する（朱德熙 1982《语法讲义》）」である（李珊 1994: 221–222）。李珊は前記の三者の見解の違いの大きいことを深く研究に値すると述べているが、ここで重要なことは黎錦熙・劉世儒と朱德熙はいわゆる「授与」の意味を持つことを異なる表現で表し、王还は主観的な意味を"给"が担うことを指示している点である。この「授与」と「主観性」が"给"の果たす役割と密接に関わると考えられるが、そのことを李珊 1994 の用例を参考に述語論理表記を通して明ら

かにしていこう。
　次の文において"给"は省略することができる。

（１）　那些钱又教他们 给 吃了。（老舍）　　　　（李临定 1986: 207 引用例）
　　　（その金はまたしても彼らによって使ってやられてしまった。）

日本語訳は"给"の働きを明確にするためにやや不自然な形になった。この文は「その金が彼らから（被害を）受けた」、「彼らがその金に（行為を）してやる」、「彼らがその金を使ってしまう」という三個の命題内容を含んでいる。このことを考慮して、述語論理表記すると次のようになる。

（１）'　教'［那些钱，他们，给'｛他们，那些钱，吃了'(他们，那些钱)｝］

ここでは"教'［那些钱，他们］"が「その金が彼らから（被害を）受けた」の意を、"给'｛他们，那些钱，吃了'(他们，那些钱)｝"が「彼らがその金に（行為を）してやる」の意味を、また"吃了'(他们，那些钱)"が「彼らがその金を使ってしまう」の意を表し、全体で(1)の訳文のような意味になる。"教"という函数は「〜られる」、「被る」、「受ける」等の意味を表すが、「好ましくないことの取得」であるので、広い意味での「取得」を表すと考えることができる。把構文が広い意味で「授与」を表すこととちょうど反対の現象である。従って被構文の基本的構造は「〜ガ〜カラ〜ヲ　被る」という形式をとると考える。李临定 1986 は(1)の文の"给"は省略できる(p.207)と述べているがその場合の意味の違いを述べていない。そこで"给"を除いた文について考えてみよう。それを(2)とする。

（２）　那些钱又教他们吃了。（その金はまたしても彼らに使われた）

この文を必要な部分を取り出して述語論理表記すると次のようになる。

（２）'　教'［那些钱，他们，吃了'(他们，那些钱)｝］

この式は「その金【が】彼ら【から】、彼らがその金を使ってしまったこと【を】被った」という典型的な被構文の意味構造をとる。従って(2)の文は単純な被構文であって、派生授与義は入っていないと考えることができる。これに対して(1)の文は被構文の意味と同時に「動作の積極性」と「対象物の被害性」をより強く表現している。このことから(1)は派生授与義を含んだ被構文と考えることができる。ここで(1)'と(2)'の述語論理表記を使って(1)と(2)の文の違いを考えてみよう。

　(2)'を(1)'と比較すると(1)'は"给｛他们，那些钱，……)｝"の部分が(2)'よりも多い。李珊、李临定のどちらもこの"给"の役割や意味を述べていない。ここでは前述の「派生授与義」を表すと考える。派生授与義は「〜してやる」という日本語からもわかるが「動作主の積極性」を表す。ところが「その金の立場」から考えると動作主が積極的であればあるほど「使われる」わけで、その点から言えば「被害性」を表すとも言える。「積極性」や「被害性」は一種の「心理活動」である。心理活動にはその活動のターゲットが存在する。そのターゲットは"那些钱"であるが、(2)'からは"教'[那些钱"の"那些钱"は被構文の主語であり、格役割は存在しない。一方"吃了'(他们，那些钱)"の"那些钱"は「動作の対象物(受事)」である。従って(2)'では心理活動のターゲット、つまり「与格(与事)」は存在しないのである。

　心理活動を表記するには朱德熙1982の主張する「与事」を導入するための"给"の助けが必要なのである。そこで(1)'を見ていただきたい。(1)'では"给'｛他们，那些钱，吃了'(他们，那些钱)｝"において、函数"给"の第二項に"那些钱"が存在し、これが「与格(与事)」の位置で、意味の上では「心理活動のターゲット」に当たる。言うまでもないことであるが"吃了'(他们，那些钱)"の"那些钱"は「動作の対象物(受事)」である。

　以上の議論から被構文において"给"が用いられる時には「積極性」や「被害性」という派生的な心理活動が含まれ、それは「被構文の先頭の函数の第三項の場所」に「三個の項を持つ"给"函数の値」が代入されることで述語論理表記されることがわかった。

　前述の議論をふまえて、次に李珊1994の用例を具体的に検討していこう。

10.4.1 "被……给"文型の"给"が「動作・行為の積極性」と「対象物の被害性の増大」を表すもの

次の文は「彼らの良心」が「丁務源」によって「蝕まれる」という意味を表す被構文である。被構文は本来［被害］を表すものであるから「対象物の被害性」は"给"がもたらすものではない。しかし、丁務源が積極的に「蝕む」ほど「被害」は増大する。従って「～してやる」といった日本語に代表される「動作の積極性」は同時に「対象物の被害の増大」をもたらすと解することができる。

（１）　但是他们的良心已 被 丁务源 给 蚀尽。（老舍）

（李珊 1994: 218 引用例）

　　（しかし、彼らの良心は丁務源によってすっかり蝕んでやられた。）

"给"の表す意味を明示するために日本語訳は不自然になったが、意味は理解できる。ここで重要なことは"给"の役割を「動作の積極性」を表すと解釈することにより、そしてそのことにより同時に「対象物の被害が増大」することになることである。これが王还が「"加强被动语势"（受動の意味を強める）(《把字句和被字句》)」と述べたことの真意であると思われる。さて、ならば「動作の積極性」をどのように意味表示するか？　それが問題である。すでに述べたことであるが「動作の積極性」は「心理活動」の一種であり、心理活動にはその「ターゲット（与格）」が必要とされる。これが「"与事"を導入する（朱德熙 1982）」という記述の意味するところと思われる。「与格」を導入するには、これもすでに前述したことであるが、三項を持つ函数、つまり「授与動詞」が必要である。その授与動詞には（１）で使用されている"给"を使うことができる。以上の議論をふまえて（１）の文を不用な部分を除いて述語論理表記してみよう。

（１）'　被'［他们的良心，丁务源，给'｛丁务源，他们的良心，蚀尽'（丁务源，他们的良心）｝］

ここで"被'[他们的良心，丁务源]"は「彼らの良心が丁務源から被った」の意を、"给'{丁务源，他们的良心，蚀尽'(丁务源，他们的良心)}"は「丁務源が彼らの良心【に】丁務源が彼らの良心をすっかり蝕むこと【を】してやる」の意を表し、全体で「彼らの良心は丁務源【から】「丁務源が彼らの良心に丁務源が彼らの良心をすっかり蝕むことをしてやる」こと【を】被った」という意味になる。周知のように文の意味表記は一文の含むすべての意味を命題の形式で表記しなければならない。それだけであれば「文の意味は部分文の意味を羅列する」だけに終わる。さらに「部分文がどのように結びついているか」をも表示しなければならない。(1)'の論理式は"被"函数の第三項に"给"函数の値が入り、"给"函数の第三項にさらに"蚀尽"函数の値が代入されることを示している。これにより部分文の意味がどのように結合しているかがわかる。「文の意味はそれを構成する部分の意味とそれがどのように結びついているかで決定される」という構成性の原理がここでも働いていることがわかる。

次に具体的な例を検討していこう。

（２）　刚才他　被　十成的正气　给　压得几乎找不出话说。

(老舎)（李珊 1994: 218 引用例）

（先ほど彼は十成の剣幕に圧倒されてほとんど話すべき言葉も探しだせない。）

この文を不要の部分を除いてやや簡略化した述語論理表記をすると次のようになる。

（２）'　被'【他，十成的正气，给'［十成的正气，他，压'(十成的正气，他) & ¬得'{他，找出'(他，话) & 到'(话，十成)} & 有'［¬得'{他，找出'(他，话) & 到'(话，十成)}，几乎]

"被'【他，十成的正气】"が「彼が十成の剣幕で被る」の意を、"给'［十成的正气，他］"が「十成の剣幕が彼に〜してやる」の意を、"压'(十成的正气，

他)"が「十成の剣幕が彼を圧倒する」の意味を表す。"¬ 得'{他，找出'(他，话)，& 到'(话，十成)}"は「彼が十成にとどく言葉を探し出せない。」を表し、"有'[¬ 得'{他，找出'(他，话)& 到'(话，十成)}，几乎]"は「彼が十成にとどく言葉を探し出せないようである」の意を表す。そこで"给"函数の第三項の命題は「十成の剣幕が彼を圧倒し、彼が十成にとどく言葉を探し出せないようである」の意を表す。("得"についても述語論理表記できるがここでは煩雑になるので省略する)。

次に"叫"の例を二個見ておこう。

（1） 好家伙，用你的银子办满月，我的老儿子会 叫 你 给 骂化了！(老舍)
（李珊 1994: 218 引用例）
（へえ、おまえさんの金で赤ん坊の満一ヶ月の祝いをやれば、わしの末息子はきっとおまえさんに死ぬほど罵ってやられるだろう。）

"给"の意味を明示するために不自然な日本語になったが、意味はわかる。これを不要な部分を除いて述語論理表記すると次のようになる。

（1）' 叫'［我的老儿子，你，给'{你，我的老儿子，骂化了'(你，我的老儿子)}］

ここでは"叫'[我的老儿子，你"が「わしの末息子がおまえさんから被る」の意を、"给'{你，我的老儿子"が「おまえさんがわしの末息子に（行為を）してやる」の意を、全体で「わしの末息子【が】おまえさん【から】おまえさんがわしの末息子におまえさんがわしの末息子を死ぬほど罵ってやること【を】被る」という意味を表すことになる。

（2） 您的二兄弟 叫 巡警 给 拿去啦！(老舍)　　（李珊 1994: 218 引用例）
（あなたの二番目の弟は巡査にしょっ引いていってやられたよ）

この文の日本語も不自然になったが、"给"の意味を明示したためである。

これも必要な成分をのみを述語論理表記すると次のようになる。

（２）' 叫'［您的二兄弟，巡警，给'｛巡警，您的二兄弟，拿去了'（巡警，您的二兄弟）｝］

ここでは"叫'［您的二兄弟，巡警］"が「あなたの二番目の弟が巡査から被った」の意を、"给'｛巡警，您的二兄弟｝"が「巡査があなたの二番目の弟に（行為を）してやる」の意を、全体で「あなたの二番目の弟【が】巡査【から】巡査があなたの二番目の弟に巡査があなたの二番目の弟をしょっ引いていってやること【を】被った」の意味を表す。

10.4.2 "被……给"文型の"给"が「動作・行為の積極性」と「対象物の属性に対する働きかけ（影響）の増大」を表すもの

「対象物」が人間とかかわらない無生物の場合にはその属性、次の例の(1)では［被所属性］、(2)では［邪悪性］、(3)では［秘密性］に対する［働きかけ（影響）の増大］が存在すると考えることができる。例を見ていこう。

（１）　大姐婆婆向来不贈送別人任何果子，因为她从前种的白枣和蜜桃什么的都叫她给瞪死了。（老舎）　　　　　　　（李珊1994引用例）
（お姑さんは従来から他人に果物をあげない。というのは彼女が以前育てたナツメや水蜜桃などはみんな彼女からしっかりと見張ってやられていたからだ。）

この文は字面上は「見張る」だが実際の意味は「自分が食べたくて誰にもやりたくない」という意味である。ここでは"给"は彼女の「見張る」という行為が積極的であればあるほど、「ナツメや水蜜桃など」をあげるのが「惜しくなる」という、対象物の立場から言えば「被所属性」が増大する意味現象を見て取ることができる。不要な部分を除いて述語論理表記すると次のようになる。

（1）'叫'［她从前种的白枣和蜜桃什么的，她，给'｛她，她从前种的白枣和蜜桃什么的，瞪死了'(她，她从前种的白枣和蜜桃什么的)｝］

　　ここでは"叫'［她从前种的白枣和蜜桃什么的，她"が「彼女が以前育てたナツメや水蜜桃などが彼女から被った」の意を、"给'｛她，她从前种的白枣和蜜桃什么的"が「彼女が彼女が以前育てたナツメや水蜜桃などに（行為を）してやる」の意を、全体で「彼女が以前育てたナツメや水蜜桃など【が】彼女【から】彼女が彼女が以前育てたナツメや水蜜桃などに対して、彼女が彼女が以前育てたナツメや水蜜桃をしっかりと見張ってやること【を】被った」という意味を表す。

（2）　歪风邪气，全 让 她 给 挡住了。（浩然）　　（李珊 1994: 218 引用例）
　　　（いかがわしさやよこしまな気風はすべて彼女によってしっかりと防いでやられた）

　　この文では彼女が積極的に防ぐほど、つまり彼女の「行為の積極性」が強いほど「いかがわしいさやよこしまな気風」は抑圧されること、つまり「邪悪性の抑圧の増大」が起こるという意味現象を観察できる。必要な成分を取り出して、述語論理表記すると次のようになる。

（2）'让'［歪风邪气，她，给'｛她，歪风邪气，挡住了'(她，歪风邪气)｝］

　　ここでは"让'［歪风邪气，她"が「いかがわしさやよこしまな気風【が】彼女【から】被った」の意を、"给'｛她，歪风邪气"が「彼女【が】いかがわしさやよこしまな気風【に】（行為を）してやる」の意を、全体で「いかがわしさやよこしまな気風【が】彼女【から】彼女がいかがわしさやよこしまな気風に対して彼女がそれをしっかりと防いでやること【を】被った」の意味を表す。

（3）　天晓得，悄悄话 让 他 给 听见了。（杜鹏程）（李珊 1994: 218 引用例）

（知るものか。内緒話が彼に聴いてやられるなんて。）

　この文では内緒話が彼に聞こえれば聞こえるほど、つまり彼の「聴覚への情報量」が多いほど「内緒話の秘密性の漏洩」が起こること、即ち「秘密性の漏洩の増大」が生じるという意味現象を見ることができる。この文の不要な部分を除いて述語論理表記する。

（3）'让'［悄悄话，他，给'｛他，悄悄话，听见了'（他，悄悄话）｝］

ここでは"让'［悄悄话，他"が「内緒話が彼から被る」の意を、"给'｛他，悄悄话"が「彼が内緒話に（行為を）してやる」の意を、全体で「内緒話【が】彼【から】彼が内緒話に対して、彼が内緒話をきいてやること【を】被った」の意味を表す。

10.5 「被」「把」「给」の共起する構文の論理式

　「被……把……给」文型と「把……被……给」文型は後者が比較的少ない。しかし後者も近代から現在にまで使われている（李珊 1994: 226 参照）と述べられている。ここでは前者の例を検討してみよう。次の文は前者の例である。

（1）　他　被　人　把　眼睛　给　蒙上了。
　　　（彼は誰かに眼を覆ってやられた。―彼は誰かに目隠しされた。）

　この文では誰かの彼の眼を覆う動作が「積極的」であればあるほど「彼の眼の視界の抑圧」が強まること、つまり［視界の抑圧の増大］が生ずる。この意味現象は"给"によって発生している。この文は「彼が誰かから被る」、「誰かが彼の眼にもたらす」、「誰かが彼の眼を覆う」という三つの命題内容を含まなければならない。このことを考えて次に述語論理表記をしてみよう。

（1）'　被'【他，人，把'［人，眼睛，給｛人，他，蒙上了'（人，眼睛）｝］】

ここでは"被'【他，人】"が「彼が誰かから被る」の意を、"把'［人，眼睛］"が「誰かが(彼の)眼にもたらす」の意を、"給｛人，他｝"が「誰かが彼に（行為を）してやる」の意を、"蒙上了'（人，眼睛）"が「誰かが(彼の)眼を覆う」の意を表し、全体で「彼【が】誰か【から】、誰かが彼の眼に対して、誰かが彼に、誰かが彼の眼を覆ってしまってやることをもたらすこと【を】被る」という意味を表す。

　この文は"被"函数の第三項に"把"函数の値が入っている。また"把"函数の第三項には"給"函数の値が代入されている。さらに"給"函数の第三項に"蒙上了"という二項函数の値が入っている。

　以上の議論から「把……給」文型、「被……給」文型、「被……把……給」文型における"給"の意味と統語的な構造が明らかになった。いずれも"給"は"把"函数、"被"函数の第三項に"給"函数の値を代入することにより、与格を明示する役割を果たしているのである。

10.6　"給"を挿入できない「把構文」

　「把構文」には"給"を挿入できないものがある（王彦杰 1999: 355–357）。そのいくつかを取り上げて、なぜ"給"が生起し得ないかの理由を考えてみよう。王彦杰 1999 は統語形式や意味の違いを根拠に多くの実例をあげて"給"の挿入できない把構文を列挙しているが、なぜ"給"が用いられないかという理由を挙げていない。ここでも三項を持つ函数が重要な役割をするが、それは述語論理表記をさらに深く考えてみると明らかになる。ここでも王彦杰 1999 の実例をすべて吟味することはできないので、代表的な例を三個のみ分析してみよう。

（１）　杨妈 把 灯放在供桌上，站在一旁等候吩咐。

（王彦杰 1999: 356 引用例）

（楊ばあやはランプを供物台に置くと、傍らに立って用務を待った）

この文の把構文の部分を述語論理で表記すると次のようになる。

(1)' 把'{杨妈, 灯, 放'(杨妈, 灯)＆在'(灯, 供桌上)}

ここでは"把'{杨妈, 灯"が「楊ばあやがランプにもたらした」の意を、"放'(杨妈, 灯)"が「楊ばあやがランプを置く」の意を、"在'(灯, 供桌上)"が「ランプが供物台にある」の意を表す。＆は"放"の函数の値と"在"の函数の値の連言を、つまりこれらの命題が同時に成立することを表す。全体で「楊ばあや【が】ランプ【に】楊ばあやがランプを置き、同時にランプが供物台にあること【を】もたらした」の意味になる。単純に形式的に"把"函数の第三項に"放"函数の値を代入することは可能である。にもかかわらず、中国語の母語話者がそれを受け入れないのはなぜであろうか。もう一度"把"函数の第三項を見ていただきたい。前の命題は「楊ばあや【が】ランプ【を】置く」で後ろの命題は「ランプは供物台【に】ある」である。これを重なっている後者のランプを削除して一命題に置き換えると「楊ばあや【が】供物台【に】ランプ【を】置いた」となって、これは日本語では「〜が」「〜に」「〜を」という三個の項をとる"置く"という函数を表している。中国語に戻ってこれを述語論理表記すると(1)'は次の(1)"になる。

(1)" 把'{杨妈, 灯, 放'(杨妈, 供桌上, 灯)}

(1)"が中国語で成立しないのは"放"という函数が三個の項をとらないからである。言い換えると"放"は授与動詞ではないからである。しかし、これは統語形式上の制約であって、意味上は(1)"の表記には何ら問題はない。ここで「把構文」に"给"が使用される理由を考えると、それは"把"函数の第三項に"给"函数の値を代入して「与事」を明示することであった。そこで(1)"をもう一度よく観察すると、"把"函数の第三項には"放"という函数の値が代入されており、それは三個の項を持っており、しかもその第二項には"供桌上"という「与事」に相当する成分が存在している。つま

り、"给"函数の生起する場所にはすでに"放"函数が存在し、"给"の入り込む余地はないのである。このことが(1)のような「把構文」に"给"が使われない理由である。次の例を考えよう。

（2）　他有主意呀：找根竹竿儿，把 小褂儿穿在竹竿上。

（王彦杰 1999：356 引用例）
　　　（彼は考えて、竹竿を探すと、その上着を竹竿に通した）

この文を述語論理表記すると次の(2)'のようになる。

（2）'　把'{他，小褂儿，穿'(他，小褂儿)＆在'(小褂儿，竹竿上)}

　この文の第三項は「彼が上着を通す」という命題と「上着が竹竿にかかる」という命題内容でこの二つの命題内容を、重なっている後ろの「上着」を削除して、一命題になおすと「彼【が】竹竿【に】上着【を】通す」となる。これを中国語で述語論理表記すると次のようになる。

（2）"　把'{他，小褂儿，穿'(他，竹竿上，小褂儿)}

この論理式は中国語では許容されないが、それは"穿"が三個の項をとる函数ではない、つまり「授与動詞」ではないからである。しかし、そのことは前述の(1)の例と同様に統語上の制約であって、意味上は問題がない。この式の第三項には三項を持つ"穿"函数があり、その第二項には「与事」に相当する"竹竿上"があって、もはや「与事」を導入する必要がないから、(2)の把構文に"给"は生起しないのである。次の(3)の例を考えてみよう。

（3）　他 把 烟蒂拧到烟灰缸里。　　　　　（王彦杰 1999：356 引用例）
　　　（彼は吸い殻を灰皿にねじ込んだ）

この文を述語論理表記すると次のようになる。

（3）'　把'｛他，烟蒂，拧'(他，烟蒂)＆到'(烟蒂，烟灰缸里)｝

ここで"把"函数の第三項には"拧"函数の値と"到"函数の値が連言として代入されている。これを重なっている"烟蒂"を削除して一個の函数に直すと"拧'(他，烟灰缸里，烟蒂)"となって、これを(3)'に代入すると次の(3)"になる。

（3）"　把'｛他，烟蒂，拧'(他，烟灰缸里，烟蒂)｝

この論理式も中国語では許容されないが、それは"拧"が三項函数ではないからである。許容されないのは統語上の制約であり、意味上は問題がない。この式において"把"函数の第三項には"拧"函数の値があり、さらにその"拧"函数の第二項には「与事」に当たる"烟灰缸里"(灰皿に)があって、(3)'にはもはや「与事」を導入する必要がないため、(3)の把構文には"给"を挿入できないのである。

10.7　本章の結び

　ここでは把構文を三項を持つ"把"函数と解釈し、その構文に"给"が用いられた場合、"把"函数の第三項に"给"函数の値が入ると考えた。そしてその"给"函数の第二項に「〜に」にあたる「与事」を記述することによって"给"によって表される「派生授与義の落ち着き先(値域)」を明示した。

　さらに被構文をも三項を有する"被"函数と見なし、その構文に"给"が使用された場合、"被"函数の第三項に"给"函数の値が代入されるとした。ここでもその"给"函数の第二項に「与事」を記述し、"给"によってもたらされる「動作・行為の積極性」と「対象物への影響の増大」という意味現象の存在の根拠とした。

　また"被……把……给"文型について、"被"函数の第三項に"把"函数の値が入り、その"把"函数の第三項にさらに"给"函数の値が入ると解釈した。

最後に把構文に"給"を挿入することのできない文について、その理由を"把"函数の第三項に記述された二項を持つ函数の値の連言は意味上は三項を持つ函数に書き換えられ、その三項を持つ函数の第二項に「与事」に相当する成分がすでに存在し、「与事」を導入するための"給"は必要がないからであることを示した。

第 11 章　「使役」の構造助詞 "得" の意味と論理構造

　現代中国語の使役構文は "使"、"叫"、"让" 等の「〜に…させる」の意の、日本語で言えば「後置詞＋補助動詞(助動詞)」の形式にあたる、統語成分で構成されるのが標準である。構造助詞の "得" そのものが「使役」の意を表すと記述する論考は存在しない。それはその前後に生起する成分の意味的な関係により自然に「使役」の意味が生じると考えているからである。現代中国語の構造助詞、たとえば "我的书(私の本)" の "的" が「所属」の意を表す、"坦白地说(素直に言う)" の "地" が「様態」の意を表すと言うことがないのと同様である。
　ここではそのような考えに従わず、構造助詞の "得" そのものが「…させる」という「使役」の意を表すという立場から論述を進める。この立場を取る理由は以下に記述する論理式を表記する上で便利だからである。構造助詞の "得" は「V 得 C」(V は動詞、C は補語)の構造を構成し、V と C の間には C が V の「結果」を、C が V の後の「状態」を、C が V の「程度」を、V が要因となって C に「使役」の意を生じさせる等の種々の意味がある。ここでは「使役」の意味を表す "得" 構文を集中的に論じる。
　以下の論述では概説的な説明は省略して、説明するのが困難な問題を直接解決してゆきたい。まず第一に次の(1)と(2)の文中の構造助詞 "得" の後ろの "他" と "长富" が動補構造全体の対象格(目的語)であることを示そう。

（１）　痛苦折磨得他吃不好饭，睡不好觉。
（２）　有时(她)还整夜的哭，哭得长富也忍不住生气。

(1)の意味は「苦痛が彼を嘖んで、彼をご飯も十分食べられず、十分な睡りもとれなくした」であり、(2)は「時に(彼女は)一晩中泣いて、さすがの長富も我慢できず、怒った」である。これらの意味からは"他"と"长富"が動補構造全体の対象格であることはわからないので、(1)と(2)を基本義を変えない「把構文」に変換してみると、

(1)' 痛苦把他折磨得吃不好饭，睡不好觉。
(2)' 有时(她)还整夜的哭，把长富哭得也忍不住生气。

となって、"把"によって取り出された"他"が"折磨得吃不好饭，睡不好觉"という述語全体の対象格、同じく"把"によって取り出された"长富"が"哭得也忍不住生气"の対象格であることがわかる。

　第二に先の(1)と(2)の文の構造助詞"得"が［使役］の意味を表すことを論理モデル(述語論理と命題論理)を用いて論理式を書き、同時に(1)と(2)を「把構文」に転換したものについても、その論理式を書いてみよう。
　［使役］の意味は「〜ガ〜ニ〜コトヲサセル」が基本であり、「サセル」が「〜ガ」、「〜ニ」、「〜ヲ」という項を取る函数であると考えられる。従って論理モデルとしては述語論理を用いる。具体的には(1)の文は"痛苦折磨他"、"痛苦让他吃不好饭、睡不好觉"、"他吃不好饭、睡不好觉"のそれぞれ「原因となる命題表現」、「使役関係の命題表現」、「結果の命題表現」が含まれており、意味表記はこのすべてを包含しなければならない。
　これを述語論理と埋め込みによって表記すると次のようになる("吃不好"と"睡不好"は簡略表記した)。

(1)'' 得'[痛苦, 他, 折磨'(痛苦, 他)&吃不好'(他, 饭)&到{吃不好'(他, 饭), 睡不好'(他, 觉)}]
　　　サセタ　〜ガ　〜ニ　　　　　　　　　　　　　　　　　〜コトヲ
　　　使役函数 第一項 第二項　　　　　　　　　　　　　　　　第三項

上の論理式は日本語のメタ言語により「苦痛が、彼に、苦痛が彼を苛み、彼

が充分にご飯を食べれず、彼が充分にご飯を食べられないことが彼がしっかりと眠ることもできないことに到ることを、させた」と読む。

同様に(2)の文は"得"とかかわる部分の命題内容は「彼女が長富に…させる」、「彼女が泣く」、「彼女が泣くことが長富が我慢できず怒るに到った」の三個である。これを含む論理式は次のようになる。

(2)"　得[她, 长富, 哭'(她)＆到'{哭'(她), 忍不住'(长富)}＆到'{忍不住'(长富), 生气'(长富)}]
　　　　サセタ　～ガ　～ニ　　　　　　　　　　　　　　　　　　　　　　～コトヲ
　　　　使役函数　第一項　第二項　　　　　　　　　　　　　　　　　　　　第三項

この論理式も日本語のメタ言語では「彼女が、長富に、彼女が泣き、且つ、彼女が泣くことが長富が我慢できなくなったことに到り、且つ、長富が我慢できなくなったことが長富が怒ることに到ることを、させた」という読みを表す。

次に(1)"と(2)"の論理式をもとにして、(1)'と(2)'の「把構文」を論理式で表記してみよう。「把構文」は「～ガ～ニ～ヲモタラス」が基本形であり、広い意味で［授与］を表す構文であると考える。従って「モタラス」が「～ガ」、「～ニ」、「～コトヲ」という項を取る授与函数であると考えられる。そこで「～コトヲ」に当たる第三項の位置に先の(1)"と(2)"の式が代入されることになる。

(1)'''　把'[痛苦, 他, 得'[痛苦, 他, 折磨'(痛苦, 他)＆吃不好'(他, 饭)＆
　　　　到'{吃不好'(他, 饭), 睡不好(他, 觉)}]

この式はメタ言語では「苦痛が、彼に、苦痛が、彼に、苦痛が彼を苛み、且つ、彼が充分にご飯を食べられず、且つ、彼が充分にご飯を食べられないことが、彼がしっかりと眠ることができないことに到る状態に、させる、ことを、もたらした」と読む。

これをわかりやすく書くと、

（1）'''把'　［痛苦,　　　　他,　　　（1）"］
　　　モタラシタ　〜ガ　　　　　〜ニ　　〜コトヲ
　　　授与函数　第一項　　　　第二項　　第三項

となる。次に(2)'の「把構文」は、

（2）'''把'【她,　长富,　得'［她,　长富,　哭'(她)＆到'{哭'(她),　忍不住'(长富)}＆到'{忍不住'(长富),　生气'(长富)}］】

となって、上の式はメタ言語では「彼女が、長富に、彼女が、長富に、彼女が泣き、且つ、彼女が泣くことが長富が我慢できないことに至り、且つ、長富が我慢できないことが長富が怒るに到ることを、させる、ことを、もたらした。」と読めばよい。

　これもわかりやすく書くと、

（2）'''把'　［她,　　　 长富,　　　（2）"］
　　　モタラシタ　〜ガ　　　 〜ニ　　　〜コトヲ

となって、「得'の使役函数」の値が「把'の授与函数」の第三項に入っていることがわかる。

　第三に、次の朱德熙1982の説明を読んで、"走得我累死了。"の論理式を書き、また"把我走得累死了。"の論理式も書いてみよう。
　「"走得我累死了。"において"走得"の後ろに目的語"我"がある。"我"は"走得"の目的語であって、"累死了"の主語ではない。意味上"累死了"は"我"について述べているけれども。"得"の後ろの名詞成分は目的語であるから、"把"構文に転換しうる。」(朱德熙1982: 136)
この朱德熙1982の記述をその意味するところをよく考えながら論述を進めたい。まず与えられた文を(1)とする。

（1）　走得我累死了。

第 11 章 「使役」の構造助詞 "得" の意味と論理構造　167

(1)の文の意味は「私は歩いてひどく疲れた。」である。この日本語から(1)の文の他動性を読み取ることは不可能であるので、中国語から考えることにする。第一に動詞 "走" の主語が "我" であることは明らかであるので(1)は「原因となる動作」を表す "我走" という命題表現を含む。朱徳熙1982 は「"我" は "走得" の目的語であって」と述べているので、(朱徳熙1982 は二重目的語を「近い目的語(〜ニ)」と「遠い目的語(〜ヲ)」に区分している(p.118)が、ここでの "我" は近い目的語の位置にある。)第二に「(私が)(私に)私が歩くことが("走得")私に〜を〜させた」の意を表す命題表現 "走得让我〜〜。" が含まれていることがわかる。ここで重要なことは "走" のような自動詞の使役形は「自分が自分にさせるという自己使役であると捕らえることである。つまり使役主と使役対象がともに自動詞の主語であることになる。その結果、"走得" が使役義を表すことになるが、それを明示すると "走得让" となる。第三に朱徳熙1982 は「意味上 "累死了" は "我" について述べている」と指摘しているので、[結果]の意を表す命題表現 "我累死了" も(1)に含まれていることがわかる。

　そこでこの二個の個体と三個の命題表現を含む論理式を書くと次のようになる。

　　　　　　　　　　歩キ 〜ガ イタル　〜ガ　　　〜ニ
(1)' 走得'{我, 我, 走'(我)＆到'{走'(我), 累死了'(我)}
　　サセタ 〜ガ 〜ニ　　　　　　〜コトヲ
　　使役函数 第一項 第二項　　　　　　第三項

(1)'の論理式をもとにして、「把構文」の論理式を書くと、

(1)" 把'[我, 我, 走得'{我, 我, 走'(我)＆到'{走'(我), 累死了'(我)}]
　　モタラシタ　〜ガ　〜ニ　　　　　〜コトヲ
　　授与函数　第一項 第二項　　　　　第三項

上のようになって、(1)" は「把構文」の「"把" 函数」の第三項に(1)' で表

される「使役函数」の値が入っていることがわかる。

　第四に"得"を持たない使役を表す動補構造の文」と「"得"を持つ使役を表す動補構造の文」の統語面と意味面での類似性を明示することにより［使役］を表す"得"構文において、「"得"の後ろの「動作の受け手を表す名詞」は前段（V 得）と後段（C）の組み合わさったものと関係を持つ。（李临定 1986: 242）」ことを証明してみる。この李临定 1986 の指摘は重要であるが李临定 1986 ではそれ以上の説明がない。そこで「"得"を持たない使役を表す動補構造の文」との意味的関連を考察することにより、さきの李临定 1986 の説明の重要性を明らかにする。つまり、"得"構文"笑得肚子都疼了"と"逼得哥哥只好走了"の"肚子"と"哥哥"が V 得 C 全体と関係を持つことを、"得"を持たない動補構造の文"笑疼了肚子"、"逼走了哥哥"との関連を考えることにより証明すればよい。
　まず「"得"を持たない動補構造の文」を考える。

（１）　笑疼了肚子。（笑ってオナカを痛める）
（２）　逼走了哥哥。（追いつめてアニを追い払う）

(1)と(2)の"肚子"と"哥哥"はそれぞれ"笑疼"と"逼走"という動補構造全体と関係を持つ。それは(1)は"*笑肚子"、"*疼了肚子"と言えないのに"笑疼"となると"肚子"と結びつくことから、また(2)は"逼哥哥"とは言えるが、"*走了哥哥"とは言えない（李临定 1986: 242）ものの、結局"逼走"とすると"哥哥"と結びつくことからわかる。
　この"肚子"と"哥哥"が動補構造全体と結びついているという言語直観を明確に示すのは次の「把構文」である。

（３）　把肚子笑疼了。
（４）　把哥哥逼走了。

(3)は「お腹に笑って痛くなるという状態をもたらした。」のであるから、

第 11 章 「使役」の構造助詞 "得" の意味と論理構造　169

また (4) は「兄を無理強いして追っ払う結果をもたらした」の意であるので、"肚子" と "哥哥" が動補構造全体と意味上関わることは疑いない。
　次に「"得" を持つ動補構造の文」を考えてみよう。

（5）　笑得肚子都疼了。（笑ってお腹が痛くなった。）
（6）　逼得哥哥只好走了。（兄に迫って出て行かせた。）

(5)、(6) は (1)、(2) と類似の意味を表すが、"肚子" と "哥哥" が動補構造 "笑得都疼了"、"逼得只好走了" と関わっていることはわかりにくい。そこで次のように「把構文」に変換してみると

（7）　把肚子笑得都疼了。
（8）　把哥哥逼得只好走了。

となり、(7) は「お腹に笑って痛くなるという状態をもたらした。」であり、(8) は「兄に出て行かざるを得ない結果をもたらした。」の意になるので、"肚子" と "哥哥" が動補構造全体と意味的に関わることはまちがいない。そこで (3) と (7)、(4) と (8) は統語面においても、また意味面においても類似しているので、(5) と (6) の "肚子" と "哥哥" も動補構造全体と関わっていると考えることができる。
　ここまでは形式を重点に議論してきたが、ここからは (1)、(2)、(3)、(4)、(5)、(6)、(7)、(8) の文相互の意味関係を中心に議論してみたい。
　そこで第五に次の (1)、(2)、(3)、(4) の文の意味上の関係を記述することにする。

（1）　笑疼了肚子。（笑ってオナカを痛む状態にした。）
（2）　逼走了哥哥。（追いつめてアニを居なくなる状態にした。）

（3）　把肚子笑疼了。（お腹に笑って痛くなるという状態をもたらした。）
（4）　把哥哥逼走了。（兄を無理強いして追っ払う結果をもたらした。）

この四個の文は(1)、(2)の文は［使役］を表し、(3)、(4)、の文は［使役］に加えて［授与］を表す。(1)と(2)の文の動補構造"笑疼"の意味を詳しく分析してみる。この動補構造は「笑いが痛ませた」という意味で"笑"が「笑う」という「原因」を"疼"が「痛む」という「結果」を表す。つまり「原因」が「結果」を「生じさせた」ことから「"笑"が"疼"という状態にさせた」という意味が読める。このことから"笑"には［使役］を「誘発」する役割があると考えることができる。［使役］の意味が内在すると言ってもよい。これをここでは［使役］の意味が「編入 (incorporation)」されていると言うことにしよう。すると(1)と(2)は［編入使役］を表す文と言うことができる。それに応じて(3)と(4)も［編入使役］+［授与］を表す文ということになる。

従って(1)、(2)は、
［編入使役］
(3)、(4)は、
［編入使役］+［授与］
となる。

ここで(1)、(2)を論理式で書いて、(1)の"笑"と(2)の"逼"が［使役］の意味を誘発していることを示そう。(1)の論理式は次のようになる。ここで重要なことは"笑"が「笑う」という意味以外に「φガ、お腹ニ、……サセタ」の意味を表していることを表示したことである。つまり VαVβ の Vα が［使役］の意味を引き起こしている、言い換えると［使役］の意味を内蔵していると考えるのである。しかし、"笑"だけでなく"笑疼"全体で使役義を産み出すので函数は"笑疼"となる。論理式では"笑疼"が「…ガ…ニ…サセタ」を表す。

　　　　　　　　ワライ 〜ガ アリ 〜ニ〜ガ イタミ〜ガ スル 〜ガ ［完了］ヲ
(1)' 笑疼'[φ, 肚子, 笑'(φ)＆有'(φ, 肚子)＆疼'(肚子)＆有'{疼'(肚子), 了}]
　　　サセル 〜ガ 〜ニ　　　　　　　　　　　　〜コトヲ

(2)の論理式は次のようになる。ここでも"逼"が「無理強いする」の意

第11章 「使役」の構造助詞 "得" の意味と論理構造

味以外に「～ガ～ニ……サセタ」の意味を持つことを表示する必要がある。すなわち VαVβ の Vα が［使役］の意味を内蔵していると考えるのである。しかし、"逼" だけでなく、"逼走" 全体が使役義を表すので函数は "逼走" となる。論理式では "逼走" が「…ガ…ニ…サセタ」を表す。

（2）' 逼走'[φ, 哥哥, 逼'(φ, 哥哥)＆走'(哥哥)＆有'{走'(哥哥), 了}]
　　　　サセル ～ガ ～ニ　　　　　　　　　　　　　　　～コトヲ

次に(3)、(4)を論理式で示そう。

（3）' 把'[φ, 肚子, 笑疼'[φ, 肚子, 笑'(φ)＆有'(φ, 肚子)＆疼'(肚子)＆有'{疼'(肚子), 了}]]
　モタラス ～ガ ～ニ　　　　　　　　　　　　　　　　　　　　　　～コトヲ

（4）' 把'[φ, 哥哥, 逼走'[φ, 哥哥, 逼'(φ, 哥哥)＆走'(哥哥)＆有'{走'(哥哥), 了}]]
　モタラス ～ガ ～ニ　　　　　　　　　　　　　　　　　　　　　　～コトヲ

(3)、(4)では「編入使役函数」の式が「授与函数」の式の第三項に生起している。

　第六に次の(1)、(2)と(5)、(6)の文の意味上の関係を記述しよう。

（1）　笑疼了肚子。（笑ってオナカを痛む状態にした。）
（2）　逼走了哥哥。（追いつめてアニを居なくなる状態にした。）

（5）　笑得肚子都疼了。（笑ってお腹が痛くなった。）
（6）　逼得哥哥只好走了。（兄に迫って出て行かせた。）

(1)、(2)と(5)、(6)の文の意味上の関係は次のようになる。(1)、(2)は［編

入使役」を表し、(5)、(6)は「編出使役」を表す。
　(5)の文は"笑"が「原因」を、"肚子都疼了"が「結果」を示している。つまり"笑"と"肚子都疼了"の間には明示的な因果関係がある。ここで一歩進んで"笑"と"疼"との間の関係を考えてみよう。"笑"と"疼"との間には「"笑"が"疼"という状態にさせた」という［使役］関係があり、それを表すために構造助詞の"得"が導入されたのである。つまり［使役］の意味が"得"に外在していると言える。(1)の"笑疼"の"笑"には［使役］の意味が内在すると言ったが、ここではそれが外に現れている。そこでこの"得"を"笑疼"の"笑"に「編入」された［使役］の意味を「逆編入」する単語と捉え、「逆編入」を「編出（anti-incorporation）」と呼ぶことにする。
　すなわち(1)の"笑疼"、(2)の"逼走"という成分がそれぞれ(5)と(6)の"笑得…疼"、"逼得…走"になることを"笑疼"の"笑"と"疼"が、また"逼走"の"逼"と"走"が作りだす「使役」の意味が"得"によって「編出」されたと説明するのである。
ここで(1)、(2)と(5)、(6)を論理式で示そう。(1)、(2)を比較の為に再録する。

(1)' 笑疼'[ϕ, 肚子, 笑'(ϕ)＆有'(ϕ, 肚子)＆疼'(肚子)＆有'{疼'(肚子), 了}]
(2)' 逼走'[ϕ, 哥哥, 逼'(ϕ, 哥哥)＆走'(哥哥)＆有'{走'(哥哥), 了}]

(5)' 笑得'[ϕ, 肚子, 笑'(ϕ)＆有'(ϕ, 肚子)＆疼'(肚子)＆有'{疼'(肚子), 了}]
(6)' 逼得'[ϕ, 哥哥, 逼'(ϕ, 哥哥)＆走'(哥哥)＆有'{走'(哥哥), 了}]

(1)'、(2)'は「編入使役函数」の式であり、(5)'、(6)'は「編出使役函数」の式である。

　第七に次の(5)、(6)と(7)、(8)の文の意味上の関係を記述したい。

（5）　笑得肚子都疼了。（笑ってお腹が痛くなった。）
（6）　逼得哥哥只好走了。（兄に迫って出て行かせた。）

（7）　把肚子笑得都疼了。（お腹に笑って痛くなるという状態をもたらした。）
（8）　把哥哥逼得只好走了。（兄に出て行かざるを得ない結果をもたらした。）

(5)、(6)と(7)、(8)の文の意味上の関係は次の通りである。(5)と(6)は［編出使役］を(7)と(8)は［編出使役］＋［授与］を表す。

　(5)と(6)の"笑得…疼"、"逼得…走"をそれぞれ"笑疼"の"笑"と"疼"が、また"逼走"の"逼"と"走"が"得"によって「使役」の意味を「編出」されたと考えると(5)と(6)は［編出使役］文である。一方、(7)と(8)の文は［編出使役］文を「把」構文に転換することによって［授与］の意味を加えている。従って(7)と(8)の文は［編出使役］＋［授与］を表す文である。

　ここでも(5)、(6)と(7)、(8)を論理式で書いておこう。(5)と(6)を比較のために再録する。

（5）'　笑得'［ϕ, 肚子, 笑'(ϕ)＆有'(ϕ, 肚子)＆疼'(肚子)＆有'{疼'(肚子), 了}］
（6）'　逼得'［ϕ, 哥哥, 逼'(ϕ, 哥哥)＆走'(哥哥)＆有'{走'(哥哥), 了}］

（7）'　把'【ϕ, 肚子, 笑得'［ϕ, 肚子, 笑'(ϕ)＆有'(ϕ, 肚子)＆疼'(肚子＆有'{疼'(肚子), 了}］】
（8）'　把'【ϕ, 哥哥, 逼得'［ϕ, 哥哥, 逼'(ϕ, 哥哥)＆走'(哥哥)＆有'{走'(哥哥), 了}］】

(5)'と(6)'は「編出使役函数」の式であり、(7)'と(8)'は「授与函数」の第三項に「編出使役函数」の値が埋め込まれた式である。
　第八に(3)、(4)の文と(7)、(8)の文の意味上の関係を記述することにしよう。

（3） 把肚子笑疼了。(お腹に笑って痛くなるという状態をもたらした。)
（4） 把哥哥逼走了。(兄を無理強いして追っ払う結果をもたらした。)

（7） 把肚子笑得都疼了。(お腹に笑って痛くなるという状態をもたらした。)
（8） 把哥哥逼得只好走了。(兄に出て行かざるを得ない結果をもたらした。)

　これらの文の意味上の関係は次に述べるようになる。(3)、(4)は"笑疼"の"笑"と"逼走"の"逼"に［使役］の意味が「編入」された［編入使役］文に"把"構文の［授与］の意味が加わった文である。一方、(7)、(8)の文は"笑得…疼"、"逼得…走"は"笑疼"の"笑"と"疼"が、また"逼走"の"逼"と"走"が"得"によって「使役」の意味が「編出」された［編出使役］文であり、それに"把"構文の［授与］の意味が加わった文である。従って(3)、(4)は、

［編入使役］＋［授与］

　(7)、(8)は、

［編出使役］＋［授与］

となる。
　(3)、(4)と(7)、(8)を論理式で書くと次のようになる。

（3）' 把'【ϕ, 肚子, 笑疼'［ϕ, 肚子, 笑'(ϕ)＆有'(ϕ, 肚子)＆疼'(肚子)＆有'{疼'(肚子), 了}］】
（4）' 把'【ϕ, 哥哥, 逼走'［ϕ, 哥哥, 逼'(ϕ, 哥哥)＆走'(哥哥)＆有'{走'(哥哥), 了}］】

（7）' 把'【ϕ, 肚子, 笑得'［ϕ, 肚子, 笑'(ϕ)＆有'(ϕ, 肚子)＆疼'(肚子)＆有'{疼'(肚子), 了}］】
（8）' 把'【ϕ, 哥哥, 逼得'［ϕ, 哥哥, 逼'(ϕ, 哥哥)＆走'(哥哥)＆有'{走'(哥哥), 了}］】

　上記の論理式から(3)'と(4)'は「授与函数」の式の第三項に「編入使役函

数」の式が代入された式であり、一方、(7)'と(8)'は「授与函数」の式の第三項に「編出使役函数」の式が埋め込まれた式であることを読み取ることができる。
　第九に(3)、(4)の文と(5)、(6)の文の意味上の関係を記述してみよう。一見するだけではこれらの文が相互に意味上の関係が存在するとは言えない。しかるに上述の文相互の意味関係を参照するとこれらの文の相互の意味関係が浮かび上がってくる。(1)から(8)までの文の意味関係を詳細に論じてきたことの意図はここにある。

(3)　把肚子笑疼了。(お腹に笑って痛くなるという状態を<u>もたらした</u>。)
(4)　把哥哥逼走了。(兄を無理強いして追っ払う結果を<u>もたらした</u>。)

(5)　笑得肚子都疼了。(笑ってお腹が痛くなった。)
(6)　逼得哥哥只好走了。(兄に迫って出て行かせた。)

　(3)、(4)の文と(5)、(6)の文の意味上の関係を説明しよう。(3)と(4)は"笑疼"の"笑"と"逼走"の"逼"に［使役］の意味が「編入」された［編入使役］文に"把"構文の［授与］の意味が加わった文である。一方、(5)と(6)は"笑得…疼"、"逼得…走"が"笑疼"の"笑"と"疼"が、また"逼走"の"逼"と"走"が"得"によって「使役」の意味を「編出」された［編出使役］文である。
　従って(3)と(4)は、
［編入使役］＋［授与］
　(5)と(6)は、
［編出使役］
となる。
　論理式で表すと次のようになる。

(3)'　把'【ϕ, 肚子, 笑疼'［ϕ, 肚子, 笑'(ϕ) ＆ 有'(ϕ, 肚子) ＆ 疼'(肚子) ＆ 有'{疼'(肚子), 了}］】

(4)' 把'【φ, 哥哥, 逼走'[φ, 哥哥, 逼'(φ, 哥哥)＆走'(哥哥)＆有'{走'(哥哥), 了}]】

(5)' 笑得'[φ, 肚子, 笑'(φ)＆有'(φ, 肚子)＆疼'(肚子)＆有'{疼'(肚子), 了}]

(6)' 逼得'[φ, 哥哥, 逼'(φ, 哥哥)＆走'(哥哥)＆有'{走'(哥哥), 了}]

　上記の論理式から(3)'と(4)'は「授与函数」の式の第三項に「編入使役函数」の式が埋め込まれており、(5)'と(6)'は「編出使役函数」の式であることがわかる。

　第十に次の(1)、(2)の文と(7)、(8)の文の意味上の関係を記述する。これらの文相互の意味関係も即座に判定することはむずかしい。とりわけ統語形式の違いが意味関係を瞬時に判定することを妨げている。この場合も上述の議論を踏まえて慎重に考察すればそれらの文の意味上の関係を読み取ることが可能になる。用例をあげよう。

（１）　笑疼了肚子。（笑ってオナカを痛む状態に<u>した</u>。）
（２）　逼走了哥哥。（追いつめてアニを居なくなる状態に<u>した</u>。）

（７）　把肚子笑得都疼了。（お腹に笑って痛くなるという状態を<u>もたらした</u>。）
（８）　把哥哥逼得只好走了。（<u>兄に</u>出て行かざるを得ない結果を<u>もたらした</u>。）

　上記の(1)、(2)の文と(7)、(8)の文の意味上の関係を記述すると次のようになる。(1)と(2)は"笑疼"の"笑"と"逼走"の"逼"に［使役］の意味が「編入」された［編入使役］文である。一方、(7)と(8)は"笑得…疼"、"逼得…走"が"笑疼"の"笑"と"疼"が、また"逼走"の"逼"と"走"が"得"によって「使役」の意味を「編出」された［編出使役］文である。それに"把"構文の［授与］の意味が加わった文である。
従って(1)と(2)は

［編入使役］
(7)と(8)は
［編出使役］＋［授与］
となる。
これらの文についてもその意味を論理式で示しておこう。

(1)' 笑疼'[ϕ, 肚子, 笑'(ϕ)＆有'(ϕ, 肚子)＆疼'(肚子)＆有'{疼'(肚子), 了}]

(2)' 逼走'[ϕ, 哥哥, 逼'(ϕ, 哥哥)＆走'(哥哥)＆有'{走'(哥哥), 了}]

(7)' 把'【ϕ, 肚子, 笑得'[ϕ, 肚子, 笑'(ϕ)＆有'(ϕ, 肚子)＆疼'(肚子)＆有'{疼'(肚子), 了}]】

(8)' 把'【ϕ, 哥哥, 逼得'[ϕ, 哥哥, 逼'(ϕ, 哥哥)＆走'(哥哥)＆有'{走'(哥哥), 了}]】

これらの論理式から読み取れることは(1)'と(2)'は「編入使役函数」の式であり、(7)'と(8)'は「授与函数」の式の第三項に「編出使役函数」が代入された式であることである。

　上述の議論から「使役」の意を表す「得構文」はそれを単独で考えて記述するだけでは説得力に乏しい印象を与えるが「動詞結果補語構文」、「把構文」をも考察の対象にして総合的に考えるとその意味をより説得的に説明できることがわかる。

第Ⅲ部
現代中国語の構文が構成する意味と論理

ここでは現代中国語の中で説明に困難を伴う構文、反語文、疑問詞呼応文、比較構文、授与文、取得文等について全文の意味を細かく分析・総合して論理式で表示し、それぞれの文の論理構造をあきらかにする。

第 12 章　現代中国語反語文の成立の論理分析

　現代中国語の反語文は多くの論考が語用論の枠のなかで論じられている。ここでは別の立場、つまり統語論の枠組みの中で考察をすすめる。朱德熙1982 は 15.1 の疑問文の論述（pp.202–204）の中の 15.1.4 において「形式上は疑問文であるが、回答を求めるのではなく、疑問文の形式をとって、肯定あるいは否定を表す。このような疑問文を反語文と呼ぶ（p.204）」と解説し、半ページの紙幅を用いて、またその半分を例文、形式、意味を表示する表の形で提示している。極端に簡便な方法で事実を記述するという本書の本質が現れている。

　ここでは反語文の成立をそれと同形の疑問文の成立と関連させて論じる。前述のように朱德熙1982 は 15.1.4 で約半ページを使用して簡潔に現代中国語の反語文を説明している。ここでは朱德熙1982 の主張するところを忖度しながら、反語文の成立の過程を考える。

まず第一に"谁知道呢？（朱德熙1982: 204）"について考える。この文を（1）とする。

（1）　谁知道呢？

この文は疑問文としては「誰が知っているか？」の意に、反語文としては「誰も知らない。」の意になる。疑問文になるには「誰かが知っている」という聞き手と話し手の間に存在する問答共有情報が存在しなければならない。それをここでは前提と呼ぶ。そこでこの文の発話の前提は

（２）　有人知道。（誰かが知っている。）

となる。この前提で(1)の疑問を発すると、相手が、

（３）　老王知道。（王さんが知っている。）

と答えれば、通常の疑問－回答の問答が成立する。従ってこの場合(1)は反語文ではない。
　しかし、反語文は相手が回答しない場合、あるいははじめから回答を期待しない場合（朱德熙 1982: 204 "但不要求回答"）において、この形式をとって発話する。この場合、この形式は疑問文と同形であり、その形式が真の疑問であるか、反語であるかは回答の有無の決定の瞬間に決まるので、その発話の前提は疑問文の場合と同様であると考えられる。
　回答が返ってこない、つまり疑問文が成立しないのであるから、その前提が「偽」であると考えてよい。つまり前提の論理式は、

（４）　∃x［人'(x)＆知道'(x)］＝ 0

となり、(4)を「真」にするには(4)を否定函数に適用して、

（５）　f¬［∃x［人'(x)＆知道'(x)］＝ 1　　　　　　（方立 2000: 67）

とする。存在量化子と普遍量化子の否定とかかわる演算規則は次の(6)である。

（６）　∀x¬φ(x) ↔ ¬∃xφ(x)　　　　　（方立 2000: 197、n. 量词否定律）

(6)を適用すると(4)の否定は、

（７）　¬［∃x［人'(x)＆知道'(x)］

で、この式は「誰かが知っている」の文全体を否定することを意味している。これは(6)の規則を使用すると、

（８）　∀x［人'(x)→¬知道'(x)］（この式は、すべてのxについて、xが「人」であれば、xは知らない、と読む）

となって、この式は「誰も知らない」の意味を表す。これは自然言語では、

（９）　没人知道。　　　　　　　　　　　　　　　　　（朱徳熙1982: 204）

という文になる。念のために(6)の規則を等値記号の前後を入れ替えて、ここのケースに当てはめると、

(10)　¬［∃x［人'(x)＆知道'(x)］↔∀x［人'(x)→¬知道'(x)］

となり、存在量化子を有する式全体の否定は普遍量化子を持つ式の内部、つまり含意記号の後ろの命題を否定することになる。

　第二番目に次の文を考察してみよう。

（１）　我怎么不知道？　　　　　　　　　　　　　　（朱徳熙1982: 204）

　この文は疑問文としては「私がどうして知らないのか？」の意に、反語文としては「私は知っている。」の意になる。疑問文になるには「私が知らない」という聞き手と話し手の間に存在する問答共有情報が存在する。それを前提と呼ぶ。この文の発話の前提は、

（２）　我不知道。（私は知らない。）

となる。この前提で(1)の文を発話し、相手が次のように回答すれば

(3) 没人告诉你。(誰も君に知らせていない。)

疑問-回答の問答が成立し、(1)は疑問文になる。回答がない場合、あるいは回答が期待されない場合(朱德熙1982: 204)は疑問文が成立しない。この場合(2)の前提が「偽」である。つまり、

(4) ¬知道'(我) = 0

となり、この前提を「真」にするには(4)の左辺に否定函数を適用して(方立2000: 67)、

(5) f¬ {¬知道'(我)} = 1

にする。その結果、

(6) 知道'(我)

という命題が成立し、前提はこの命題でなければならないので、それに対応する自然言語は次のようになる。

(7) 我当然知道。(私は知っていて当然だ。)　　　　(朱德熙1982: 204)

第三に次の文を考えよう。

(1) 酸什么？(何が酸っぱいものか、全然酸っぱくない。)
　　　　　　　　　　　　　　　　　　　　　　　(朱德熙1982: 204)

この文は疑問文としては「何が酸っぱいのですか？」の意に、反語文としては「全然酸っぱくない。」の意になる。疑問文になるには「何かが酸っぱい」という聞き手と話し手の間に存在する問答共有情報がなければならな

い。それを前提と呼ぶことにすると、この文の疑問文としての前提は、

（２）　有的东西酸。（何かが酸っぱい。）

で、この前提で(1)の問いを行い、次のような回答があれば、

（３）　昨天买的橘子酸。（昨日買ったみかんが酸っぱい。）

(1)は疑問文であり、反語文ではない。ここで回答がない、あるいは回答が要求されない場合(朱德熙 1982: 204)は疑問文が成立しない。つまり前提である(2)が「偽」となる。即ち、

（４）　∃x［东西'(x)＆ 酸'(x)＆ 有'{酸'(x),［程度］}］＝ 0

となる。（［程度］は論理形式で集合を指す。）これを「真」にするためには(4)の左辺を否定函数に適用して（方立 2000: 67）

（５）　f¬【∃x［东西'(x)＆酸'(x)＆ 有'{酸'(x),［程度］}］】＝ 1

としなければならない。この論理式は「すっぱいものが少なくとも一つある」という文全体を否定することを表している。これは存在量化子を持つ文の否定であり、次の規則に当てはめることができる。

（６）　∀x ¬ φ(x) ↔ ¬∃xφ(x)　　　　　　（方立 2000: 197、n.量词否定律）

(6)は「↔」(等値関係)を表す論理式であるので、前後の命題を入れ替える。

（７）　¬∃xφ(x) ↔ ∀x ¬ φ(x)

この(7)の式の前件に(5)の内容を代入すると、

（8） ¬【∃x［東西'(x)＆ 酸'(x)＆有'{酸'(x),［程度］}］】

となり、(7)の式に従って書き換えると次の(9)になる。

（9） ∀x［東西'(x) → ¬酸'(x)＆¬有'{酸'(x),［程度］}］

この論理式は「すべてのものが酸っぱくない。そしてその酸っぱさの［程度］という論理形式(集合)も存在しない。つまり「少しも酸っぱくない」の意を表し、これは自然言語では、

(10) （東西）一点也不酸。((ものは)少しも酸っぱくない)（朱德熙 1982: 204）

となる。

第四の文をとりあげる。

（１） 这不是你的钢笔？(諾否疑問文／反語文) （朱德熙 1982: 204）

この文は疑問文としては「これは君のペンではないですか？」の意味を、反語文としては「これは君のペンだ。」の意になる。疑問文になるには「これは／それは君のペンでない」という聞き手と話し手の間に存在する問答共有情報がある。それを前提と呼ぶと、この文の疑問文としての前提は、

（２） 这／那不是你的钢笔。("这"は話し手の、"那"は聞き手の立場からの指示を表す)

となる。この前提で(1)の疑問文を発話し、聞き手から、

（3）　那不是我的钢笔。（それは私のペンではない。）

という返答が返ってくれば(1)は疑問文であって、反語文ではない。もし回答が返ってこない場合、あるいは回答が求められない場合（朱德熙1982: 204）、疑問文が成立しないことになる。つまり前提が「偽」になる。それを論理式で示すと次のようになる。

（4）　¬是'｛这，的'（你，钢笔）｝＝0（"的"は"你"と"钢笔"の関係を表示する函数）

この前提を「真」にするためには(4)の左辺を否定函数に適用して（方立2000: 67）、

（5）　f¬［¬是'｛这，的'（你，钢笔）｝］＝1

にしなければならない。その結果(6)の式ができる。

（6）　是'｛这，的'（你，钢笔）｝

これが反語文の論理式で、これは自然言語では、

（7）　这是你的钢笔。（これは君のペンです。）

となり、これは前提の否定で必然的に生じたものであるので、

（8）　这应该是你的钢笔。（これは君のペンであるはずだ。）

という意味が生じ、これは諾否疑問文の回答としては、

（9）　是的。（そうです。）　　　　　　　　　　（朱德熙1982: 204）

となる。
　次に第五の文を検討しよう。

（１）　难道你没看过电影？　　　（朱徳熙 1982: 204）（諾否疑問文／反語文）

この文は疑問文としては「君は映画を見たことがないのですか？」の意に、反語文としては「君は映画を見たはずだ。」の意になる。疑問文になるには「君／私が映画を見たことがない」という聞き手と話し手の間に存在する問答共有情報がある。それを前提と呼ぶと、この文の疑問文としての前提は、

（２）　你／我没有看过电影。（話し手の立場からは"你"、聞き手の立場では"我"）

とし、この前提で(1)の疑問文を発し、

（３）　没有(, 我没看过电影)。

という回答があれば、(1)は疑問文となり、反語の意味はない。ここで回答がない場合、あるいは回答が求められない場合（朱徳熙 1982: 204）、疑問文は成立しない。従って前提が「偽」となる。これを論理式で書くと、

　　　　　　　ミル　　〜ガ　　〜ヲ
（４）　¬有'｛看'(你，电影)，过｝＝ 0
　　　モタナイ　　　〜コトガ　　　［参照時間点以前の経験］ヲ

となる。この前提を「真」にするには、(4)の左辺を否定函数に適用して（方立 2000: 67）、

（５）　f¬ ［¬有'｛看'(你，电影)，过｝］－ 1

としなければならない。演算の結果、

（６）　有'｛看'（你，电影），过｝
　　　　アル　　〜コトガ　　　［参照時間点以前の経験］デ

の論理式が成立し、これは自然言語では、

（７）　你看过电影。（君は映画を見たことがある。）

でなければならないので、

（８）　你应该看过电影。（君は映画を見たことがあるはずだ。）

となり、言い換えると、

（９）　（你）当然看过（电影）。（見たことがあるのは当然だ。）

（朱德熙 1982: 204）

となる。

第六の文は次の例である。

（１）　你说<u>可笑不可笑</u>？　　　　　　　　　　　（朱德熙 1982: 204）

この文は疑問文としては「面白いかって？」の意味を、反語文としては「面白いのってなんのって。」の意になる。疑問文になるには「何かが面白くない」という聞き手と話し手の間に存在する問答共有情報がある。それを前提と呼ぶと、この文の疑問文としての前提は、

（２）　不可笑。（面白くない。）

となる。この前提で(1)を発話する場合の意味は「おもしろくもないのにおもしろいと言うのかい？」となり、この疑問に対して、

（３） 不可笑。（面白くない。）

という回答があれば、(1)は反復疑問文になり、反語文ではない。もし回答がない、あるいは回答が要求されない(朱德熙 1982: 204)場合は、(1)の疑問文は成立しない。つまり前提が「偽」となる。これを論理式で示すと次の式になる。

（４） $\neg$可笑'(ϕ) = 0

この前提を「真」にするには否定函数に(4)の左辺を適用(方立 2000: 67)しなければならない。これは、

（５） $f\neg$ $\{\neg$可笑'$(\phi)\}$ = 1

となり、演算の結果

（６） 可笑'(ϕ)

という論理式になる。演算が義務的であるので自然言語では、

（７） 当然可笑。（むろん面白い。）

となるが、簡略化すれば、

（８） 可笑。（面白い。）　　　　　　　　　　　　（朱德熙 1982: 204）

となる。

この反復疑問文について今一度別の観点から考察しておこう。前提の存在を考慮しないで考える。

もう一度例をあげる。

（１）　你说<u>可笑不可笑</u>？　　　　　　　　　　　　　　　　（朱德熙 1982: 204）

この文をまず疑問文として捕らえる。するとこの文の中で［疑問］の意味を認可する成分は何かということが問題になる。認可する成分は"可笑不可笑"である。このことについては疑いがない。さらに考察を進めると、認可する成分の第一構成素は"可笑不可笑"の"可笑"である。認可成分の第二構成素は"可笑不可笑"の"不可笑"である。ここで"可笑不可笑"の意味を厳密に考えておこう。"可笑"は［おかしい］の意味である。ところが"不可笑"は「おかしくない」の意味ではなく、［～か］という［疑問］を表す。そこで話し手の発する疑問文の「まと」が第一構成素に当たる場合は、聞き手は"可笑"と答えても、"不可笑"と答えてもよい。この場合(1)は反復疑問文である。

話し手の発する疑問文の「まと」が"不可笑"に当たる場合はどうであろうか。その場合は［～か］という［疑問］について聞くことになる。つまり［疑問］の存否を聞く。この［疑問］が存在する場合は(1)は反復疑問文になる。この「～か」という［疑問］が存在しない場合は(1)の"可笑不可笑"の前の"可笑"は「まったく疑問の存在しない」"可笑"の意味になる。その結果「とても面白い」や「面白いって何のって」の意味が生じる。反語文はこの「～か」という［疑問］が存在しない場合に生まれる意味を表す文である。「この「～か」という［疑問］が存在しない」という記述を言い換えると「［疑問］を否定する」ということになって、これが前述の否定函数に適用するということの具体的な内容である。朱德熙 1982: 204 は反語文についての記述であるので反復疑問の形式をとる反語文は「肯定義」になると簡単に述べているが、実際には上述のような検討を経た上で下した結論であると考える。

第 13 章　現代中国語の疑問詞と量化

13.1　本章のはじめに

　疑問詞の非疑問用法はいくつかあって、そのどれもが統語論を記述する研究者にとって魅力を感じる研究テーマとなっている。ここでは同じ疑問詞を呼応させる用法の意味を形式表示を主眼とする技法によって考察したい。ここでの用例は現代中国語の基礎的な文法体系を習得する際に最もおくれて学習する部分に含まれる。用例は誰もが必ず学習するものでよく知られたものばかりである。従ってここでの記述を目にして、これまでの先行研究が多くあるものと思って検索をかけることがあるだろう。しかし、その期待にそうような論考、とりわけその論理的意味構造を考察したものはない。

　本稿では一文の中に疑問詞が二個使用される場合、文全体としてどのような意味を表わし得るかをまず考え、次にその意味を獲得するためにはその文を構成する単語のうち、疑問詞がどのような意味を持たねばならないかを詳細に検討する。

13.2　疑問詞が量化とかかわる文

　先行節と後行節の疑問詞が同一指示であるのを決定するのは (1) では"先"、(2) では"就"、(3) では"也"、(4) では"就"である。従ってこれらの語が一文中の疑問詞が同一指示であることを認可するが、議論の焦点がずれるので事実の指摘にとどめて議論を進める。

　まず次の簡単な用例によって、問題点を明らかにしておこう。

（1） 谁　先　来，　谁　先　吃。
　　　誰カ　　　　　その誰カ…
　　　　　　〈先に来る人［スベテ］が先に食べる〉

（2） 你　要　多少，　就　给　你　多少。
　　　　　　イクラカ　　　　　　そのイクラカ
　　　　　　〈必要とするもの［スベテ］をあげる〉

（3） 你　去　哪儿，　我　也　去　哪儿。
　　　　　　ドコカ　　　　　　　そのドコカ
　　　　　　〈君が行くところ［スベテ］私も行く〉

（4） 怎么　说，　就　怎么　办。
　　　ドノヨウニカ　　　そのドノヨウニカ
　　　　　〈話すように［スベテ］する〉

上記の(1)から(4)の文で量化にかかわるのは三箇所である。
　第一は先行節の中にある疑問詞で、"谁"、"多少"、"哪儿"、"怎么"でそれぞれ「誰カ、イクラカ、ドコカ、ドノヨウニカ」の意味で【不確定性】の意がある。それぞれ「動作主格、対象格、着点、様態語」であり、意味上の役割は異なるが、表す意味には【不確定性】の意が共有されている。
　第二は後行節にある疑問詞で、やはり"谁"、"多少"、"哪儿"、"怎么"であるが、意味は「その誰カ、そのイクラカ、そのドコカ、その(ドノ)ヨウニカ」で「その」がつくことからわかるように、【確定性】の意味を共有している。
　第三は先行節の疑問詞の表す属性"谁'(誰カデアル)"、"多少'(イクラカデアル)"、"哪儿'(ドコカデアル)"、"怎么'(ドノヨウニカデアル)"（"'"は属性を表示）を持つ個体の「すべて」が、後行節の述語"吃"、"给"、"去"、"办"で表わされる「動作」をするということである。つまり、「すべて」の意味が全文に内在することである。これをここでは【普遍性】と呼ぶことにする。
　上述の三点、つまり【不確定性】、【確定性】、【普遍性】を一般性をもつ方法で記述することが本章の目的である。

13.3　第一の量化──【不確定性】の意味

　まず「不確定性」という意味をどのように記述すればよいであろうか。(1)の文は「来た人から順番に食べる。」の意味であって、常識的にはそれ以上何も述べる必要はない。しかし、それではなぜ「誰、先、来、誰、先、吃」と並ぶ文字列が「来た人から順番に食べる。」という意味を表すのかという疑問は解消しない。その疑問を解くにはやはり、それぞれの単語の持つ概念をぎりぎりまで明らかにして、母国語としてやや不自然な表現にはなるが、自然な母国語の表現の表す意味をぎりぎりのところでフォローしうるところまで追究するプロセスが欠かせない。具体的に例文(1)に即して言えば、「来た人から順番に食べる。」という意味を中国語の文字列に即して日本語で解釈すると、「誰かが先に来れば、その誰かが先に食べる。」となると考えるのである。文全体の表す量化をさらに盛り込むと、「誰かが先に来れば、その誰かが［すべて］先に食べる。」となり、それを(1)の例では簡略化して、「先に来る人スベテが先に食べる。」と訳したのである。

　以上のことを踏まえて、改めて【不確定性】の意味を記述してみよう。「誰かが来る」という文をまず、より一般的な「ある人が来る」という文で考えてみる。この文は、

（5）　有的人来。

という中国語の文になる。これはよく知られているように、

（6）　人間であり、かつ「来る」という条件を満たす人が少なくとも一人は存在する。

と意味解釈され、(6)は意味論的には次の(7)と同値である。

（7）　「人間である」個体と「来る」個体の集合に共通のメンバーが少なくともひとつある。

(7)の文をより詳しく説明してみよう。(7)は代数的、論理学的に厳密に自然言語を記述しようとする形式意味論(モデル理論的意味論)の基本的考えに基づいている。本章では量化を明示的に記述するのに便利であるという点で形式意味論の手法に習って、中国語の量化の記述をこころみる。(7)の文をより細かく分けて、そのそれぞれについて深く考えてみる。(7)は、

a. 「人間である」個体
b. 「来る」個体の集合
c. 共通のメンバー
d. 少なくともひとつある

のように区分される。aの「人間である個体」は「人間という属性(a property)」、これを"Ren"と表記するが、を持つ個体と考える。そしてこれを「Ren'(x)」と表わす。bは直観に訴えにくいのであるが、述語動詞"来"をも「来るという動作」、これを"Lai"と記すが、をする個体の集合と考える。そしてこれを「Lai'(y)」と書く。cは「二つの集合に共通するメンバー」で、これは次の(8)で表される。

(8) Ren'(x)＆Lai'(y)

(8)では連言の演算子＆の両側に「Ren'(x)」と「Lai'(y)」があり、これらはともに(5)の文、つまり同一文中にあるので、「＆」の両側にある変数xとyは同一のものとなり、これをxとする。さらにこの二つのxが同一のものであることを明示するために、次の(9)では、xを［　　］の前に出して、［　　］の前のxが［　　］の中の「Ren'(x)」と「Lai'(x)」の変数xを束縛することを示す。

(9) x［Ren'(x)＆Lai'(x)］

dの「少なくともひとつある」は一種の函数概念で、通常「∃」で表す。∃

は論理学でよく知られているように、存在量化詞と呼ばれ、式の先頭に置く。次の(10)は「少なくともひとつある」という概念を(9)の式に加えたものである。

(10)　$\exists x [Ren'(x) \& Lai'(x)]$

これが実は(5)の文の論理式で、この中で「Ren'」と「Lai'」は「人間」という個体と「来る」個体の集合を表していることは明白である。従って【不確定性】の意味は、それらを除いた、

(11)　$\exists x [\quad (x) \& \quad (x)]$

の部分で表示されていることになる。
　ここで先の(1)の文"谁先来，谁先吃。"にもどろう。(1)の先行節"谁先来"は(表記を簡単にするために"先"を除いて記述すると)次の(12)になる。

(12)　$\exists x [Shei'(x) \& Lai'(x)]$

13.4　第二の量化——【確定性】の意味

　(1)の文の後行節は「その誰かが先に食べる」の意味を表すが、説明の便宜上、「その」を除いて、まず「誰かが先に食べる」という文の意味を考えてみよう。

(13)　誰かが先に食べる。

上の文は、

(13)'　「Shei'(誰)」という属性を持つ個体と「Chi'(食べる)」という動作をする個体の集合に共通のメンバーが少なくともひとつある。

と意味解釈できる（「先に」は除いて考える）。これを前述の(7)と同じように論理表記すると、まず「『Shei'』という属性を持つ個体と『食べる』という動作をする個体の集合の共通のメンバー」は次の(14)で表される。

(14)　Shei'(x) & Chi'(y)

さらに「少なくともひとつある」という函数概念を明示すると次の(15)になる。

(15)　$\exists x \exists y$ [Shei'(x) & Chi'(y)]

さらに「Shei'(x)」と「Ch"(y)」は同一の文に存在し、xとyは同じものとなるので、これをxとすると(15)は次の(15)'になる。

(15)'　$\exists x$ [Shei'(x) & Chi'(x)]

ここで本論に戻って次の(16)の文を考えよう。

(16)　その誰かが先に食べる。

(16)は「すべての「誰か」が(先に)食べる」と解釈できない。「すべての「誰か」が(先に)食べる」という文は次の(16)'で論理表記され

(16)'　$\forall x$ [Shei'(x) → Chi'(x)]

この論理式で実現される自然言語の文は

(16)"　*谁都先吃。

という中国語になる。（注：自然言語の文"谁都先吃"は「誰もすべてが先

に食べる」となって、論理的でない。なぜなら全員が同時に先に食べることは不可能だからである。ここでの"先"は先行節の"先"と呼応しているので、つまり「先であれば先に～する」という「条件関係」をあらわす文の後行節に用いられているので、単独の文としては成立しない。単独で成立させるには"谁都可以吃。"とすべきだが、議論がそれるので"谁都先吃。"を(16)"として議論する。)

一方「ある「誰か」が(先に)食べる」という文は前述の「誰かが(先に)食べる」と同じで、先の(15)' の論理式で示される。(15)' は動作主 Shei' と動作 Chi' が同一の個体と関わることを示しているが、動作主 Shei' は実際には先行節で述べられた Lai' という動作を行うものであり、この段階では Chi' という動作を行う主体と Lai' という動作を行う主体はまだ同一のものと見なせないので、論理式は(15)に戻ることになる。

さて(15)の論理式は「その「誰か」が(先に)食べる」の「その」の部分を除いた他の部分の意味をいちおう表している。ここで「その『誰か』」についてさらに考える。「その『誰か』」はもちろん「(先に)食べる」主体であるが、同時に先行節の動作「来る」の主体でもある。そこで「来る」という動作をする「その誰か」については、すべてが「食べる」という動作を行う個体であるので($\forall x$)、この場合 Lai'(x) と Chi'(y) の変数 x と y はいつも等しい($\Leftrightarrow x = y$)ことになる。これを論理表記すると次の(17)となる。

(17)　$\forall x \, [\text{Shei'}(x) \Leftrightarrow x = y]$

さらに(15)の論理表記の「$\exists x$」と「Shei'(x)」を削除し、(15)の「Shei'(x)」の位置に(17)を代入すると、

(18)　$\exists y \, [\forall x \, [\text{Shei'}(x) \Leftrightarrow x = y] \, \& \, \text{Chi'}(y)]$

となって、これが1の文の後行節「誰先吃」の論理式となる。これによれば「その誰かが先に食べる。」という文の意味は「誰かが先に食べる。」という【不確定性】を有する文をベースとして、「誰か」という成分の【不確定

性】に対して、先行節との関係からxとyが必ず等しい場合、そしてその場合にのみという制約をつけてはじめて、すべてのxについて(18)の論理式が成立すると主張していることがわかる。

13.5　第三の量化——【すべて】の意味

　先の13.4の議論で述べたことであるが、ここでもう一度確認しておこう。(1)から(4)に付した訳語の「すべて」は実際には「すべての場合」という意味である。ここでの「場合」は先行節で述べられた場合を指す。具体例に即して言えば、(1)では「来」、(2)では「要」、(3)では「去」、(4)では「说」という動詞で指示される状況が存在する場合を述べている。そして「その場合」には「そのすべての場合」において後行節で述べる「吃、给、去、办」という動詞で指示される状況がそれぞれ存在する。

　そのことを(1)の文の論理式である(18)に即して説明すると、「$\forall x\,[\text{Shei'}(x) \Leftrightarrow x = y]$」の部分が「そのすべての場合」という意味を表している。この式で「$x = y$」は「来る人」と「食べる人」が同じであることを示し、「$\text{Shei'}(x)$」は(12)から「来る人」との「交わり(&)」であることがわかるので、「来る人」を表す。「$\Leftrightarrow$」は「$\text{Shei'}(x)$であれば$x = y$、$x = y$であれば$\text{Shei'}(x)$である」こと、つまり「必要十分条件」を表している。また「$\forall x$」は「すべての場合である」という函数概念を表す。そこで「$\forall x\,[\text{Shei'}(x) \Leftrightarrow x = y]$」は「来る人であれば($\text{Shei'}(x)$)食べる人である($x = y$)」逆に「食べる人であれば($x = y$)来る人である($\text{Shei'}(x)$)」という命題がすべての場合に言える、ということを表すことになる。

　従って(1)の例の訳語の「すべて」は無条件な「すべて」ではなく「来る人と食べる人が一致する」という条件のもとでの「すべて」という意味なのである。

13.6　二個の疑問詞を持つ文の論理式・単純な構文例

　ここでは具体例について、論理式で記述してみよう

　前述の内容から(1)の文の論理式は(表記を簡略化するため「先」を省略して考える)"谁先来"は$\exists x\,[\text{Shei'}(x)\,\&\,\text{Lai'}(x)]$と表記され、"谁先吃"

は $\exists y\,[\forall x\,[\text{Shei'}(x) \Leftrightarrow x = y]\,\&\,\text{Chi'}(y)]$ と表されるので次のような論理式になる[注1]。

(19)　$\exists x\,[\text{Shei'}(x)\,\&\,\text{Lai'}(x)] \rightarrow \exists y\,[\forall x\,[\text{Shei'}(x) \Leftrightarrow x = y]\,\&\,\text{Chi'}(y)]$

次に(2)の文を論理式で表記してみよう。ここで(2)の文をもう一度あげよう。

（2）　你　要　多少，　就　給　你　多少。

(2)の文の先行節は「君がイクラカを必要とするならば」と解することができる。このことを形式意味論の立場で言い換えると「"Duoshao"という属性を持つ個体、つまり"Duoshao'(x)"が"Yao"という関係にある二つの項(arguments)の順序ペアの集合の中の後ろの項(対象格)と少なくとも一つの共通メンバーを持つならば」となる。それを論理式で表せば次のようになる。

（2）'　$\exists x\,[\text{Duoshao'}(x)\,\&\,\text{Yao'}(\text{ni'}, x)]$

(2)の文の後行節は「君にそのイクラカをあげる」と解することが可能である。これを形式意味論の言い方では「"Gei"という関係にある三つの項を持つ順序付き三つ組みの集合の最後の項(対象格)は「君が必要とするもののすべて」と少なくとも一つの共通するメンバーを持つ」と言う。これを論理表記すると次のようになる。ϕは動作主格の項が統語形式として存在しないことを示す。

（2）"　$\exists y\,[\forall x\,[\text{Duoshao'}(x) \Leftrightarrow x = y]\,\&\,\text{Gei'}(\phi, \text{ni'}, y)]$

そこで(2)の文全体の論理式は、

(20)　$\exists x\,[\text{Duoshao'}(x)\,\&\,\text{Yao'}(\text{ni'}, x)]$

$\rightarrow \exists y\,[\forall x\,[\text{Duoshao'}(x) \Leftrightarrow x = y]\,\&\,\text{Gei'}(\phi, \text{ni'}, y)]$

となる。次に(3)の文を論理式で表してみる。(3)を再録する。

(3) 你 去 哪儿, 我 也 去 哪儿。

(3)の文の先行節は「君がドコカへ行くならば」という意味である。これを形式意味論で言えば「"Nar'"という属性を持つ個体、つまり"Nar'(x)"が"Qu"という関係にある二つの項(arguments)の順序ペアの集合中の後ろの項(着点)と少なくとも一つの共通のメンバーを持つならば」となる。それは論理式では次のように表せる。

(3)' $\exists x\,[\text{Na'}(x)\,\&\,\text{Qu'}(\text{ni'}, x)]$

(3)の後行節は「私もそのドコカへ行く」と解することができる。これを形式意味論の立場で言えば「"Qu"という関係にある二つの項の後ろの項(着点)は君が行くすべての場所と少なくとも一つの共通するメンバーを持つ」ということになる。これを論理式で書くと、

(3)'' $\exists y\,[\forall x\,[\text{Nar'}(x) \Leftrightarrow x = y]\,\&\,\text{Qu'}(\text{wo'}, y)]$

となり、そこで(3)の文全体は、

(21) $\exists x\,[\text{Nar'}(x)\,\&\,\text{Qu'}(\text{ni'}, x)] \rightarrow \exists y\,[\forall x\,[\text{Nar'}(x) \Leftrightarrow x = y]\,\&\,\text{Qu'}(\text{wo'}, y)]$

となる。同様に(4)を論理式で表そう。(4)を再録する。

(4) 怎么 说, 就 怎么 办。

この文の論理分析はやや複雑である。得られる直観を慎重に記述してみよう。(4)の先行節は「ドノヨウニカ話すならば」という意味が抽出できる。この表現は「ドノヨウニカである」という属性を持つ個体("Zenme'(x)")と「存在する」という関係を有する順序対("You'(Shuo'(ϕ), x)"の"〈Shuo'(ϕ), x〉")の集合の後ろの要素(対象格)との間に少なくとも一つの共通するメンバーがある」という形式意味論による説明が可能である。ここで一つ重要な直観を指摘しておきたい。「ドノヨウニカ話す」という表現は「『話す』ことには『ドノヨウニカである』という属性が存在する」という述語論理の言い換えが出来ることである(注2)。これは「"You'(Shuo'(ϕ), x)"」と表記される。ここでの"x"は本来は"Zenme"の入る位置である。このことから"Zenme"は"Zenme'(x)"では属性を表すが"You'(Shuo'(ϕ), x)"では第二項に変数として表記されていることがわかる。もとにもどって(4)の先行節の論理式を書こう。

(4)' $\exists x [\text{Zenme}'(x) \& \text{You}'(\text{Shuo}'(\phi), x)]$

次に(4)の文の後行節は「そのドノヨウニカする」という意味になる。「(そのドノヨウニカ)する」という表現は形式意味論では「『する』には『そのドノヨウニカである』という属性が存在する」と言い換えうる。それは「You'(Ban'(x), y)」と表記され、そこの"y"は"Zenme"の入る位置を変数で置き換えたものである。「そのドノヨウニカする」は先行節から「Zenme'(x)」と「You'(Shuo'(ϕ), x)」が「交わり(&)」であることがわかっているので、従って「『話す』ことには『ドノヨウニカである』という属性が存在する」すべての場合に「『する』には『そのドノヨウニカである』という属性が存在する」と解釈できる。ここでも「『する』には『そのドノヨウニカである』という属性が存在する」という述語論理の言い換えを参考にすると、まず「$\exists y [\text{Zenme}'(y) \& \text{You}'(\text{Ban}'(\phi), y)]$」という式を経て、[ ]の中の「Zenme'(y)」は先行節の「Zenme'(x)」にすべての場合に該当するので($\forall x, x = y$)、次のような論理式が書ける。

（4）″ ∃y［∀x［Zenme'(x)⇔ x = y］& You'(Ban'(φ),y)］

念のために上の式を説明すると、"Zenme'(x)"は先行節により、"You'(Shuo'(φ),x)"との交わり（&）であるから、「『話す』ことには『ドノヨウニカである』という属性が存在する」というすべての場合において（∀x）、「『する』には『そのドノヨウニカである』という属性が存在する」ということ、つまり、「すべて話すようにする（何でも言った通りにする）」となる。そこで（4）の論理式の全体は次のようになる。

(22) ∃x［Zenme'(x) & You'(Shuo'(φ),x)］
→∃y［∀x［Zenme'(x)⇔ x = y］& You'(Ban'(φ),y)］

13.7　二個の疑問詞を持つ文の論理式・複雑な構文例

以上（1）から（4）の例は比較的単純な例であった。次の数例は先行節の動詞に助動詞が存在したり（5）、疑問詞が限定語であったり（6）、（7）、意味直観を論理分析するのが複雑であったり（8）する例である。しかし、このような例においても先の（1）と（4）で用いた論理分析で論理式が記述できる。

次の（5）の文は疑問詞の"几"が先行節と後行節の目的語の位置に用いられ、さらに先行節に助動詞の"能"が用いられている。

（5）　你　能　买　几个，　就　买　几个。
　　　　　　　　　イクツカヲ　　　　そのイクツカヲ

全体の自然な意味は「買えるだけ買いなさい。」である。この意味を表すには先行節は「君がイクツカヲ買うことが出来るならば」、後行節は「そのイクツカヲ買いなさい」というぎりぎりの日本語が想定できる。すると（5）の文の先行節は形式意味論の立場で言い換えると「"Jige"という属性を持つ個体、つまり"Jige'(x)"が"Mai"という関係にある二つの項の「順序ペア」の集合の中の後ろの項（対象格）と少なくとも一つの共通メンバーを持つならば」となる。それを論理式で表すと次のようになる。

(5)′ ∃x [Jige'(x) & Neng' {ni', Mai'(ni', x)]

また(5)の文の後行節は「そのイクツカヲ買いなさい」という意味であったから、これを形式意味論の言い方でいえば、「"Mai'"という関係にある二つの項の順序対の集合の後の項(対象格)は「君が買うことの出来るもののすべて」と少なくとも一つの共通メンバーを持つ」と言い換えうる。これを論理式で表すと次のようになる。

(5)″ ∃y [∀x [Jige'(x) ⇔ x = y] & Mai'(ni', y)]

従って(5)の文全体では次の(23)の論理式となる[注3]。

(23)　∃x [Jige'(x) & Neng' {ni', Mai'(ni', x)]
　　→ ∃y [∀x [Jige'(x) ⇔ x = y] & Mai'(ni', y)]

　次に(6)の文を論理式になおしてみよう。(6)の文の先行節では"哪儿"が"人"の形式的な限定語になっているが、実際は「的」が存在しなくても同じ意味を表す。

(6)　哪儿　的　人　最多，　哪儿　就有她的声音。
　　ドコカデ　　　　　　　そのドコカに

(6)の文の自然な意味は「人の最も多い所には決まって彼女がいる」(「彼女はでしゃばりだ。」)である。文字通りの意味を忠実に再現すると「人の最も多い [トコロ・スベテニ] 彼女の声がする。」となる。(6)の先行節の意味をさらに文字に即して逐語訳すると「ドコカデ人が最も多ければ」で、後行節は「そのドコカニ彼女の声がする」である。先行節の「ドコカデ人が最も多ければ」の「ドコカデ人が」を論理分析に適するようにさらに分析すると「ドコカニ人がいる」となり、その人は「最も多い」ので、それを「人」に付加すると「ドコカニ最も多くの人がいる」となる。これは限定語に用いら

れた疑問詞を独立した変数として捕らえるここで提案する意味上の方法である。

　説明が後回しになったが、「ドコカ」は"哪儿"という属性を有する個体であるので、"Nar'(x)"と表示される。これを論理式で表示すると次のようになる。論理式は簡略表記する。

（6）'　∃x［Nar'(x)&You'(x, zui-duo-de-ren')］

この式は「いる」という関係(You')にある二項の順序対の集合の前の項（位格）と「ドコカニ」という属性を持つ個体の間に少なくとも一つの共通メンバーが存在する」ということを意味している。(6)の後行節は「そのドコカニ彼女の声がする」でこれを形式意味論の観点から言い換えると「『する』という関係(You')にある二項の順序対の集合の前の項（位格）と『最も多くの人が存在するすべての場所』の間に少なくとも一つの共通メンバーが存在する」となる。これを論理式で表すと次のようになる。

（6）"　∃y［∀x［Nar'(x)⇔x = y］&You'(y, ta-de-shengyin')］

そこで(6)全体の論理式は次となる(注4)。

(24)　∃x［Nar'(x)&You'(x, zui-duo-de-ren')］
　　　→∃y［∀x［Nar'(x)⇔x = y］&You'(y, ta-de-shengyin')］

次の(7)の文を論理式に直そう。

（7）　是　谁　的　责任，就　由　谁　来　承担。
　　　　　誰カ　　　　　　　　　　その誰カ

(7)は「責任ある人の責任だ」の意味である。これは「責任アル［ヒト・スベテ］が責を負う」とも言い換えられ、さらに文字列に忠実に訳すと「［誰

カ］の責任であるならば、［その誰カ］がスベテの場合に責任を負う」となる。まず先行節から論理式になおそう。先行節は「誰カの責任であれば」の意であるが、「誰カ」は「誰カの責任」という名詞句における限定語であるのでこれを論理分析に適した構造に変えると「誰カが責任を持つ」あるいは「誰カに責任がある」となる。これは限定語の位置に置かれた疑問詞を独立した変数として捕える本書が提案する意味論上の方法である。この言い換えられた文は中国語では"谁有责任"となり、述語論理では「有'（誰，責任）」と表現される。そこで先行節を形式意味論の立場で言えば「"誰"という属性を持つ個体と"You"という関係にある二項の順序対の集合の前にある項（位格）の間に共通するメンバーが少なくとも一つあれば」となる。これを論理式になおすと次のようになる。

（7）' $\exists x \, [\text{Shei'}(x) \& \text{You'}(x, \text{zeren'})]$

後行節は「ソノ誰カがスベテの場合に責任を負う」という意味であり、先行節との関わりから、「ソノ誰カ」は「責任のある」個体（You'(x, zeren')）の x（これは即ち Shei'(x) の x である）との交わり（&）であり、それが後行節の「責任を負う（Chengdan'）」個体となる（つまり x = y）。そこで（7）の後行節を形式意味論の立場で言い換えると、「"Chengdan"という動作をする個体の集合（Chengdan'(y)）と「ある（You'）」という関係にある二項の順序対の集合の前にある個体（You'(x, zeren')）の x、即ち Shei'(x) の (x) のすべて（∀）との間に少なくとも一つの共通メンバーが存在する（∃y と &）」となる。これは論理式で次のように表される。

（7）" $\exists y \, [\forall x \, [\text{Shei'}(x) \Leftrightarrow x = y] \& \text{Chengdan'}(y)]$

先行節と後行節をまとめると、

(25)　　$\exists x \, [\text{Shei'}(x) \& \text{You'}(x, \text{zeren'})]$
　　　→ $\exists y \, [\forall x \, [\text{Shei'}(x) \Leftrightarrow x = y] \& \text{Chengdan'}(y)]$

のような論理式で表現される。

次に(8)の文を考えよう。(8)の文は"怎么"を"都"に変えるべきであるというインフォーマントの意見もあるが、ここでは杉村1994に従う(注5)。

(8) 这个孩子的模样 怎么 看 怎么 像 他妈妈。
　　　　　　　　　ドノヨウニカ　その・(ドノ)ヨウニカ

(8)は「この子どもは母親に生き写しだ」の意味である。中国語の文字列を意味が理解できるぎりぎりの所まで、出来るだけ忠実に日本語で再現すると「この子どもの姿はドノヨウニカ見れば、そのドノヨウニカ母親に似ている」となり、ここから「どう見ても母親に似ている」という意味が生じることがわかる。議論を集中させるために「怎么 看 怎么 像」の部分に絞って論じる。まず先行節を考えよう。"怎么看"の"怎么"は状況語であるので、これを論理分析に適した構造に変える必要がある。「ドノヨウニカ見る」という表現は「『誰か(ϕ)が見る』ことには『ドノヨウニカである』という様態が存在する」と解しうる。これは状況語である疑問詞を独立した変数として捕らえ直す本書が提案する意味論上の方法である。述語論理の表記をすると「You'{Kan'(ϕ), x}」となる。そこで(8)の先行節は形式意味論の立場では「Zenme'という様態を持つ個体とYou'という関係にある順序対の集合の後ろのメンバーとの間に少なくとも一つの共通するメンバーがある」と言い換えることが出来る。論理式は次のようになる。

(8)' $\exists x [\text{Zenme'}(x) \& \text{You'}\{\text{Kan'}(\phi), x\}]$

後行節は「(ドノヨウニカ)見たスベテの場合において、その(ドノ)ヨウニ母親に似ている」という意味である。そこで「『似ている』ことには『ソノヨウデアル』という様態が存在する」と書き換えることにより後行節の疑問詞"怎么"を「状況語」から「独立した変数」に換えることにする。つまり「You'{Xiang'(zhei-ge-haizi', ta-mama'), y}」と表記する。"y"は本来は

"zenme"が入る位置に変数として存在している。それを参照して(8)の後行節を形式意味論の立場から言えば「『誰かが見る』ことに『ドノヨウニカである』という様態が存在する」すべての場合に($\forall$x)、「『この子が母に似ている』ことには『ソノヨウデアル』という様態が存在する($\Leftrightarrow$ x = y)」となる。これを論理式で示そう。

(8)'' $\exists$y [$\forall$x [Zenme'(x) $\Leftrightarrow$ x = y] & You' {Xiang'(zhei-ge-haizi', ta-mama'), y}]

従って(8)全体では次のような論理式になる。

(26) $\exists$x [Zenme'(x) & You' {Kan'(ϕ), x}]
→$\exists$y [$\forall$x [Zenme'(x) $\Leftrightarrow$ x = y] & You' {Xiang'(zhei-ge-haizi', ta-mama'), y}]

13.8 論理式への補足

(19)、(20)、(21)、(22)、(23)、(24)、(25)、(26)の文について今いちどよく考えてみたい。(19)を例にとる。ここでは"$\exists$x [Shei'(x) & Lai'(x)]"における"x"と、→の右側の"$\exists$y [$\forall$x [Shei'(x) $\Leftrightarrow$ x = y] & Chi'(y)]"の"x"は記号は同じだが指示物が異なる別の変数になっている。これは(1)の文"谁先来、谁先吃。"の論理式としては不適当である。この二個の"x"は同一のものでなければならない。そのためにはこの二つの"x"を束縛する必要がある。そこで(19)の論理式の前に二つの"x"を束縛するものとして、普遍量化詞$\forall$xを付加して、→の前後の"x"を束縛することにする。

(27) $\forall$x【[$\exists$x [Shei'(x) & Lai'(x)] → $\exists$y [$\forall$x [Shei'(x) $\Leftrightarrow$ x = y] & Chi'(y)]】

(20)から(26)の例についても正確には(27)の例に従うべきであるが、煩雑

になるので、ここでは論理的な厳密さを犠牲にして、上述の簡易表記に従う。

13.9 本章の注

注
1. (19)は"先"を含めて論理式を書くと次のようになる。
   $\exists x\ [\text{Shei'}(x)\ \&\ \text{Lai'}(x)]\ \&\ \text{Xian'}\{\exists x\ [\text{Shei'}(x)\ \&\ \text{Lai'}(x)]\} \to$
   　　$\exists y\ [\forall x\ [\text{Shei'}(x) \Leftrightarrow x = y]\ \&\ \text{Chi'}(y)]\ \&\ \text{Xian'}\{\exists y\ [\forall x\ [\text{Shei'}(x) \Leftrightarrow x = y]\ \&\ \text{Chi'}(y)]\}$
   "Xian'【$\exists x\ [\text{Shei'}(x)\ \&\ \text{Lai'}(x)]$】"は「来る個体(Lai'(x)')は先んずる(Xian')」ことを表し、"Xian'【$\exists y\ [\forall x\ [\text{Shei'}(x) \Leftrightarrow x = y]\ \&\ \text{Chi'}(y)]$】"は「食べる個体(Chi')は先んずる」ことを表している。
2. (4)の文の"怎么说"を「話すコトにはドノヨウニカという様態がある」ととらえ直す、この考え方を支える例として次のような文がある。
   a. 你怎么想的就怎么说。(Say what you are thinking.) （王还主编 1997: 1111)
   b. 计划怎么定的就怎么执行。(Carry out whatever plan was made.) （同上）
   aの"怎么想的"は「ドノヨウニカ考える」が直訳であるが、ここではそれを「考えるコトはドノヨウニカであるという様態を持つ」と解釈しなおしている。この再解釈では「考える」は「考えるコト」となるが、この「コト」の意を具現化する一例として"的"が出現することがあると解することができる。bの場合も同様で前方の"怎么"の背後の動詞に"的"が付されている。従って「ドノヨウニカ定める」は「定めるコトにはドノヨウニカであるという様態がある」と解釈しなおすのである。
3. (23)の式を詳しく説明すると、次のようになる。
   $\exists x\ [\text{Jige'}(x)\ \&\ \text{Mai'}(ni', x)\ \&\ \text{Neng'}\ \{ni', \text{Mai'}(ni', x)\}]$
   　　$\to \exists y\ [\forall x\ [\text{Jige'}(x) \Leftrightarrow x = y]\ \&\ \text{Mai'}(ni', y)]$
   "Neng' {ni', Mai'(ni', x)}"は「君(ni')という個体と「君がxを買う(Mai'(ni', x))」という命題との間に「できる(Neng')」という関係がある」ことを表している。
4. (24)は正確には次のように表記すべきであるが、ここでは簡略表記に従う。
   $\exists x\ [\text{Nar'}(x)\ \&\ \text{You'}(x, \text{ren'})\ \&\ \text{You'}(\text{ren'}, \text{duo'})\ \&\ \text{You'}(\text{duo'}, \text{zui'})] \to$
   $\exists y\ [\forall x\ [\text{Nar'}(x) \Leftrightarrow x = y]\ \&\ \text{You'}(y, \text{ta'})\ \&\ \text{You'}(\text{ta'}, \text{shengyin'})]$
5. この判断の根拠は次のような発話が存在することによる。次の文においても"怎么"が二回使用され、例と同様の意味を表す。
   a. 我愿意帮你就是了，黛芬，我怎么看怎么都觉得你不像是个下人。你到底是谁呀？
   （京华烟云: 28集）
   ここで問題の文の意味は「私はどう見ても君が召し使いとは思えない。」である。

この文も文を構成する単語にそって、意味を理解できるぎりぎりのところまで考えると「私がドノヨウニカ見れば、そのドノヨウニカ君が召使いのようではないと思う」となる。ここでは後方の"怎么"の後ろに"都"が生起しているので文の容認性は高い。

第 14 章　比較構文の論理と意味

　現代中国語の比較構文には大別して「同等比較」、「差異比較」、「最上級比較」の三種類がある。朱徳熙1982では「同等比較」と関連する記述については13.3の「跟、和、同」(pp.176–178)の13.3.3において「跟……一样」に関する記述がほぼ1ページある。同じく朱徳熙1982では「差異比較」については第十三章前置詞の中の13.8の「比」で1ページ強の説明がある。ここではこれらの比較では論じられていない「有」を中心とした同等比較を論じることとする。ここでの議論の焦点は「…有…这么／那么」における「这么／那么」の役割を解明することにある。

14.1　同等比較

　ここでは「同等比較」を表す比較構文を考える。まず「同等比較」を考える基本になる構文を検討したい。この文に「有」があることに注目されたい。

（1）　<u>有</u>多大呀？（どれくらい大きいですか？）　　　　（邱鴻康編 2002: 40）

この文の論理式は次のようになる。［大小］(大きさ)の［　］は論理形式で集合(人物や事物の下位範疇化)を表し、論理式の上下に付された表示はそれぞれの函数と項の読みを表すメタ言語である。以下これにならう。

214 第Ⅲ部 現代中国語の構文が構成する意味と論理

　　　　　　　　　　アリ　～ニ　～ガ　カツ　アル　～ガ　ドレクライ
（1）'　问' {我, 你, 有'(φ, [大小])& 有'([大小], 多大)}
　　タズネル ～ガ ～ニ　　　　　　～コトヲ

　(1)'は「私が君にφには［大きさ］があり、かつ［大きさ］がどれくらいあることをたずねる」と読む。この読みはスムーズな日本語ではなく、単なる意味表示のツールと考えていただきたい。以下これにならう。これに対する回答は

（2）　有这么大吧。（これくらいでしょう。）　　　　　　（邱鴻康編 2002: 41）

となって、この論理式は

　　　　　　　　　　アリ　～ニ　～ガ　カツ　アル　～ガ　　　～デ
（2）'　回答' {我, 你, 有'(φ, [大小])& 有'([大小], 这么大)}
　　コタエル ～ガ ～ニ　　　　　　～コトヲ

となる。(2)'は「私が君にφには「大きさ］があり、かつ［大きさ］はこれくらいの大きさであることを答える」と読む。
　(1)でも(2)でも"有"という動詞が使用されていることに留意していただきたい。ここでは(1)の"多大"という「不確定」の意を表す成分に対して、"这么大（これくらいの大きさ）"という「確定」の意を持つ成分で答えているところが重要である。この文は比較構文ではないが、比較構文を考える上で示唆を与えてくれる。
　以下に詳しく述べるが、比較構文に指示詞が使用されるのは比較対象を明確に確認するためである。そのためにはその論理形式の集合のメンバーに指示詞による［確定］の意味を持たせなければならない。
　次に具体的な例を考察しよう。

（3）　这种苹果有那种那么甜。（このリンゴはあれと同じくらいあまい。）

（邱鴻康編 2002: 41）

この文の論理式を次にあげよう。

               イタル 〜ガ   〜ニ
      アル 〜ニ 〜ガ カツアル 〜ニ 〜ガ カツ ヒク 〜カラ 〜ヲ
（3）' 有'[这种苹果, 那种, 有'(这种,［甜1］)&有'(那种,［那么甜2］)&到'{减'(［甜1］,［那么甜2］), 零}］
   アル 〜ガ 〜ト   〜トイウ状態ニ

(3)'は「このリンゴがあれと、これに［甘さ1］があり、あれに［その甘さ2］があり、［甘さ1］から［その甘さ2］をひくと、ゼロにいたる、という状態にある。」と読む。

 ここでは比較の基準となる論理形式の要素、この例の場合は［那么甜2］を［その甘さ2］と表示することにする。以下の例でもこれにならう。

 ここでは(3)'の"有"を「〜ガ〜ト〜トイウ状態ニアル」という三項函数であると解した。自然言語としては「〜ト」と「〜ニアル」という前置詞と動詞の意味を内蔵すると捕らえることを意味する。(3)の"有"は「比較で用いる「有」は「性質や数量が一定の程度に達している」という意味である。」(邱鴻康編著《日汉翻译教程（二年级教材）》: 41頁)で指摘されているように「達している」という意味を表し、それは(3)'の論理式では第三項の"到"函数で表示されている。

 またこの文では比較の相手である"那种"が持つ論理形式の要素［那么甜2］は比較基準となる。比較基準が「確定」されていなければ比較操作は行えないからである。比較操作に「確定的な」成分が必須であるために"那么"という「確定」の意味を表示する指示詞が必要なのである。以下、いくつかの例を詳細に検討する。(なお、"了"は議論の焦点がそれるのでここでは論理式には含めない。)

（4） 弟弟<u>有</u>父亲那么高了。(弟は父と同じくらい背が高くなった。)

（邱鴻康編 2002: 41）

この文の論理式は次の(4)'のようになる。

（4）' 有'[弟弟, 父亲, 有'{有'(弟弟, 个子1), [高1]}＆有'{有'(父亲, 个子2), [那么高2]}
　　　　アル　～ガ　～ト

　　　＆到'{减'([高1], [那么高2]', 零}
　　　　　～トイウ状態ニ

(4)'は「弟が父と、弟の身長1には［高さ1］があり、父の身長2には［その高さ2］があり、［高さ1］から［その高さ2］をひくと、ゼロにいたる、という状態にある」と読む。次に(5)の例を検討する。(なお、"也"と"吗"は議論の焦点が錯綜するのでここでは論理式に含めない。)

（5）　上海的夏天也有东京那么闷热吗？（上海の夏も東京と同じくらい蒸し暑いですか？）
　　　　　　　　　　　　　　　　　　　　　　　（邱鴻康編 2002: 41）

この文の論理式は次の(5)'である。

（5）' 有'[上海的夏天, 东京(的夏天), 有'(上海的夏天, [闷热1])＆有'(东京, [那么闷热2])
　　　　アル　～ガ　　　～ト

　　　＆到'{减'([闷热1], [那么闷热2]), 零}]
　　　　　～トイウ状態ニ

(5)'は「上海の夏が、東京と、上海の夏には［暑さ1］があり、東京には［その暑さ2］があり、［暑さ1］から［その暑さ2］をひくと、ゼロにいたる、という状態にある」と読める。次に否定の副詞"没有"を有する(6)を考える。"没有"は否定の論理演算子￢を用いて表示する。

（6）　我汉语说得没有高田那么流利。（私の中国語は高田君ほど流暢ではない。）
　　　　　　　　　　　　　　　　　　　　　　　（邱鴻康編 2002: 41）

この文の論理式は次の(6)'のようになる。

(6)' 有'[说'(我,汉语1), 说'(高田,汉语2), 有'(汉语1,[流利1])&有'(汉语2,[那么流利2])
　　アル　　～ガ　　　～ト

&¬到'{减'([流利1],[那么流利2]), 零}]
　　～トイウ状態ニ

(6)'は次のように読む。「私が中国語1を話すことが、高田君が中国語2を話すことと、中国語1には[流暢さ1]があり、中国語2には[その流暢さ2]があり、[流暢さ1]から[その流暢さ2]をひくとゼロでない、という状態にある。」と読めばよい。

次の(7)は同一の文が発話場所が異なるために指示詞が違っている。話者が北京にいる場合には"这么"を用いる。

(7) a. 上海没有北京这么冷。(話し手は北京にいる。)(上海は北京ほど寒くない。)　　　　　　　　　　　　　　　　　（邱鴻康編 2002: 41)

次の(7)a'がこの文の論理式になる。

(7) a'. 有'[上海,北京, 有'(上海,[冷1])&有'(北京,[这么冷2])&¬到'{减'([冷1],[这么冷2]),
　　　アル　～ガ　～ト

零}]
～トイウ状態ニ

この論理式は「上海が、北京と、上海に[寒さ1]があり、北京に[この寒さ2]があり、[寒さ1]から[この寒さ2]をひくとゼロでない、という状態にある。」と読む。話者が北京にいない場合は指示詞の"那么"を用いる。次の(7)bの例である。

（7）b. 上海没有北京那么冷。(話し手は北京以外にいる。)（上海は北京ほど寒くない。)
　　　　　　　　　　　　　　　　　　　　　　　　　　　（邱鴻康編 2002: 41）

この文の論理式を次にあげる。

（7）b'. 有'[上海, 北京, 有'(上海, [冷1])＆有'(北京, [那么冷2])＆¬到'{減'([冷1],
　　　　アル　～ガ　　～ト

　　　　[那么冷2]), 零}]
　　　　～トイウ状態ニ

この論理式は「上海が、北京と、上海に［寒さ1］があり、北京に［その寒さ2］があり、［寒さ1］から［その寒さ2］を引くとゼロでない、という状態にある。」と読める。次の(8)の文は論理がやや複雑であるが、慎重に意味を考察してみよう。

（8）　我父亲<u>没有</u>我母亲那么爱看电影。（私の父は母ほど映画好きではない。)
　　　　　　　　　　　　　　　　　　　　　　　　　　　（邱鴻康編 2002: 41）

この文の論理式を考えてみよう。

（8）'　有'【我父亲, 我母亲, 有'[爱'{我父亲, 看'(我父亲, 电影)}, [爱1]]＆有'[爱'{我
　　　　アル　～ガ　　　～ト

　　　　母亲, 看'(我母亲, 电影)}, [那么爱2]]＆¬到'{減'([爱1], [那么爱2]), 零}】
　　　　　　　　　　　　　　　　　　　～トイウ状態ニ

この論理式は「私の父が、私の母と、私の父が映画を見るのが好きなことが［愛1］を持ち、私の母が映画を見るのが好きなことが［その愛2］を持ち、［愛1］から［その愛2］をひくとゼロにならない、という状態にある。」と読む。次の(9)の例では比較を表す部分のみに焦点をあてて論述する。

（9）　我的腰没有你那么粗，穿小号的也可以。（私のウエストは君ほど太くはない。Ｓサイズでもよい。）　　　　　　　　（邱鴻康編 2002: 41）

この文の論理式は次の通りである。

（9）'　有'[我的腰, 你(的腰), 有'(我的腰, [粗 1]) & 有'(你(的腰), [那么粗 2]) & ¬到'{減'
　　　　アル　　〜ガ　　　〜ト

　　　　([粗 1], [那么粗 2]', 零}
　　　　〜トイウ状態ニ

この論理式は「私の腰が、君と、私の腰には［太さ 1］があり、君の腰には［その太さ 2］があり、［太さ 1］から［その太さ 2］をひくとゼロにならない、という状態にある。」と読める。以上の用例では動詞"有"が同等比較の構文で中心の役割を果たしていた。

　次に前置詞"跟"と形容詞"一样"によって構成される同等比較文を考察しよう。この構文の論理式も先の"有"を用いた同等比較の構文と同様の論理式で表示できることを示したい。次の諸例は"跟……一样"を用いた構文である。意味上は"跟"が"有"に"一样"が"那么／这么"に対応していると考えられる。

　この構文は前置詞"跟"に後続する成分が"上学时"、"日本酒的"、"那种"といった名詞連語であるか、あるいは"读"（「読むこと」、正確には「φが読むこと」という命題表現）で、その意味指示対象が明確である。従って"有"を用いた同等比較文に生起した"那么／这么"を使用する必要がない。"有"を用いた同等比較文の"那么／这么"に後続する成分は形容詞であった。形容詞は「その性質を有する個体の集合」と解されるので、その集合全体の共通する部分を単純に表記するために"那么／这么"という指示詞が用いられたと考える。次に考察する用例の論理式は比較構文の部分を中心に表記する。

（10）　你跟上学时完全一样，一点儿没变。（君は学生時代と全く同じだ。少

しも変わっていない。)　　　　　　　　　　　　　　(邱鴻康編 2002: 43)

(10)の文はその比較対象が「動詞句と名詞」で構成された名詞連語である。この文の論理式は次のようになる。

(10)'　跟'[你(現在), (你)上学时, 有'(你(現在), [样子1]) & 有'((你)上学时, [样子2]) & 到'
　　　　アル　～ガ　　　～ト

　　　{減'([样子1], [样子2]), 零}]
　　　～トイウ状態ニ

この論理式は「君(の現在)が、(君の)在学時と、君の現在には［様子1］があり、君の在学時には［様子2］があり、［様子1］から［様子2］を引くとゼロであるという状態にある」と読める。次に用例(11)は比較対象が「固有名詞と構造助詞」でできた名詞連語である。

(11)　绍兴酒的度数跟日本酒的一样。(紹興酒の度数は日本酒と同じだ。)
　　　　　　　　　　　　　　　　　　　　　　　(邱鴻康編 2002: 44)

この文の論理式は次のようになる。

(11)'　跟'[绍兴酒, 日本酒, 有'(绍兴酒, [度数1]) & 有'(日本酒, [度数2]) & 到'{減'([度数1],
　　　　アル　～ガ　　　～ト

　　　[度数2]), 零}]
　　　～トイウ状態ニ

この論理式は「紹興酒が、日本酒と、紹興酒には［度数1］があり、日本酒には［度数2］があり、［度数1］から［度数2］をひくとゼロである、という状態にある」と読むことができる。次の(12)は比較対象が"那种"という「指示詞と名量詞」で構成された名詞連語である。

(12)　这种随身听的性能跟那种一样好。（このウォークマンの性能はあれと
　　　　同じようによい。）
　　　　　　　　　　　　　　　　　　　　　　　　（邱鴻康編 2002: 44）

この文の論理式を書こう。

(12)'　跟'[这种随身听, 那种(随身听), 有'(这种随身听, [性能1])&有'(那种, [性能2])
　　　　アル　　～ガ　　　～ト
　　　　& 到'{减'([性能1], [性能2]), 零}]
　　　　　　　～トイウ状態ニ

この論理式は「このウォークマンが、あの（ウォークマン）と、このウォーク
マンには［性能1］があり、あの（ウォークマン）には［性能2］があり、［性
能1］から［性能2］をひくとゼロである、という状態にある」と読む。次
の(13)の比較対象は"读"で動詞のように見えるが実際には「誰かが何か
を読むこと」の意で命題表現である。従って意味指示の対象は明確である。
それを"读'(ϕ, ψ)"と表記する。

(13)　说跟读一样重要。（話すことは読むことと同様に重要である。）
　　　　　　　　　　　　　　　　　　　　　　　　（邱鴻康編 2002: 44）

この文の論理式は次のようになる。

(13)'　跟'[说'(ϕ, ψ), 读'(ϕ, ψ), 有'(说'(ϕ, ψ), [重要1])&有'(读'(ϕ, ψ), [重要2])
　　　　アル　　～ガ　　　～ト
　　　　& 到'{减'([重要1], [重要2]), 零}]
　　　　　　　～トイウ状態ニ

この論理式は「ϕ が ψ を話すことが、ϕ が ψ を読むことと、ϕ が ψ を話すこ
とには［重要さ1］があり、ϕ が ψ を読むことには［重要さ2］があり、［重
要さ1］から［重要さ2］をひくとゼロである、という状態にある」と読め

ばよい。

ここで指摘しておきたい。"有'…那么／这么…"と"…跟…一样…"という異なる統語形式を有する同等比較文がどちらも"有'(α, β, γ)"と"跟'(α, β, γ)"という三項函数の論理式で表記できることである。この事実は従来明らかにされたことがない。ここでは論じなかったが差異比較文と最上級比較文も同様の三項函数で表記できることが明らかになっているが、その考察は別の機会に譲りたい

第15章　現代中国語の主要な統語構造の意味表示の論理式

　前章までの議論で現代中国語の文がその意味を論理式で表示できることが明らかになった。ここでは現代中国語の主要な統語構造の意味表記の方法を論理式を用いて紹介しておきたい。その目的はいずれの構文も三項函数の論理式で表示できることを示すことにある。この章の構成は次のようになっている。

15.1　授与文（給構文）
15.2　処置文（把構文）
15.3　取得文（偸構文）
15.4　受身文（被構文）
15.5　授与文と処置文、取得文と受身文
15.6　在構文、比構文、連構文
15.7　演繹モデルの運用による論理式の表示

まず最初に授与文から論じよう。

15.1　授与文（給構文）

　授与文は以下の論述の出発点となる構文である。表面的な形式が複雑な現れ方をするので多くの論考がある。たとえば次の文"他送我一盒糖。"は"他送給我一盒糖。"と、また"他送一盒糖給我。"と転換しても基本的に意味に違いがない。ここではそのような現象には触れずに(1)の構文を典型とする。ただし、この構文の論理式を表記するさいにその意味表示に重要な根

拠を与える"他送一盒糖给我。"の形式について陈淑梅2001の論述を紹介することにより、この構文の現代中国語における普遍性を示しておきたい。まず次の(1)の例から検討しよう。

（１）　他送我一盒糖。（彼が私にキャンディ一箱をプレゼントする。）
(朱德熙 1980: 152)

この文の論理式は次のように書ける。（以下、論理式は定項のプライムを省略する。）

（１）'　送'(他，我，有'(糖，一盒))
　　　　トドケル ～ガ ～ニ　　～ヲ

しかし、この式では「彼がキャンディをトドケル」の命題内容が表示されないので、次のように表示するのが妥当である。（論理式の上下に付された日本語はメタ言語による意味注釈である。）

　　　　　　　　　トドケル～ガ～ヲ　アル ～ガ　～ガ トドク ～ガ　～ニ
（１）"　给'(他，我，送'(他，糖)＆有'(糖，一盒)＆到'(一盒，我))
　　　　スル ～ガ ～ニ　　　　　　　　　～コトヲ

この論理式は「彼が、私に、彼がキャンディを届け、かつキャンディが一箱あり、かつ一箱が私に届く、ことをする」と読む。論理式の第三項の命題の第二項が次の命題の第一項になって連鎖関係を構成していることに注意されたい。(1)"では「彼がキャンディをトドケル」は「送'(他，糖)」で示されている。この文は実際には次の文の論理式である。

（１）'''　他<u>送</u>一盒糖<u>给</u>我。

つまり、「送」を「送～给」と解したのである。これは陈淑梅2001: 439–444

の論考に従っている。陈淑梅 2001 によれば漢語方言においては北京語"我给你一本书"は、

（２）　我把本书得你。（湖北　英山话）

となり、"我给他三块钱"は

（３）　我分了三个银科伊。（广东　海丰话）

となる。(2)においては"给"は"把～得"で表され、(3)では"给"は"分～科"で示されている。陈淑梅 2001 では「二成分が一緒に用いられて、はじめて"给"の意味を表す」と述べられている。同論文ではこのような用例を多数あげているが、ここではその考えに従う。(1)"の標準語表記の論理式の末尾の部分の函数"到"の意味に該当する成分は漢語方言では"得、把、给、来、乞、分、互"等で示されている。次に処置文を論じる。

15.2　処置文（把構文）

　現代中国語の広い意味での処置文、通常は把構文と称されるが、この構文に対する普遍的な定義はなされていない。たとえば朱德熙 1982 では前置詞"把"の説明において最初に「"把"の目的は動作の受け手を取り出すことである(p.185)」と記述しているだけである。ここでは把構文の"把"を広い意味での［授与］を表すと解する。つまり「～が～に～を　もたらす」という形式の「もたらす」という意味を表示すると考える。すなわち「もたらす」という述語を論理式における三項函数ととらえるのである。まず次の例から述べる。

（１）　张三把李四打了一顿。

先の授与構文と対照する便宜のために、ここでは「了」は考慮外とする。1の文は次の論理式で示される。

（１）'　把'(张三,李四,打'(张三,李四)) &　有'(打'(张三,李四),一顿) &　到'(一顿,李四))
　　　　　　タタク ～ガ ～ヲ　　アル　 ～ガ　　　イチド　アタル～ガ　～ニ
　モタラシタ ～ガ　～ニ　　　　　　　　　　　　　　　　　　　　　　～コトヲ

　この論理式は「張三が、李四に、張三が李四をたたき、かつ張三が李四をたたくことが一度あり、かつ一度が李四にあたる、ことをもたらした」と読める。この論理式は授与文(1)の(1)"の論理式と同じ形をしていることがわかる。そこでこの式の"把"函数の各項をそれぞれα、β、γとし、さらにγを下位区分してγ1、γ2、γ3として、それぞれの果たしている役割を考えてみよう。

（１）'　把'(张三,李四,打'(张三,李四)) &　有'(打'(张三,李四),一顿) &　到'(一顿,李四))
　　　　　　タタク ～ガ ～ヲ　　アル　 ～ガ　　　イチド　アタル～ガ　～ニ
　モタラシタ ～ガ　～ニ　　　　　　　　　　　　　　　　　　　　　　～コトヲ
　　　　　　　　　　　　　　　γ1　　　　　　γ2　　　　　　　　γ3
　　　　　　　α　　β　　　　　　　　　　　　γ

　ここではγの部分が文の意味を構成する複合命題を表し、αとβはその中から抽出された文中の役割を表す成分である。ここでγ1、γ2、γ3が何を表しているかを述べる。γ1は"张三"と"李四"が"打"という関係にあることを表している。つまりγ1は(1)の文の項の「格役割」を表す。γ2は"张三"の動作の回数を示し、動作の「(数)量化」を表す。γ3は動作の(回数の)「到達先」、つまり「着点」を表す。

　次に"张三"と"李四"の論理式中の役割を検討する。"张三"はγ1においては"打"という動作の「動作主格」であり、同時にα、β、γを項とする授与関係("把"で示される函数)の「主格」でもある。一方"李四"はγ1においては"打"という動作の「対象格」であり、同時にα、β、γを項とする授与関係の「与格」でもある。("李四"は同時にγ3においては動作の(回数の)「着点格」でもある。)

　授与関係における"张三"はγ1で表される動作主格の意味から抽出されたもので、話題と言ってよい。一方、授与関係における"李四"はγ1にお

ける対象格と γ3 における「着点」から抽出されたもので話題に次ぐもの、いわば副話題である。話題と副話題の概念は徐烈炯 2002 に従った。

　第三に取得文を考えてみよう。

15.3　取得文（偸構文）

　取得文は意味上は授与文と対照的な構文である。対照的であるのは動作の対象物が主語に移動するという点である。授与文は動作の対象物が主語から与格の成分に移動する。つまり取得文は主語が動作の対象物の「着点」になるのに対し、授与文は主語が動作の対象物の「起点」になるという点で対照的である。授与文が議論されることは多いが、取得文が論じられることは少ない。

　次の文は「取得」の意味を表す。

（１）　他偸了我一張邮票。（彼は私から切手を一枚盗った。）

（朱徳熙 1982: 118）

この文の論理式を授与文に準じて記すと次のようになる。

　　　　　　　　　ヌスム　～ガ　～ヲ　アル　～ガ　　～ガ　イタル　～ガ　～ニ　ヌスム　～ガ　～ヲ　ナイ　　～ガ　～ニ
（１）'　偸'{他, 我, 偸'(他, 邮票) & 有'(邮票, 一張) & 到'(一張, 他) & 偸'(他, 一張) & ＿在'(一張, 我)}
　　　　　　スル　～ガ　～カラ　　　　　　　　　　　　　　　　　　　　　　　　　　　　　　　～コトヲ
　　　　　　　　　　　　　　　　γ1　　　　　　γ21　　　　　　γ22　　　　　γ31　　　　　γ32
　　　　　　　α　β　　　　　　　　　　　　　　　　　γ

　この論理式の表記の根拠を漢語方言に求めることはできないので、(1)の文を構成する単純命題を列挙して構成した複合命題が上記のようになる。この式では「取得」を表す函数を"偸"（～ガ～カラ～コトヲ　スル）にした。"偸"に「～カラ～スル」の「～カラ」という対象物の移動の「出発点」の意が含まれていると解したのである。次に"偸"函数の各項をそれぞれ α、β、γ とし、さらに γ を下位区分して、γ1, γ21, γ22, γ31, γ32 として、その意味役割を記述しよう。

$γ1$ は"他"と"邮票"の格役割を「動作主」と「対象格」とし、$γ21$ は「対象格」"邮票"の数量を"一张"に決定する数量化の役を果たし、$γ22$ は「対象格」"一张"の「到着点」、つまり動作"偷"の終息を表している。その結果 $γ31$ は"他"が"一张"を所有し、"我"の所からその"一张"が消失したこと("了"の意味)を表している。

$α$ の位置にある"他"は $γ1$ の動作主格、$γ22$ の数量化された動作の対象物の「到着点」から抽出された成分であり、話題である。一方、"我"は $γ32$ の存在場所から抽出された成分ではあるが、取得関係に直接にからむ成分ではなく、"邮票"を通して間接的に「ヌスム」という動作に関わっているので「副話題」と言える。従って(1)の文では $α$ が話題を、$β$ が副話題を、$γ$ が意味と直接関わる内包を表すと解することができる。

(1)'の論理式は「彼が、私から、彼が切手を盗み、かつ切手が一枚あり、かつ一枚が彼にいたり、かつ彼が一枚を盗み、かつ一枚が私にない、ことをする」と読める。

第四に受身文を考察してみたい。受身文を広い意味での取得とする論考は存在しない。ここでの議論が最初である。その根拠は論理式で表記すると取得文と受身文が同一の構造を有することにある。そのことについては次の15.5 で詳しく論じる。まずは受身文から論じよう。

15.4　受身文(被構文)

次に受身文について述べる。受身文は広義には取得文の一種であると考える。受身文は「～ガ～カラ～コトヲ　コウムル」の意味枠を有するが、ここの「コウムル」を「好ましくないことを　取得する」とメタ言語で解するのである。

（1）　杯子<u>被</u>他打破了。（コップは彼によってたたいて割られた。）

（朱徳熙 1982: 178）

この文の論理式は次のようになる。

（1）'　　　　　タタク ～ガ ～ヲ　　ワレル ～ガ　スル　～ガ　［完了］ヲ
　　　　被'（杯子，他，打'（他，杯子）＆破'（杯子）＆有'（破'（杯子），了））
　　コウムッタ ～ガ ～カラ　　　　　　　　　　　　　　　～コトヲ
　　　　　　　　　　　γ1　　　　　γ2　　　　　γ3
　　　　　α　　β　　　　　　　　　γ

αの"杯子"、βの"他"はγから抽出されているので、それぞれ話題、副話題となる。γ1は"他"が動作主格、"杯子"が対象格であることを示しているので、格役割を規定する。γ2は"破"（ワレル）が持続動詞"打"を終わらせるので動作量を決定する、つまり量化の役割（時相）をする。γ3は量化された動作を時間体系の中の［完了］という「時態」、つまり一種の「着点」に導く役割、つまり、「着点」表示をする。

（1）'の論理式は「コップが、彼から、彼がコップをたたく、かつコップが割れる、かつコップが割れることが［完了］をする、ことを被った」と読む。

以上、授与文、処置文、取得文、受身文の順に説明してきたが、そこでは処置文を広い意味での「授与文」、受身文を広い意味での「取得文」と記述してきた。ここでは改めて「授与文」と「処置文」の関係、さらに「取得文」と「受身文」の関係について論理式を比較して、それぞれの共通性を確認しておこう。

15.5　授与文と処置文、取得文と受身文

15.1と15.2で論じた授与文と処置文はそれぞれの論理式を対照させてみると広い意味で同一の構造をしていることがわかる。今一度、それを比較すると、

「授与文」（対照の便宜のためにα、β、γを表記する）(1)を再掲する。

（1）　他送我一盒糖。　　　　　　　　　　　　　　（朱德熙 1982: 152）

(1)" 給'(他, 我, 送'(他, 糖)＆ 有'(糖, 一盒)＆ 到'(一盒, 我))

トドケル ～ガ ～ヲ　アル ～ガ　～ガ　トドク ～ガ　～ニ
スル ～ガ ～ニ　　　　　　　　　　　　～コトヲ
　　　　　　　γ1　　　　　γ2　　　　　　γ3
　　α　β　　　　　　　γ

「処置文」(1)を再掲する。

(1)　张三把李四打了一顿。

(1)' 把'(张三, 李四, 打'(张三, 李四)＆ 有'(打'(张三, 李四), 一顿)＆ 到'(一顿, 李四))

タタク ～ガ ～ヲ　アル ～ガ　　　イチド　アタル ～ガ ～ニ
モタラシタ ～ガ ～ニ　　　　　　～コトヲ
　　　　　　γ1　　　　　γ2　　　　　　γ3
　　α　β　　　　　　　γ

"給"の表す「～ニ ～スル」は「授与スル」の意であり、"把"の「モタラシタ」も広い意味で「授与シタ」と解することができる。

次に 15.3 と 15.4 で論じた取得文と受身文についてもそれぞれの論理式を対照させて比較してみよう。

「取得文」(1)を再掲する。

(1)　他偷了我一张邮票。

(1)' 偷'{他, 我, 偷'(他, 邮票)＆ 有'(邮票, 一张)＆ 到'(一张, 他)＆ 偷'(他, 一张)＆ ￢在'(一张, 我)}

ヌスム ～ガ ～ヲ　アル ～ガ　～ガ　イタル ～ガ ～ニ　ヌスム ～ガ ～ヲ　ナイ　～ガ ～ニ
スル ～ガ ～カラ　　　　　　　　　　　　　　　　　　　　～コトヲ
　　　　　　γ1　　　γ21　　　γ22　　　γ31　　　γ32
　　α　β　　　　　　　　　γ

「受身文」(1)を再掲する。

(1)　杯子被他打破了。　　　　　　　　　　　　　　（朱德熙 1982: 178）

（ 1 ）' 被'(杯子，他，打'(他，杯子)＆ 破'(杯子)＆ 有'(破'(杯子)，了))

（上部ルビ・記号類）
タタク 〜ガ 〜ヲ ワレル 〜ガ スル 〜ガ ［完了］ヲ
コウムッタ 〜ガ 〜カラ 〜コトヲ
γ1　　　γ2　　　γ3
α　β　　　　γ

取得文と受身文においては"偸"の表す「〜カラ 〜スル」は「取得スル」の意を含み、"被"の「モタラシタ」も言い換えると好ましくないことを「取得シタ」と解釈できる。

二重目的語文については朱德熙 1982: 117–121 で統語的な類似性に基づいてやや詳しい記述が見られる。ここでは統語的な制約を離れて、意味に視点を置き、述語論理と命題論理を使用した論理式を用いることによって二重目的語文が処置構文や受身構文と同一の論理構造を有することを主張した。以上［授与］と［取得］を表す構文を考察した。いずれの構文も文中の前置詞句を構成する前置詞が三項函数を表示している。つまり前置詞が函数を、自然言語に置き換えれば母型文の述語を表している。この主張を支える構文を次に考えてみたい。

15.6　在構文、比構文、連構文

さきに授与文、処置文、取得文、受身文がいずれも α、β、γ を項とする三項函数であることを述べた。現代中国語の前置詞を使用した構文を考察するとその多くが三項函数で記述しうることがわかる。次に代表例として在構文、比構文、連構文を検討しておこう。

（ 1 ）　他在黒板上写字。（彼は黒板に文字を書く。）　　　（朱德熙 1982: 184）

（1）は前置詞"在"を用いた「在構文」である。この文の論理式は次のようになる。

232　第Ⅲ部　現代中国語の構文が構成する意味と論理

$\qquad\qquad\qquad$ 書ク〜ガ〜ヲ　アル〜ガ　〜ニ
（1）'　'在'（他，黒板上，写'（他，字）& 在'（字，黒板上））
　　　スル〜ガ　〜ニ　　　　〜コトヲ
　　　　　　　　　γ1　　　　γ3
　　　α　β　　　　　　　γ

ここでは(1)の文が習慣的行為であるため、γ2 の数量化の役割が存在しないが、α、β、γ の三項をとる函数であることがわかる。γ1 は"他"が動作主"字"が対象格を表すので格役割を表示している。γ3 は"写"された対象格"字"の帰着場所を表しており、一種の「着点」を表示する。

　(1)' の論理式は「彼が、黒板に、彼が文字を書く、かつ文字が黒板にある、ことをする」と読む。

次に前置詞"比"を用いた「比構文」を考えよう。

（2）　我比他年纪大。（私は彼より年上である。）　　　　（朱徳熙 1982: 189）

この文の論理式はやや複雑だが、やはり三項函数である。

$\qquad\qquad\qquad\qquad\qquad\qquad$ アル　　〜コトニ　　〜ガ
$\qquad\qquad$ アリ〜ニ〜ガ　アリ〜ニ　〜ガ　　ヒク〜カラ〜ヲ　　　アル〜ニ　〜ガ
（2）'　比'（我,他,有'（我,年纪1）& 有'（他,年纪2）& 有'（減（年纪1,年纪2）,差数）& 有'（差数,多少））
　　　アル〜ガ　〜ヨリ　　　　　　　　　　〜トイウ状態ニ
　　　　　　　　γ11　　γ12　　　　γ2　　　　　　　　γ3
　　　α　β　　　　　　　　　γ

γ11、γ12 では"我"と"他"が「経験者格」を"年纪1"と"年纪2"が「対象格」を表すので、格役割を表示する。γ2 は減法で差があること、つまり数量化を表している。γ3 は差がいくらかあること、言い換えれば差がいくらかの量に達していること、つまり一種の「着点」を表している。

　(2)' の論理式は「私が、彼より、私に年齢1があり、かつ彼に年齢2があり、かつ年齢1から年齢2をひくことに差がある、かつ差にいくらかがあ

る、という状態にある」と読む。

最後に前置詞"连"を用いた连構文について述べる。

（３） 他连信都写不好。（彼は手紙さえうまく書けない。）（朱德熙 1982: 190)

この文の論理式は次のようになる。

$$
(３)'\ \underset{\underset{\alpha\ \ \beta}{\text{アル　〜ガ　〜サエ}}}{\overset{\text{書ク　〜ガ　〜ヲ}}{连'(他,信,}}\underset{\gamma 1}{\overset{\text{ナル　〜ガ　〜ニ}}{写'(他,信)\ \&\ 到'(写'(他,信),}}\underset{\gamma 2}{\overset{}{好'(信))}}\ \&\ \underset{\gamma 3}{\overset{\text{デキナイ　〜ニ　　　　　〜ガ}}{\rule[0.5ex]{0.6em}{0.4pt}得(他,到'(写'(他,信),好'(信)))}})\underset{\gamma}{\overset{\text{トイウ状態ニ}}{}}
$$

γ1では"他"が動作主格を、"信"が対象格を表すので格役割を表示する。γ2は"好"が"写"の終息を示すので量化を表す。γ3は彼が「彼が手紙を書いて、その結果が良い状態になる」ことが可能でないことを記述している。つまり「不可能な状態」を示しているので、これも広い意味での「着点」と言える。従って连構文もその論理式が三項函数であることがわかる。
　(3)'の論理式は「彼が、手紙さえ、彼が手紙を書く、かつ彼が手紙を書くことが手紙ができあがることになる、かつ彼に彼が手紙を書くことが手紙ができあがることになることができない、という状態にある」と読めばよい。次にすでに述べたことであるが「演繹モデル」について改めて記述しておきたい。

15.7　演繹モデルの運用による論理式の表示
　論理式を書くに当たって注意した点を述べておきたい。説明にあたって、まず例文"他送我一盒糖。"の論理式を再録する。

（1）"给'(他，我，送'(他，糖)＆ 有'(糖，一盒)＆ 到'(一盒，我))
　　　　　　トドケル ～ガ ～ヲ　アル ～ガ ～ガ　トドク ～ガ ～ニ
　スル ～ガ ～ニ　　　　　　　　　～コトヲ
　　　　　　　　γ1　　　　　γ2　　　　　γ3

　この論理式の"给"函数の第三項はγ1、γ2、γ3の命題の連言（＆）で構成されている。命題論理では本来、連言で結ばれた単純命題の位置は自由である。しかし、ここではこの順に配列しなければならない。その理由を述べる。まずγ1の命題では"送"函数の第二項が"糖"である。γ2の命題では"有"函数の第一項が"糖"である。このようにある命題Aの第二項が別の命題Bの第一項になっている場合、これを連鎖関係にあるとよび、連鎖関係にある二命題はその順に配置するという規則を作る。次にγ2の命題の第二項の"一盒"もγ3の命題の第一項"一盒"と同じであるので、γ2とγ3もこの順に配置される。

　上述のような規則は「科学的説明の枠組」を作る際に用いられる「演繹モデル」を運用して作られたものである。詳細については長尾真2001: 20-23を参照されたい。

第IV部
現代中国語の語彙が規制する論理

ここでは現代中国語の文末の語気助詞が文全体の有する論理的意味である「十分条件」や「必要十分条件」を表すことを指摘し、それが文中の「様態」を表す成分を意味的に規制することを詳細に論じる。

第16章　語気助詞"了"の表示する論理と実例分析（十分条件の役割）

　ここでは現代中国語の文において文末におかれる語気助詞"了"の論理的意味を集中的に論じる。まず仮説を立ててみよう。この仮説は後述する実例を考察する中から生まれたものであるが、後述の実例から機能される結論としてこの仮説を述べるよりも、さきに仮説を述べ、しかる後にそれを証明する手法が合理的であると判断した。

［仮説1］語気助詞の"了"は条件節（S1）と帰結節（S2）の間に「十分条件」（含意）が存在する時に用いられる。

　仮説1を実証する前にまず「十分条件」とは何かについて記述しておこう。
　　　A → B〈AならばBである〉
が成立する時、「AはBであるための十分条件である」と言う。この時、条件命題のAにはこれ以外にA'、A"、…のような条件命題も存在する。従ってB → A〈BならばAである〉とは言えない。なぜならB → A'、B → A"、…も言えるからである。つまり、「十分条件」はAからBへの一方通行である。
　次に「必要条件」を説明しておこう。
　A → B〈AならばBである〉が成立する、つまりAがBであるための「十分条件」である上に、さらに
　　　A ← B〈BならばAである〉が成立する時、「AはBであるための必要条件である」と言う。従ってこの時にはA'、A"、…という条件命題は存在し

ない。故にA⇔Bの場合は「必要条件」だけを言わずに、通常は「AはBであるための必要十分条件」であると言う。「必要十分条件」は次章で"呢"を論じる際に言及する。

　上述の内容に留意して、仮説1を証明する証拠を挙げていこう。次の文を見られたい。(1)は"就"のない文への"了"の補足を示す例でこれを証拠1としよう。

（1）　琼玛把那张照片放回抽屉里，→锁起来〈了〉。　　　　（牛虻: 189）
　　　　　　　　　S1　　　　　　　　　S2

(1)は「ジェンマはその写真を引き出しに戻して、→鍵をかけた。」の意味である。論理的には「引き出しに戻す(S1)」は「鍵をかける(S2)」の十分条件である。用例は翻訳小説《牛虻》からである。原文には"了"が存在しないが、ラジオ放送では"了"が補足されている。放送局の係員がネイティブとしての判断を下したと考えられる。用例中の〈 〉は補足部分を示す。これを論理式で簡略表記してみよう。

$$
\begin{array}{ll}
& \text{オク　～ガ　　　～ヲ　　モドル　～ガ　　　～ニ} \\
(1)' & 把'\{琼玛,那张照片,放'(琼玛,那张照片)\&回'(那张照片,抽屉里)\}\rightarrow \\
& \text{モタラス　～ガ　　～ニ　　　　　　　　　　　～コトヲ} \\
& \text{カギヲカケル　～ガ　スル　～ガ　［閉鎖］ヲスル　～ガ　［発生］ヲ} \\
& \&\ 锁'(琼玛)\&\ 有'\{锁'(琼玛),起来\}\&\ 有'[有'\{锁'(琼玛),起来\},了]
\end{array}
$$

この論理式は「ジェンマが、その写真に、ジェンマがその写真をおく、かつその写真が引き出しにもどる、ことをもたらす→、ジェンマが鍵をかける、かつジェンマが鍵をかけることが［閉鎖］をする、かつジェンマが鍵をかけることが［閉鎖］をすることが［発生］をする」と読めばよい。次の例を見よう。前例では文中に"就"が存在しなかったが、ここでは"就"が用いられている。(2)は"就"のある文への"了"の補足を示す例でこれが証拠2になる。

第 16 章　語気助詞"了"の表示する論理と実例分析（十分条件の役割）　239

（２）　他是不是应该不等蒙太尼里看见→就溜出去〈了〉呢？　　　（牛虻: 219）
　　　　　　　　　S1　　　　　　　　　　S2

この文の意味は「彼はモンタネッリに見られないうちにそっと逃げ出してしまうべきではなかったのではないか？」である。"不等蒙太尼里看见(モンタネッリに見られないうちに)(S1)"と"溜出去(そっと逃げ出す)(S2)"の間には十分条件がある。この例も論理式で表示する。

　　　　　　　　　　　ミル　　〜ガ　　ニゲル 〜ガ ナル 〜デ［不在］ニ
（２）'　¬等'{他, 看见'(蒙太尼里)}→溜'(他)＆有'{溜'(他), 出去}＆有'[有'{溜'(他), 出去}, 了]
　　　マタナイ 〜ガ　　　　〜ヲ　　　　　　　　　　スル　　〜ガ　　　［発生］ヲ

この論理式は「彼がモンタネッリが見るのを待たないのであれば→彼がにげる、かつ彼が逃げることで［不在］になる、かつ彼が逃げることで［不在］になることが［発生］をする」と読む。
　次の例も同様である。この例はラジオ放送劇"乔厂长上任记"から採録した。文末の〈了〉は小説原文には存在しない。

（３）　血灌满了嘴→就把那断舌头咽下去〈了〉。　　　　　　（乔厂长上任记: 6）
　　　　　S1　　　　　　S2

この文の意味は「血が口いっぱいになってしまうとそのちぎれた舌を飲み込んでしまった」である。"血灌满了嘴(血が口にいっぱいになる)(S1)"は"把那断舌头咽下去(そのちぎれた舌を飲み下す)(S2)"の十分条件である。論理式で表示すると次のようになる。

240　第Ⅳ部　現代中国語の語彙が規制する論理

　　　　　　タマル ～ガ ～ニ　ミチル ～ガ　スル ～ガ　［完了］ヲ　　　　　ノミコム ～ガ　 ～ヲ　　オチル　～ガ
（3）' 灌'(血,嘴) & 満'(嘴) & 有'{満'(嘴),了}→把'{φ,那断舌头, 咽'(φ,那断舌头) & 下去'(那断舌
　　　　　　　　　　　　　　　　　　　　　　　　モタラス ～ガ　～ニ　　　　　　　　　　 ～コトヲ
　　　　头)} & 有'[把'{φ,那断舌头, 咽'(φ,那断舌头) & 下去'(那断舌头)}, 了]
　　　　　　　　　　　スル　　　　　　　　　～ガ　　　　　　　　　　　［発生］ヲ

この論理式は「血が口にたまる、かつ口が満ちる、かつ口が満ちることが［完了］をする→φがそのちぎれた舌に、φがそのちぎれた舌を飲み込む、かつそのちぎれた舌が落ちる、ことをもたらす、かつφがそのちぎれた舌を飲み込む、かつそのちぎれた舌が落ちる、ことをもたらす、ことが［発生］をする」と読む。論理式はいずれも煩瑣な読みをしいるがこれは文を構成する要素の結合の順序に厳密な制約があることを考慮したためである。同時に連言(&)の前後の命題の項の間の連鎖関係をも厳守した。

　次の例では"就"と"了"が同時に補足されている。"了"が"就"と密接な関係を持っていることがわかる。次の(4)を証拠3とする。

（4）"行。"乔光朴毫不客气，喝了一口水，把脸稍微一侧，用很有点裴派的
　　　味道〈就〉唱起来〈了〉：……　　　　　　　　（乔厂长上任记: 47）

この文の意味は「喬光朴は少しも遠慮せず、水を一口飲むと、顔をやや傾けて、キュウ派にたいへん似たやり方で歌い始めた。」である。S1の"把脸稍微一侧（顔をやや傾ける）"とS2の"用很有点裴派的味道唱起来（キュウ派に大変似たやり方で歌い出す）"の間に十分条件が認められる。論理式はかなり複雑になるが、基本的構造は変わらない。次にそれを示そう。

　　　　　　　　　カタゲ ～ガ　～ヲ　デアル　　～ガ　スコシ　デアル ～ガ ヤヤ
（4）' 把'[乔光朴,脸,側'(乔光朴,脸) & 有'{側'(乔光朴,脸),一側} & 有'(一側,稍微)→
　　　モタラス ～ガ　～ニ　　　　　　　　　　　　～コトヲ

第 16 章　語気助詞"了"の表示する論理と実例分析（十分条件の役割）　241

$$\text{有}\underset{スル}{[\![}\text{用}\underset{～ガ}{\{}\text{乔光朴},\text{很有点裘派的味道},\text{有}\underset{[開始]ヲソナエル}{\text{'}}\{\text{唱'}(\text{乔光朴}),\text{起来}\}\underset{～ガ}{\&}\text{有}\underset{[様態]ヲ}{\text{'}}\{\text{有'}\{\text{唱'}(\text{乔光朴}),\text{起来}\},\text{很有点裘派的味道}\}\underset{}{]\!]},\text{了}\underset{}{]}$$
$$\underset{スル}{}\underset{～ガ}{}\underset{～デ}{}\underset{}{}\underset{～ガ}{}\underset{[発生]ヲ}{}$$

この論理式は→の後ろの部分で表示の都合により一部を簡略表記した。この論理式は「喬光朴が、顔に、喬光朴が顔を傾げ、かつ喬光朴が顔を傾げることが少しである、かつ少しがややである　→　喬光朴が、大変キュウ派に似たやり方で、喬光朴が歌うことが［開始］をする、かつ喬光朴が歌うことが［開始］をすることが大変キュウ派に似たやり方でという［様態］をそなえる、ことをする、かつ喬光朴が、大変キュウ派に似たやり方で、喬光朴が歌うことが［開始］をする、かつ喬光朴が歌うことが［開始］をすることが大変キュウ派に似たやり方でという［様態］をそなえる、ことをする、ことが［発生］をする」と読む。

以上の例はラジオ放送において"了"が補足された例であるが、この放送局による小説の文の書き直しは、ネイティブの言語直観の表れであるとここでは考える。十分条件についての考察はこれだけでは説得力に乏しいイメージを与えるが、これに加えて語気助詞の"呢"や"的"の論理的役割を解説することにより、"了"の論理的役割の説明に説得力を持たせることができるが、ここではさらに"了"の「削除」される例を考察することにより、"了"の果たす「十分条件」明示の論理的役割をはっきりさせる証拠を挙げよう。文中の（ ）は削除されたことを表示する。次の（5）が証拠4になる。

（5）　…由于在恶劣的道路上运输沉重的军械所产生的困难，以及要随时逃避侦查所接连发生的阻碍和耽搁，陀米尼钦诺渐渐着急起来（了）。他在信上写着."我…"
　　　　　　　　　　　　　　　　　　　　　　　　　　　　　　（牛虻: 229）

この文の意味は「悪路で重い軍用機械を運ぶことで生じる困難、および絶えず偵察を逃れることで続けて発生する障害と遅れにより、ドミニキーノはだんだん焦りだした。…」である。この文はS1とS2で構成された文ではない。文は長いが要点は「困難さと障碍と遅れによって」、「ドミニキーノはだ

んだんと焦りだした」であり、"由于"から"耽搁"までは後続文の原因を表す前置詞句である。さてこの文は小説の原文には"了"が存在しているが、ラジオ放送では削除されている。"陀米尼钦诺渐渐着急起来（了）。"の"了"を「新しい状況の発生」と解釈するだけでは削除する必要はない。

　なぜ削除されたのであろうか。語気助詞の"了"には「新しい状況の発生」以外の意味、つまり「S1 ならば S2 である」という十分条件の S2 に内在する意味が存在しているからである。そこで"陀米尼钦诺渐渐着急起来（了）"の文がもし「S1 + S2」の S2 であるとすると「S1 ならば<u>だんだんと</u> S2 である」という意味になり、「だんだんと」の意味があるために、「S1 ならば S2 である」という十分条件を表す文の意味にそぐわなくなる。その原因は"渐渐（だんだんと）"にある。"了"の削除は"陀米尼钦诺渐渐着急起来"の文が"渐渐"があるために十分条件の結果命題としてふさわしくないことを示している。つまり"了"は十分条件を表わしていることになる。

　この"渐渐（だんだんと）"の意味特徴を［漸次性］と呼ぶことにすると、文に［漸次性］を有する状況語があれば、それが［様態］の意味を持つために、語気助詞の"了"は用いられないことがわかる。

　もう一つ"了"の削除された例をあげよう。次の（6）も（5）と同様に証拠 4 となる。

（6）　草地上那堆鲜血淋漓的东西又重新挣扎，呻吟起来（了）。医生急忙扑下去，把他的头捧起来放在自己的膝盖上。　　　　　　　　　　（牛虻: 318）

この文の意味は「芝生のその鮮血したたる物体が再びもがき、うめき始めた。医師が急いで駆けつけて、彼の頭を持ち上げて自分の膝に乗せた。」である。

　ここでも"了"が削除されている。この文も"草地上那堆鲜血淋漓的东西又重新挣扎，呻吟起来（了）。"の"了"は「新しい状況の出現」と解釈するだけであれば、削除する必要はない。なぜか。語気助詞"了"には「新しい状況の発生」以外に、「S1 ならば S2 である」という十分条件の意味の制約が内在しているからである。そこで「地面では血にまみれた身体が再びもが

き、うめいていた」の文を「S1 + S2」のS2であるとすると「S1ならば再びS2である」となって、「再び」の意味があるために、「S1ならばS2である」という十分条件の結果命題を表す文にそぐわなくなる。その原因は"重新"にある。そこで"重新"の意味を保持するためには十分条件をあらわす成分の"了"を排除することになる。つまり"了"は十分条件を表すために削除されたのである。

　この"重新"の意味特徴を［再開性］と呼ぶことにすると、文中に［再開性］を有する状況語が用いられるとそれが［様態］の意味を表すために語気助詞の"了"は用いられない。

　以上は"了"が補足されたり、削除された例であるが、次に小説の原文と放送された文が一致している例を挙げて、傍証としよう。ここでの例は焦点となる部分の訳を表示することにする。次の(7)が傍証1となる例である。

（7）"你到底爱哪一个，我呢，还是那个东西？"蒙太尼里慢慢站起来(モンタネッリはゆっくりと立ち上がった)。连他的灵魂都吓得干枯了，肉体…
(牛虻: 304)

問題の文は"蒙太尼里慢慢站起来。"である。この文では［漸次性］を表す"慢慢"があるので、"站起来"には"了"がつかない。次の(8)の例では"重新"の［再開性］という意味特徴が文末の語気助詞"了"の使用を阻んでいる。

（8）　蒙太尼里咬着嘴唇重新坐下去(モンタネッリは唇をかみしめ、改めて腰を下ろした。)。他一开头就看出了牛虻是想要激怒他、…
(牛虻: 265)

　このほか次にあげる

　　"……不由自主地颤抖起来(思わずふるえだした)"
　　"……不禁颤抖起来(思わずふるえだした)"

"突然转过身子走开去（突然後ろを向いて歩き出した）"
"……却用格外恭敬的礼貌表现出来（ことのほか礼儀正しく表現した）"

のような例においては語気助詞の"了"が使われていない。"了"が「新しい状況の発生」の意だけを表示するのであれば使えるはずである。しかし、"了"には「S1ならばS2である」という十分条件の意味が内在している。ここでは下線部が［意外性］を表示するために十分条件の意味にそぐわず、そのため語気助詞の"了"が使われていない。これらの文に"了"を使用すると「S1ならば思わずS2である」、「S1ならば突然S2である」、「S1ならばしかしS2」であるという意味になり、「思わず」、「突然」、「しかし」等の語が「S1ならばS2である」という十分条件の意味にそぐわない意味を作り出すからである。以上は統語論の立場から"了"の十分条件表示を考察した。次に語用論の観点から"了"が十分条件の意味を担う例をあげよう。次の(9)を傍証2としよう。

（9）蒙太尼里连嘴唇都变白了，急忙回过身子去打铃。等卫兵来的时候说："你们可以把犯人押回去了。"　　　　　　　　　（牛虻: 267）

この文では「状況1を説明する文（急忙回过身子去打铃。）(S1)」と「状況2で発話される文（"你们可以把犯人押回去了。"）(S2)」の意味内容の間に十分条件が存在するために"了"がS2に用いられたのである。つまり「急いで振り向くとベルを鳴らした」というS1の意味（合図）（つまり［合図］という「言語効果活動の意味」(illocutionary act)（方立2000: 21）と「囚人を留置場に戻してよろしい」というS2の意味（許可）（つまり［許可］という「言語効果活動」の意味）の間に十分条件の関係が読み取れるのである。次の文も「発生した状況1」と「状況2」の間に十分条件が存在すると考えられる。

（10）"哦，十一点半了(S1)，我们不能再耽下去了(S2)，否则巡夜的人会发现我们的。"　　　　　　　　　　　　　　　　　（牛虻: 217）

上の文では S1 で表される「おや、十一時半だ」という意味内容（時間）で表される［警告］の意味（「言語効果活動」の意味）と S2 で表される「ぐずぐずしておれなくなった」という意味内容（状況）で表される［決断］の意味（「言語効果活動」の意味）の意味の間に「S1 であれば S2 である」という十分条件が存在するために"了"が用いられた。この例も傍証 2 を構成する。

次に S1 が「普遍的（非特定）状況」を、S2 が「個別的（特定）状況」を表し、その S1 と S2 の間に十分条件がある例を挙げよう。次の(11)を傍証 3 とする。

(11)　我可还一直不肯去死(S1)！　我把这一切都忍受下来了(S2)，我拼命忍耐着，等待着，因为……　　　　　　　　　　　　　　　（牛虻: 305）

この文では S1 が「それでもやはり僕はずっと死にたくありませんでした」という「普遍的（非特定）状況」を S2 が「僕はこのすべてに耐え続けてきました」という「個別的（特定）状況」を表している。S2 が「個別的（特定）状況」を表すのは、"这一切"という「確定表現」が存在しているからである。それに対し、S1 にはそのような表現が存在しない。ここでは「S1 の表す普遍的状況であれば S2 で表す個別的状況である」という一方通行の言明が可能である。つまり十分条件が看取できる。次の例も同様であると考えられる。

(12)　"没有，他本来准备第二天早晨和我在这儿会面的。""对了(S1)，我想起来了(S2)。现在他在哪儿？"　　　　　　　　　　　　（牛虻: 252）

ここでは S1 の「そうだ（"对了"）」は「言語効果活動（illocutionary act）」としての意味、「（脳裡の）喚起」を総体的に述べ、S2 の「僕は思い出した（"我想起来了"）」は「言語効果活動」としての意味「喚起された事柄の記憶再生」を述べている。「記憶」は喚起された事柄の中の特定のものである。S1 の「脳裡の喚起」には「記憶」以外に「注意」や「義務」なども存在し、普遍的な「喚起」を表している。そこで S1 は「普遍的（非特定）状況」を S2

が「個別的(特定)状況」を表していることになる。そして「S1ならばS2である」という十分条件が存在することが確認できる。

　以下の論述は語気助詞の"了"の意味と直接に関係するわけではない。しかし語気助詞の"了"が論理における「十分条件」を表すという提案が恣意的なものでないことを示すためには他の語気助詞、たとえば"呢"や"的"の論理上の特質を明らかにして、それらが論理の表現において表示する役割の共通性を有することを示しておくことは必要である。先に"呢"が必要十分条件を表すことを論じ、次に"的"が連言を表すことを指摘する。

　次に"了"と対照的な"呢"が必要十分条件を表すのに用いられることを考察して、"了"と対照的であることを示し、それにより"了"が十分条件を表すことが恣意的な考察でないことを傍証しよう。次の(13)を傍証4とする。

(13)　你爱去不去(S1)，我才不管呢(S2)！　　　　（王还主編 1997: 633）

この文は「君が行こうが行くまいが、私はかまわない。」の意である。従ってS1で述べられた内容、「行く場合」と「行かない場合」のどちらの場合も、S2では「かまわない」のである。そこで「S1ならばS2である」という十分条件が存在するだけでなく、逆に「S2であればS1である」という必要条件も間接的に成立していることになる。「間接的」とは次の意味である。S1の「行く場合」をS1aとすると「行かない場合」は¬S1aとなり、S1は「S1a∪¬S1a」となる。この選言は「S1aであろうが、なかろうがS1である」を意味しているので「S2→S1a∪¬S1a」は必ず「S2→S1」となる。そこで「S2であれば必ずS1である」が成立する。つまり、(13)のS1とS2の間には必要十分条件が存在し、「S1↔S2」の関係が成り立つことがわかる。この"呢"が副詞"才"と共起することは"了"が"就"と共起することとともに、よく知られた統語現象であるが、それは論理的意味にも反映されているのである。従って典型的には"只要……就……了"が十分条件を表す構文であり、"只有……才……呢"が必要十分条件を表す構文であると言える。"呢"が本来的に有する「持続」の意味も、それの表す論理的意

味、つまり「必要十分条件」から導出されたものであると考えることができる。「S1ならばS2である」と「S2ならばS1である」が同時に言えるのであれば当然S1とS2の間には「持続する関係」が存在するからである。これも論理式で明示しておこう。論述がやや複雑であるので番号を付して記述する。

まず十分条件は次のようになる。

① 愛'｛你，去'(你)｝∪愛'｛你，￢去'(你)｝→￢管'(我)
　　　　　　　　　P　　　　　　　　Q
　　　　　　　　　　S1　　　　　　　　　S2

S1は選言除去規則（Disjunction Elimination）（『日常言語の論理学』107頁）によると

　(P∪Q)∩￢Q→P
　(P∪Q)∩￢P→Q

の規則を適用されてPかQとなり、その結果①の式はそれぞれ次の②③になる。

② 愛'｛你，去'(你)｝→￢管'(我)
　　　　　　P

③ 愛'｛你，￢去'(你)｝→￢管'(我)
　　　　　　Q

②と③の式からすべての場合に"￢管'(我)"が真であることが示されている。従って

④ 愛'｛你，去'(你)｝∪愛'｛你，￢去'(你)｝←￢管'(我)

が成立する。①と④から

⑤　愛'｛你，去'(你)｝∪愛'｛你，￢去'(你)｝⇔￢管'(我)

が成立する。これは S1 と S2 が必要十分条件を表すことを示している。

　次に語気助詞の"的"の論理的役割を考察することによって"了"の表す十分条件の明示という役割が恣意的なものでなく、命題論理において重要な要素となることを示そう。次の(14)を傍証5とする。次の文は"骑车"が［様態］を表す、語気助詞"的"を用いた文である。

(14)　我骑车去<u>的</u>。（私は自転車で行ったのだ。）

この文では「私が行った」ことはわかっていて、それに加えて「自転車で」という移動手段を確認した文である。その「確認」の役割を語気助詞"的"が果たしている。従って(14)の文の命題内容は「去'(我)」と「骑'(我，车)」を含み、それが同時に成立していなければならない。そこで(14)の論理式は次のようになる。

(14)'　去'(我)＆骑'(我，车)

この式は「去'(我)」という命題と「骑'(我，车)」という命題の両方が同時に成立しているのでそれぞれの命題を S1 と S2 とすると「S1&S2」となり、これは S1 と S2 の連言となる。しかし(14)'は正確には次の(14)"のように記述すべきであろう。

(14)"　去'(我)＆有'【去'(我)，骑'［我，车，去'(我)＆骑'｛去'(我)，车｝］】

上の論理式は「去'(我)」という S1 と「有'【去'(我)，骑'［我，车，去'(我)＆骑'｛去'(我)，车｝］】」という S2 で構成されている。S2 は「私が行くことには、私が自転車<u>で</u>私が行くことをし、かつ私が行くには自転車に乗ることをするという特性を持つ」と読む。(14)"の論理式は連言で前後の命題が

結ばれているが、この連言は語気助詞の"的"により生まれたものである。(この読みは日本語をメタ言語としてS2の意味表記を行っているのであり、日常生活に用いる日本語とは異なっている。)以下、この手法に習う。

　"从八点钟"が［時間］を表す、同様の例をあげておこう。この例は「映画が始まったことはすでにわかっていて」、それが「八時からであった」ことを確認して述べたものである。

(15)　电影是从八点钟开始<u>的</u>。(映画はほかでもなく八時から始まったのだ。)

この文の論理式は次のようになる。

(15)'　开始'(电影) & 从'(开始, 八点钟)

この論理式も正確には次のようになる。

(15)"　开始'(电影) & 有'【开始'(电影), 从'［电影, 八点钟, 开始'(电影) & 在'｛开始'(电影), 八点钟｝］】

この論理式は「开始'(电影)」というS1と「有'【开始'(电影), 从'［电影, 八点钟, 开始'(电影) & 在'｛开始'(电影), 八点钟｝］】」というS2で構成されている。S2は「映画が始まるのは映画が八時から映画が始まることをし、かつ映画が始まるのは八時であるという特性を持つ」というメタ言語の読みを持つ。(15)"から第1命題の後の&は語気助詞の"的"によって生まれたことがわかる。

　次例は"在床上"が［場所］を表す例である。この文は「彼が横たわっている」ことはすでにわかっていて、その「場所がベッドである」ことを確認して述べたものである。

(16)　他是在床上躺着<u>的</u>。(彼はほかでもなくベッドで横たわっていたの

だ。)

この文の論理式は次のようになる。

(16)'　躺着'(他)＆在'(他，床上)

この論理式は"的"が命題の連言の表出の役割をしていることが看取できるが、この例も正確には次のように記すべきであろう。

(16)"　躺'(他)＆有'〖躺'(他)，在'【他，床上，躺'(他)＆在'{躺(他)，床上}＆有'［在'{躺(他)，床上}，着］】〗

上記の式は「躺'(他)」というS1と「有'〖躺'(他)，在'【他，床上，躺'(他)＆在'{躺(他)，床上}＆有'［在'{躺(他)，床上}，着］】〗」というS2で構成されている。S2は「彼が横になることには、彼が、ベッドで、彼が横になり、且つ彼が横になるのはベッドであり、且つ彼が横になるのがベッドであることは［動作結果の持続］という時態特性を持つという状態にあるという特性がある」とメタ言語で読むことができる。(16)"の最初の連言(&)が語気助詞の"的"によってもたらされたものである。

　従って"了"は十分条件を、"呢"は必要十分条件を、"的"は連言を表すと言うことができる。つまり、"了"も"呢"も"的"もここでは論理関係を表示する点で共通しているのである。

　念のために付け加えておこう。ここでの"了"は十分条件を表すが、十分条件を表すには必ず"了"を使うわけではない。またここでの"呢"は必要十分条件を表すが、必要十分条件は"呢"を用いなくとも表現できる。そして、"的"も連言を表すが、連言は"的"以外でも表現可能である。

第17章　語気助詞"呢"の表示する論理と実例分析（必要十分条件の役割）

　前章の傍証4で"呢"が必要十分条件を表すことを簡単に述べた。ここではさらに四種の用例について詳しく論述し"呢"の役割を明示することにする。

　第一に朱徳熙1982が「誇張の気持ちを表す」と記す用例をより詳しく考察する。朱徳熙1982があげる文は次の二文である。

（１）　他会开飞机呢。（彼は飛行機を操縦できるんだ。）（朱徳熙1982: 213）
（２）　味道好得很呢。（味はうんといいんだ。）　　　　　　　　　（同上）

ここではこの二文について語気助詞"呢"が必要十分条件を表すことを示すことにする。朱徳熙1982は上記の例を「誇張の気持ちを表す」(p.213)"呢"の実例としてあげている。(1)の例を誇張の気持ちを表す文とすれば、何を誇張の対象とするかが問題である。「彼が飛行機を操縦する」という命題内容は事実のみを表すので誇張の対象たりえない。すると誇張の対象は"会"になり、［可能］の意味が誇張されるということになる。［可能］を誇張するためにはさらに［可能］の対象となる意味内容があらかじめ存在しなければならない。それは

（１）'　他开飞机。

であり、「彼が飛行機を操縦する。」の意である。「彼が飛行機を操縦する」(S1)という命題内容から「彼が飛行機を操縦できる」(S2)という複合命題が

派生する。なぜ複合命題かと言えば「彼が飛行機を操縦する」と「彼ができる」の二つの意味を含んでいるからである。論理式では会'{他，开'(他，飞机)}となる。

　この派生関係の前件をS1とし、後件をS2とすると「彼が飛行機を操縦する」のであれば、「彼は飛行機が操縦できる」という含意関係が成立する。つまり、S1ならばS2である。という十分条件が看取できる。これを論理式で表示すると次のようになる。

（1）" 开'(他，飞机)→会'{他，开'(他，飞机)}

一方「飛行機が操縦できる」のであれば、当然「飛行機を操縦する」事実があるので、(1)"の論理式で十分条件の後件に前件の命題が含まれているので、「S2であればS1である。」という必要条件も成立する。そこでS1はS2であるための必要十分条件を表していることがわかる。"他会开飞机。"という命題表現は(1)"の派生式により成立するが、含意記号の前と後ろに共通する部分"开'(他，飞机)"が存在し、この命題の繰り返しを「誇張」と表現したのであろう。つまり、朱德熙1982が述べる「誇張の気持ち」は換言すれば必要十分条件のことであり、それを"呢"が明示しているのである。

　次に(2)の文では「味がよい」という命題内容は事実のみを述べているので誇張の対象にならない。残る部分は"得很"という「程度」を表す成分で、そこの［程度］の意が誇張される部分になる。［程度］の意を誇張するためにはさらに［程度］の対象となる意味内容があらかじめ存在しなければならない。それは

（2）' 味道好。

で、「味がよい」の意である。「味がよい」(S1)という命題内容から「味のよさの程度が高い」(S2)という複合命題が派生する。なぜ複合命題かと言えば「味がよい」と「よさがたいへんである」の二つの意味を含んでいるからである。論理式では好'(味道)＆有'{好'(味道)，很} と表記される。(1)と同

様にこの派生関係の前件を S1 とし、後件を S2 とすると「味がよい」のであれば、「味の良さの程度が高い。」という含意関係が読み取れる。つまり、S1 ならば S2 である。という十分条件が存在している。これも論理式で表記すると次のようになる。

（２）"好'(味道) → 有'｛好'(味道), ［程度］｝ ＆ 有'(［程度］, 很) (［程度］は論理形式)

逆に「味の良さの程度が高い。」のであれば、必然的に「味がよい」という事実があり、(2)"において十分条件の後件の第一項に前件が含まれているので、S2 であれば S1 である。という必要条件が成立する。(2)"の含意記号の前と後ろに"好'(味道)"という共通する命題が存在し、この命題の繰り返しを朱徳熙は「誇張」と表現したのである。つまり S1 は S2 であるための必要十分条件を表している。ここでも朱徳熙 1982 の述べる「誇張の意」は必要十分条件のことであり、それを明示したのが"呢"であることがわかる。

　以上の議論から(1)と(2)の文の"呢"はそれの生起する文の命題表現の意味の派生の過程を考察すると、その文が含意関係の前件と後件が論理的に必要十分条件を満たす場合に用いられていることがわかる。
　次に第二の用例を論じよう。この文を(3)とする。

（３）"这孩子怎么这样讨厌呢？"　　　　　　　　　　（王还主編 1997: 633）

(3)の文における"呢"の論理的意味を説明することにする。この文は「この子はどうしてこんなに嫌らしいのか？」の意である。この文の論理的な派生の過程を考えてみよう。この文は"这孩子这样讨厌。"という命題表現に対して、この命題表現で実現する状況が「なぜ」発生したかを問う文である。従ってこの疑問文の成立には"这孩子这样讨厌。"という命題表現で表される前提が必要である。そこでこの疑問文の成立の過程は「A という前提の命題表現があれば、B という疑問文が成立する。」と表現できる。

ここで「Aという前提の命題表現」に当たるのが"这孩子这样讨厌。"で「Bという疑問文」が"这孩子怎么这样讨厌呢？"であるので、先の疑問文の成立の過程は次のように言い換えることができる：「"这孩子这样讨厌。"があれば、"这孩子怎么这样讨厌呢？"が成立する」。(注意：疑問文以外に"这孩子没有这样讨厌。"のような否定文も派生するが、ここでは派生する可能性のあるものの集合のどれか一つであれば良い。)これは十分条件を表すので、条件命題をS1、帰結命題をS2とすると「S1であれば、S2である。」とまとめることができる。

一方、S2であれば、つまり"这孩子怎么这样讨厌呢？"という文が成立すれば、この文の成立には"这孩子这样讨厌。"が前提とされているので、当然"这孩子这样讨厌。"も成立することになる。つまり、「S2であれば、S1である。」が成立する。論理式で示すとS1"这孩子这样讨厌"は

(S1)　"有'{讨厌'(这孩子), 这样}"
　　　(「この子が嫌らしいことがこのようである」と読む)となり、S2"这孩子怎么这样讨厌"は
(S2)　"问'【我, 你, 有'[有'{讨厌'(这孩子), 这样}, 怎么]】"
　　　(「私が、君に、この子が嫌らしいことがこのようであることはなぜか、を問う」と読む)となる。

そこでS1とS2の関係はS2の第三項にS1が含まれており、必要条件も満たすので

有'{讨厌'(这孩子), 这样} ←问'【我, 你, 有'[有'{讨厌'(这孩子), 这样}, 怎么]】

と表記できる。

以上の議論から「S1であれば、S2である。」と「S2であれば、S1である。」がともに成り立つので、S1とS2の間には必要十分条件が成立していることがわかる。すなわちS1はS2であるための必要十分条件である。そ

第17章 語気助詞"呢"の表示する論理と実例分析(必要十分条件の役割) 255

こで問題の文の"呢"はその付着する文が必要十分条件の帰着命題であることを表示する記号であることがわかる。つまり"呢"は必要十分条件を表すのである。

　次に第三の用例を考察する。次の(4)の文を見られたい。

(4)　"你看，这儿有一个洞，洞还不小呢！"

(4)の文における"呢"の論理的意味を論じる。この文は「ほら、ここに穴がある、それは小さくないよ。」の意味である。文は「ここに穴がある。」という命題内容1と「その穴は小さくない。」("还"があるので累加関係が存在し、従って命題内容1の"洞"と命題内容2の"洞"は同一指示である。)という命題内容2で構成されている。命題内容1と命題内容2の間には論理の飛躍があるので、今一度厳密に考えてみよう。命題内容1の対象物「穴」は「一個」である。その「一個」には「大きさ」という論理形式(野矢茂樹訳 2003: 17、訳注184)があり、その論理形式のメンバーが「小さくない」である。このことをふまえて、例文の論理構成を書き換えてみると、①「ここに穴がある」と②「その穴は一個である」と③「一個には「大きさ」がある」と④「「大きさ」は小さくない」となる。これを論理式で示すと次のようになる。

(1)"有'(这儿,洞)＆有'(洞,一个)＆有'(一个,[大小])＆￢有'([大小],小)
　　　　①　　　　　②　　　　　③　　　　　　④

説明を続けよう。"这儿有一个洞、洞还不小呢！"の文の"这儿有一个洞"をS1とすると、S1は次の連言関係を有する。(略式表記を用いる)

(S1)'有'(这儿，一个洞)＆有'(一个洞，[大小])

この論理式は「ここに穴があり、且つ、その穴には大きさがある」と読む。

次に"洞还不小呢"をS2とするとS2は次の連言を含む式になる。（略式表記を用いる）

(S2)' 有'(一个洞, ［大小］) & ¬有'(［大小］, 小)

この論理式は「穴には大きさがあり、且つ、その大きさは小さくない」と読む。問題3の文は「ここに穴があるだけでなく、その穴は大きくもある。」でS1とS2には累加関係がある。累加関係は「S1且つS2」、つまり"S1∩S2"と表記される。これに先の(S1)'と(S2)'の式を代入して論理式で表記すると

(S3)' ｛有'(这儿, 一个洞) & 有'(一个洞, ［大小］)｝ ∩ ｛有'(一个洞, ［大小］) & ¬有'(［大小］, 小)｝

となり、(S3)'の中の"有'(一个洞, ［大小］)｝ ∩ ｛有'(一个洞, ［大小］)"が"还"の表す「増量された意味」、つまり「穴には大きさがあり、且つ、その穴の大きさは」になる。S1'とS2'の論理式では"有'(一个洞, ［大小］)"が共通している。この共通部分が(S1)'と(S2)'を結びつける役割をしている。結びつけるという役割と同時に重要なことは(S1)'の中の"有'(一个洞, ［大小］)"と(S2)'の中の"有'(一个洞, ［大小］)"が等値であるという事実である。それはつまり、(S1)'と(S2)'が完全な等値関係でなくても、連言が成立すれば、その一部分が等値関係であれば"呢"を用いることができるということである。

　最後に第四の文を論じる。

（1） 女儿比妈妈还漂亮呢。（娘は母親よりさらにきれいだ。）

(1)の文は次の(2)の文と同義である。

（２）　妈妈漂亮，女儿更漂亮。（母親はきれいで、娘はさらにきれいだ。）

しかし、(1) の文の字面からは"妈妈漂亮"の意味が論理的に読み取りにくいので、まず次の文の意味を考えてみよう。

（３）　女儿比妈妈漂亮。（娘は母親よりきれいだ。）

(3) の文においては「娘は母親よりきれい」であることはわかるが、「母親がきれい」であることの真偽は確定できない。しかし、(3) の文に (1) に含まれている"还"が加わると次の (4) の文で表示される意味が生まれる。

（４）　<u>不但</u>妈妈漂亮，女儿比妈妈<u>还</u>漂亮。（母親がきれいであるだけでなく、娘は母親よりさらにきれいだ。）

つまり、(1) の文の"呢"を除いた部分は"不但……还……"という「累加関係」の後行節であることがわかる。
　そこで (2) の文は (3) の文と (4) の文の意味が両方成立したときに生まれることがわかる。すなわち (2) の文は (3) と (4) の文の連言である。(2) の文と同義である (1) の文も (3) と (4) の文の連言であると言える。しかし (3) の意味は (4) の中に含まれているので、以下 (4) の文で考える。累加関係は「AであるだけでなくBでもある」という意味の中に「Aであり且つBである」という連言の意味を内蔵するので、(4) は「"妈妈漂亮"であり且つ"女儿比妈妈漂亮"である (S1)」と言い換えうる。これは同時に「Bであり且つAである」「"女儿比妈妈漂亮"であり且つ"妈妈漂亮"である (S2)」と言い換えても真理値は変わらない。連言の両方の命題表現が真であれば必然的に

　　"妈妈漂亮" → "女儿比妈妈漂亮"
　　"妈妈漂亮" ← "女儿比妈妈漂亮"

の関係が存在しなければならない。つまり (1) の文は「母親がきれいである」という命題内容と「娘は母親よりきれいである」という命題内容が必要

十分条件の関係にあるために語気助詞の"呢"を用いていることが確認できる。

この文を別の角度から説明してみよう。もう一度(1)の文をあげる。

(１)　女儿比妈妈还漂亮呢。

この文から"还"をとると(1)は

(３)　女儿比妈妈漂亮。

となる。(3)が差異比較文として成立するためには"女儿"と"妈妈"に共通の性質"漂亮"が存在しなければならないので

(４)　女儿漂亮，妈妈也漂亮。

が成立しなければならない。
　このことから(3)の文は"妈妈漂亮"という意味を内蔵していることがわかる。そこで(4)であれば(3)であるという含意関係(十分条件)を構成できる。論理式は

(５)　{漂亮'(女儿)∩漂亮'(妈妈)}→比'[女儿，妈妈，有'(女儿，[漂亮1])&有'(妈妈，[漂亮2])&有'{减'([漂亮1]，[漂亮2])，多少}]

となる。結局(1)の文は(4)の意味を表す命題と「"女儿"に(3)の意味で表される属性が備わっていることを示す命題」の連言で表されることがわかる。(4)の意味を表す命題は

(６)　漂亮'(女儿)∩漂亮'(妈妈)

となり、

第 17 章　語気助詞"呢"の表示する論理と実例分析(必要十分条件の役割)　259

「"女儿"に (3) の意味で表される属性が備わっていることを示す命題」は次の式になる。

（7）　有'〚女儿,【比'［女儿, 妈妈, 有'（女儿,［漂亮 1］）& 有'（妈妈,［漂亮 2］）& 有'｛减'（［漂亮 1］,［漂亮 2］）, 多少｝】〛

(6)と(7)との連言(∩)は次の式になる。これが(1)の論理式になる。

（8）　｛漂亮'（女儿）∩ 漂亮'（妈妈）｝∩ 有'〚女儿,【比'［女儿, 妈妈, 有'（女儿,［漂亮 1］）& 有'（妈妈,［漂亮 2］）& 有'｛减'（［漂亮 1］,［漂亮 2］）, 多少｝】〛

(4)を S1、(1)を S2 とすると S1 と S2 には共通する部分、"漂亮'（女儿）∩ 漂亮'（妈妈）"が存在する。つまり連言の左右の命題に等値の部分が存在するので、"呢"が用いられることになる。

参考文献（著者名順）

英文書の著者名はアルファベット順，中国語書の著者名はピンイン順，日本語書の著者名はローマ字読み順に従った。

Bach, Emmon 1989, *Informal Lectures on Formal Semantics,* State University of New York Press, Albany, N. Y.

Barwise, Jon and Ethenmendy, John 1991, *The Language of First-Order Logic,* CSLI Lecture Notes, Number 23, Center for The Study of Language and Information (CSLI)

Cann, Ronnie 1993, *Formal Semantics,* Cambridge University Press, New York

Chao, Yuen Ren 1968, *A Grammar of Spoken Chinese,* The University of California Press

陈平 1988 "论现代汉语时间系统的三元结构"，《中国语文》1988 年第 6 期，pp.401–422

陈淑梅 2001 "汉语方言里一种带虚词的双宾句式"，《中国语文》2001 年第 5 期，pp.439–444

Dowty, David R., Robert E. Wall and Stanley Peters 1981, *Introduction to Montague Semantics,* Reidel, Dordrecht

石本新訳・H・ライヘンバッハ著 1982『記号論理学の原理』，大修館書店

范继淹 1986《范继淹语言学论文集》北京：语文出版社

方立 2000《逻辑语义学》北京：北京语言文化大学出版社

龚千炎 1995《汉语的时相时制时态》北京：商务印书馆

井口省吾ほか訳・デイヴィド・R・ダウティほか著『モンタギュー意味論入門』，1987 年，三修社

伊地智善継編 2002『白水社中国語辞典』，2002 年，白水社

蒋严・潘海华 1998《形式语义学引论》北京：中国社会科学出版社

蒋子龙 1980 "乔厂长上任记"《在社会的档案里（之二）》1980 桂林：桂林市师范《语文教学》编辑室

輿水優 1994『中国語早わかり』，1994 年第 34 版，三修社

Lewis, David 1976, General Semantics, in Partee（ed.）*Montague Grammar* 1976, pp.1–50

李俍民译，艾・丽・伏尼契著 1979《牛虻》上海：中国青年出版社

李临定 1986《现代汉语句型》北京：商务印书馆

李珊 1994《现代汉语被字句研究》北京：北京大学出版社

松本裕治 1999「言語処理のための文法形式」，『言語の数理』（岩波講座・言語の科学第 8 巻），pp.41–83，岩波書店

Montague, Richard 1974 *Formal Philosophy, Selected Papers of Richard Montague,* Edited and with an introduction by Richmond H. Thomason, 1974, Yale University Press, New Haven, Conn.

中川裕志・松本裕治・橋田浩一・John Bateman 1999『言語の数理』，（岩波講座・言語

の科学第 8 巻），岩波書店
長尾真『「わかる」とは何か』(岩波新書 713) 2001 (2003 第七刷)，岩波書店
野矢茂樹訳・ウィトゲンシュタイン著 2003『論理哲学論考』(岩波文庫 33–689–1)，岩波書店
野矢茂樹 2006『ウィトゲンシュタイン『論理哲学論考』を読む』(ちくま学芸文庫)，筑摩書房
小倉久和『形式言語と有限オートマトン入門』1996 (2000 第四刷)，コロナ社
Partee, Barbara H., ter Meulen, Alice and Wall, Robert 1990 *Mathematical Methods in Linguistics,* Dordrecht: Kluwer Academic Publishers
邱鸿康编 2002《二年级教材・日汉翻译教程》2002 年，北京：北京语言文化大学出版社
白井賢一郎 1985『形式意味論入門』，産業図書
沈家煊 2002"如何处置"处置式"？",《中国语文》2002 年第 5 期
沈阳 1997"名词短语的多重移位形式及把字句的构造过程与语文解释",《中国语文》1997 年第 6 期
杉村博文 1994『中国語文法教室』，大修館書店
杉本孝司 1998『意味論……形式意味論……』，くろしお出版
van Benthem, Johan *A Manual of Intensional Logic,* 1988, Second Edition, Center for the Study of Language and Information (CSLI) Lecture Notes, Stanford CA
王还主编 1997《汉英双解词典》1997 年 3 月，北京：北京语言文化大学出版社
王彦杰 1999「"把……给"句式中助词"给"的使用条件和表达功能」,《汉语速成教学研究》第二辑，345–359 页，北京：华语教学出版社
徐烈炯 1995《语义学》1995 年，北京：语文出版社
徐烈炯 2002"汉语是话语概念结构化语言吗？",《中国语文》2002 年第 5 期，pp.400–410
薛凤生 1987'试论"把"字句的语义特性',《语言教学与研究》1987 年第 1 期
横内寛文 1994『プログラム意味論』(情報数学講座第 7 巻)，共立出版
张晓铃 1986,'试论"过"与"了"的关系',《语言教学与研究》1986 年第 1 期，pp.48–57
朱德熙 1980《现代汉语语法研究》，北京：商务印书馆
朱德熙 1982《语法讲义》，北京：商务印书馆
邹崇理 2000《自然语言逻辑研究》，北京：北京大学出版社

後記

　2000年代に入って筆者の研究室から8名の博士学位取得者が出た。学位論文の審査の過程で参照文献の中に筆者の「……講義ノート」が記されていたので、ここ数年そのことが気にかかっていた。昨年、言語研究センターで叢書の出版募集があったので応募すると競合する他の候補がいなかったので出版助成を受けることが決定された。「講義ノート」をまとめれば良いと安易に考えていたが、論文を集めてみると細かい修正部分がかなりあった。夏期休暇中には作業が完成せず、後期セメスターに持ち越した。この際に従来から疑問に思っていた用例をうまく説明したいと願っていたが、いくつかはその願いがかなった。本書が現代中国語の意味論の学位論文を作成している院生の皆さんの参照文献に挙げられることを期待している。

　本書は多くの先行研究に支えられて完成した。とりわけ朱德熙1982に負うところが大きい。同書の極端に簡潔で深い思考を求める記述は読者を啓発すると同時にここからは読者が自分で考えられたいと要請しているようでもある。朱德熙1982の投げかける問いに答えるための理論枠を探した。その枠をモデル理論意味論に求めたが、その理由は命題論理と述語論理が利用できることと、構成性の原理の厳密化が期待できることにあった。述語論理の記述は当初はその簡潔さに不安があった。しかし、野矢茂樹氏訳・ウィトゲンシュタイン著『論理哲学論考』を読み込み、それがR.モンタギューの『Formal Philosophy』の諸論考につながり、さらに方立2000《逻辑语义学》の中国語意味論に結びつくという流れを見いだして、不安は解消した。自分の仕事がどのような流れの中で進行しているかを絶えず確認しながら作業を継続できることはありがたいと思う。本書の出版に尽力された神奈川大学言語研究センターの担当者各位、出版社の森脇尊志副編集長に深い感謝の意を表したい。

索引

い

意外性　139
已然時態　60, 62, 78
一項述語文　132, 134

う

「受身」構文　137

え

演繹モデル　47, 48, 49, 51, 98

か

開始・終息動詞　3
開始・終息場面　30
開始時点　37, 38, 39, 54
開始を表す成分　41, 42
確定性　109, 110, 111, 112, 113, 114, 194
格文法　103
過去時制　78, 80, 81, 83
仮想の時間点　78, 79, 82
関係動詞　32, 33, 34
函数概念　198, 200
函数内時相　4, 5, 7, 10, 11, 12
間接表示　106, 107

き

帰結節　237
起点格　104
疑問文　189
"给"函数　152, 153, 157
近経験　58

け

言語効果活動の意味　244, 245
現在時制　78, 79, 81, 84

こ

項　136
後行節　204, 206, 207, 208
項構造　136
個体　134
個体の集合　134
個体の順序付き三つ組み　134
個別的(特定)状況　245

さ

作用領域　109, 110
三項函数　215, 222, 225, 231, 232, 233
三項述語文　133, 134
参照時間軸　54
参照時間点　54, 57, 59, 60, 62, 75, 97
参照時間点以前に発生した事柄　101

し

「使役」構文　135
時間体系　31, 99, 101, 114
指示詞　215, 217, 219
自主性　139

時制　31, 77
時相　8, 31, 57, 61, 63, 77
持続活動動詞　3
持続活動場面　30
持続時態　59
持続動詞　9, 15, 18, 22
時態　31, 77
時態助詞　101
時態助詞の"了"　67
終息時点　37, 38, 39, 40, 54
終息動詞　3
終息場面　30
終息を表す動詞　41
十分条件　237, 239, 240, 242, 243, 244, 247
受事　129
述語論理　45, 132, 133
授与　114, 117, 118, 119, 120, 136
授与函数　124, 173, 177
授与動詞　141, 151, 158
瞬間動詞　9, 15, 18, 22
准時態助詞　62, 63
順序ペア　201, 202
条件節　237
状態動詞　3
状態場面　30
情緒化　139
将来時態　65
進行時態　60
心理状態動詞　34, 35

す

随伴者格　104

せ

制御不能性　120
性質　95
性質函数　91
先行節　204, 205, 207, 208

そ

属性　203, 204
存在量化子　182, 183

た

第一階述語論理　136
単純時態　60, 62, 63, 83, 84, 85
単純命題　91
談話構造　69

ち

直接表示　106

て

程度保持函数　91, 95
データ構造　136
出来事時間点　55, 76, 97, 101

と

道具格　104
動作主格　104
動作そのものの持続　25, 26
動作の結果の持続　25, 26
等値関係　256
同等比較　213
"得"を持つ動補構造の文　169

に

二項述語文　133, 134
二重目的語文　131, 231

は

"把" 函数　157, 167
把構文　165, 166, 168
場所格　104
派生授与義　141, 150
派生的意味　140
発話時間点　77, 79
話し手の主観　124
反語文　189

ひ

"被" 函数　152, 157
必要十分条件　238, 247, 251, 252, 253, 254
必要条件　237
否定函数　182, 184, 185, 187, 188, 190

ふ

VαVβ　29
V$_{\alpha\beta}$　29
不確定性　194, 195
不確定な参照時間点以前の経験　95
不確定量　95
普遍性　194
普遍的(非特定)状況　245
普遍量化子　182, 183

へ

編出　172
編出使役　174, 175
編出使役函数　172, 173, 177
編入　170
編入使役　170, 174, 175

編入使役函数　172, 177

み

未然時態　62, 65, 66, 80
未来時制　82, 85

め

命題内容　48, 49
命題論理　45
メタ言語　45

も

問答共有情報　181, 183, 184, 186, 188
様態　63
与事　128, 129, 130, 140, 150, 160

り

量化　68, 109, 116
量化函数　90
量化動詞　90

る

累加関係　256

れ

連鎖関係　47, 48, 49, 51, 86, 91, 96, 98, 234

【著者紹介】

松村文芳（まつむら ふみよし）

〈略歴〉1947年三重県生まれ、1974年大阪外国語大学大学院外国語学研究科中国語学専攻修士課程修了（文学修士）、1979年南開大学（中国天津市）留学（至1981年2月）。1988年神戸商科大学教授、1988年神戸商科大学在外研究員（フルブライト研究員・オハイオ州立大学、イリノイ大学）、1992年神戸商科大学在外研究員（イリノイ大学）、1994年神奈川大学外国語学部中国語学科教授、神奈川大学大学院外国語学研究科（兼担）教授、現職神奈川大学外国語学部中国語学科教授。

〈主な著書・論文〉『中国語変形文法研究』（翻訳、1987、白帝社）、『現代中国語文法研究』（翻訳・共著、1988、白帝社）、「「名詞中心の統語論」と「語素の分布規則」」（『現代中国語学への視座』1998、東方書店）

神奈川大学言語学研究叢書 8

現代中国語の意味論序説
An Introduction to Mandarin Chinese Formal Semantics
Fumiyoshi Matsumura

発行	2017年3月17日 初版1刷
定価	5000円＋税
著者	© 松村文芳
発行者	松本功
装丁者	大崎善治
印刷所	三美印刷株式会社
製本所	株式会社 星共社
発行所	株式会社 ひつじ書房
	〒112-0011 東京都文京区千石 2-1-2 大和ビル 2F
	Tel.03-5319-4916 Fax.03-5319-4917
	郵便振替 00120-8-142852
	toiawase@hituzi.co.jp http://www.hituzi.co.jp/

ISBN978-4-89476-867-3

造本には充分注意しておりますが、落丁・乱丁などがございましたら、小社かお買上げ書店にておとりかえいたします。ご意見、ご感想など、小社までお寄せ下されば幸いです。

［刊行書籍のご案内］

神奈川大学言語学研究叢書

1 発話と文のモダリティ　対照研究の視点から
武内道子・佐藤裕美編　定価 6,000 円 + 税

2 モダリティと言語教育
富谷玲子・堤正典編　定価 4,200 円 + 税

3 古代中国語のポライトネス　歴史社会語用論研究
彭国躍著　定価 4,800 円 + 税

4 グローバリズムに伴う社会変容と言語政策
富谷玲子・彭国躍・堤正典編　定価 4,800 円 + 税

5 英語学習動機の減退要因の探求　日本人学習者の調査を中心に
菊地恵太著　定価 4,200 円 + 税

6 　言語の意味論的二元性と統辞論
片岡喜代子・加藤宏紀編　定価 4,600 円 + 税

[刊行書籍のご案内]

ベーシック英語史
家入葉子著　定価 1,600 円 + 税

ベーシック日本語教育
佐々木泰子編　定価 1,900 円 + 税

ベーシック生成文法
岸本秀樹著　定価 1,600 円 + 税

ベーシック現代の日本語学
日野資成著　定価 1,700 円 + 税

ベーシックコーパス言語学
石川慎一郎著　定価 1,700 円 + 税

ベーシック新しい英語学概論
平賀正子著　定価 1,700 円 + 税

ベーシック応用言語学　L2 の習得・処理・学習・教授・評価
石川慎一郎著　定価 1,800 円 + 税

［刊行書籍のご案内］

ひつじ意味論講座
澤田治美編　各巻 定価 3,200 円＋税

第1巻　語・文と文法カテゴリーの意味

第2巻　構文と意味

第3巻　モダリティⅠ：理論と方法

第4巻　モダリティⅡ：事例研究

第5巻　主観性と主体性

第6巻　意味とコンテクスト

第7巻　意味の社会性